José André de Moura Brito

LINGUAGEM R

Uma Visão Computacional

EDITORA
CIÊNCIA MODERNA

Linguagem R – Uma Visão Computacional

Editor: Paulo André P. Marques
Produção Editorial: Dilene Sandes Pessanha
Capa: Daniel Jara
Diagramação: Daniel Jara
Copidesque: Equipe Ciência Moderna

FICHA CATALOGRAFICA

BRITO, José André de Moura.

Linguagem R – Uma Visão Computacional

Rio de Janeiro: Editora Ciência Moderna Ltda., 2020.

1. Linguagem de Programação
I — Título

ISBN: 978-85-399-1079-3 CDD 005.133

Editora Ciência Moderna Ltda.
R. Alice Figueiredo, 46 – Riachuelo
Rio de Janeiro, RJ – Brasil CEP: 20.950-150
Tel: (21) 2201-6662/ Fax: (21) 2201-6896
E-MAIL: LCM@LCM.COM.BR
WWW.LCM.COM.BR

01/20

Prefácio

É comum falar-se que a curva de aprendizagem do R é íngreme, mas que o investimento feito compensa. Este livro serve para facilitar a tarefa de aprender a programar em R. Parte do zero e leva até o uso de algumas bibliotecas especializadas de funções.

O autor além de fazer uso intensivo do R no dia a dia, tem ministrado cursos dessa linguagem, tornando, assim, esse livro um simples depoimento de sua vivência de trabalho.

Chama atenção o método de exposição adotado no livro, em que grande quantidade de exemplos de utilização do R na análise de dados são apresentados, ensinando o R como linguagem funcional de programação voltada a objeto.

Além dos aspectos básicos de uso do R são abordados temas específicos, que refletem a escolha pessoal do autor, fruto de sua experiência profissional em otimização e eficiência de métodos. Em particular, o fato de o R processar os comandos na memória principal (RAM) torna essencial a abordagem desses temas. No livro há um excelente capítulo sobre computação paralela usando o R.

Chama atenção, também, a abrangência do capítulo sobre gráficos, comparável à de livros exclusivos sobre o tema, incluindo o uso de bibliotecas especializadas.

O ponto forte do R é seu uso como sistema interativo de análise de dados, com ferramentas disponíveis para todas as fases desse trabalho: leitura; limpeza, análise descritiva e gráfica e ajuste de modelos de dados, tudo feito em várias etapas. Embora o livro não trate diretamente da modelagem estatística usando o R, ele contém a base necessária para o bom uso das funções que implementam modelos.

Agradeço ao José André o convite para escrever o prefácio deste livro e parabenizo-o pelo excelente trabalho.

Professor Djalma Pessoa.

Ao Deus Eterno.

À amada filha Amanda.
Minha melhor realização e grande inspiração de vida.

À amada esposa Luciana pelo companheirismo e amor.

A minha mãe Magnólia (in memoriam) pela vida, dedicação e amor.

Ao estimado Professor Djalma Pessoa pelo
prefácio e pelos seus valiosos comentários e sugestões.

Introdução

O R é uma linguagem muita poderosa para manipulação e análise de dados. Tem versões disponíveis para Windows (32 e 64 bits), Linux e Mac. O R surgiu a partir de uma moderna implementação da linguagem de programação S, que foi criada inicialmente por John Chambers, Rick Becker e Allan Wilks, do Bell Labs.

A linguagem R possui interface com outras linguagens como C e FORTRAN. No caso do FORTRAN, por exemplo, o R aproveitou todas as rotinas importantes de Análise Numérica. A relação com C++ é facilitada pelo pacote *Rcpp*, que fornece classes C++ que facilitam muito a interface de código C ou C++ em pacotes do R. Também tem a função **.Call**, que permite passar, criar e manipular objetos do R no C e chamar funções do R a partir do C. Ainda neste sentido, conforme pode ser visto no blog Revolutions[1], cerca de 50% das rotinas do "core" do R são escritas em C.

As rotinas do R também podem ser utilizadas no Python, considerando o RPy[2] (módulo do Phyton), que é uma das interfaces mais populares entre as duas linguagens.

O R tem sido amplamente utilizado por cientistas e analistas de dados das mais diversas áreas, para o desenvolvimento de programas e aplicações de estatística e análise de dados. Pesquisas e levantamentos realizados com os profissionais da área mostram, de forma clara, que a popularidade do R aumentou substancialmente nos últimos anos.

Através dos inúmeros pacotes disponíveis no seu repositório, o R possibilita, aos seus usuários, trabalhar com uma variedade de técnicas estatísticas e gráficas, incluindo modelagem linear e não linear, testes estatísticos clássicos, classificação, agrupamento, amostragem, otimização etc. Além disso, possui pacotes que possibilitam a construção e manipulação de gráficos, que podem produzir imagens com qualidade para publicação, incluindo símbolos matemáticos.

Por ser uma linguagem de código aberto, é fácil obter ajuda da comunidade para a elucidação de dúvidas e a resolução de problemas. É uma linguagem de programação que pode ser utilizada para diversas finalidades. Além de suas funções e estruturas específicas, possui algumas funções e estruturas de dados, de seleção e de repetição equivalentes às funções e estruturas que são utilizadas em outras linguagens de programação tradicionais como, por exemplo, Linguagem C.

Este livro traz uma visão geral da linguagem R, sendo apresentados desde os conceitos mais básicos da linguagem, até alguns conceitos mais avançados, no que diz respeito à utilização das estruturas de seleção, de repetição, de vetores, matrizes, listas, dataframes, fatores, tabelas, da família das funções apply, lapply e tapply, construção de gráficos, além de uma introdução ao paralelismo.

As funções apresentadas neste livro estão disponíveis nos pacotes básicos do R (quando o R ou RStudio é instalado), ou em pacotes que são instalados a posteriori, à medida que o usuário necessita realizar tarefas específicas que, por

[1] https://blog.revolutionanalytics.com/2011/08/what-language-is-r-written-in.html

[2] http://rpy2.bitbucket.io/

sua vez, demandam novos pacotes. Ainda neste sentido, durante a preparação do livro, de forma alguma houve a pretensão de exaurir todas as funções e pacotes disponíveis no R, mais especificamente, as funções apresentadas neste livro correspondem a um modesto subconjunto das funções disponíveis em alguns dos pacotes do R.

Os sete primeiros capítulos desse livro trazem uma descrição do ambiente de trabalho do R e dos objetos básicos e especiais, que são utilizados nessa linguagem, sejam eles: vetores, matrizes, data frames, listas e fatores.

O capítulo 8 apresenta as estruturas de repetição e seleção utilizadas no R, discutindo, inclusive, quando é necessário, de fato, utilizar essas estruturas. O capítulo 9 traz uma descrição detalhada do funcionamento e da criação de funções no R. O capítulo 10 é devotado à manipulação de strings. Os capítulos 11 e 12 trazem, respectivamente, uma introdução ao paralelismo e à criação e manipulação de vários tipos de gráficos no R.

Concluindo o livro, o capítulo 13 traz a descrição dos quatro tipos de funções que são utilizadas no R em distribuições de probabilidade e o capítulo 14 traz a proposta de alguns projetos, mais especificamente, exercícios de maior complexidade que abrangem vetores, matrizes, data frames, estruturas de repetição, funções e gráficos.

Em todos os capítulos as definições e conceitos são introduzidos com exemplos. Além disso, ao final dos capítulos de número 2 até 10, são apresentados exercícios resolvidos (mais de 70) com grau de dificuldade variado.

Todos os arquivos de dados utilizados que foram utilizados em alguns dos exemplos apresentados neste livro, bem como os arquivos correspondentes a alguns dos exercícios resolvidos estão disponíveis em um link disponibilizado no site do autor:_

https://www.jambrito-opt.net/livro-de-r

Este livro constitui-se em uma boa fonte de conhecimento tanto para os cientistas e analistas de dados, quanto para alunos que cursam graduação ou pós-graduação nas áreas de Estatística, Matemática, Computação, Engenharias etc, e que têm por objetivo aprender a utilizar essa poderosa linguagem para o desenvolvimento de algoritmos e análise de dados.

Sumário

Capítulo 6

Capítulo 7

Capítulo 8

Capítulo 9

Capítulo 10

Capítulo 11

Capítulo 12

Capítulo 13

Capítulo 14

Capítulo 1

O Ambiente do R

A Figura 1 abaixo apresenta o site do R ao acessar o link:

http://www.r-project.org/

A partir desse site podem ser obtidas, por exemplo, as versões de 32 e 64 bits do R para Windows, seus pacotes etc. Uma vez instalado e executado o R, aparecerá a tela[1] da Figura 2.

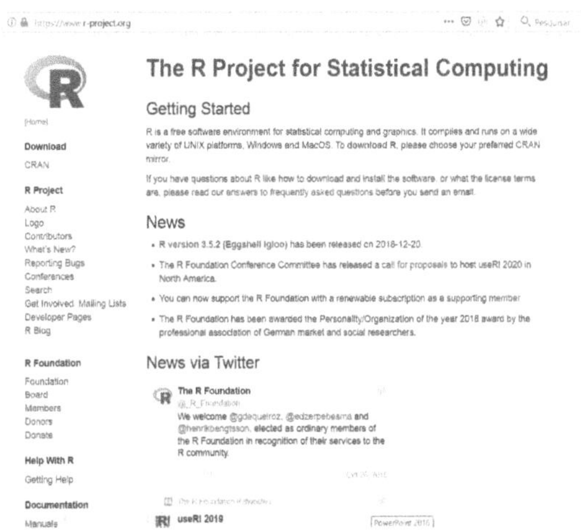

Figura 1 – Site do R

Nesta tela (sessão) temos a área conhecida como Console, onde são digitados os comandos do R, após o prompt ">" (linha de comando). É o local onde ficam armazenados os objetos (variáveis) criados, bem como todos os comandos digitados e executados durante a sessão.

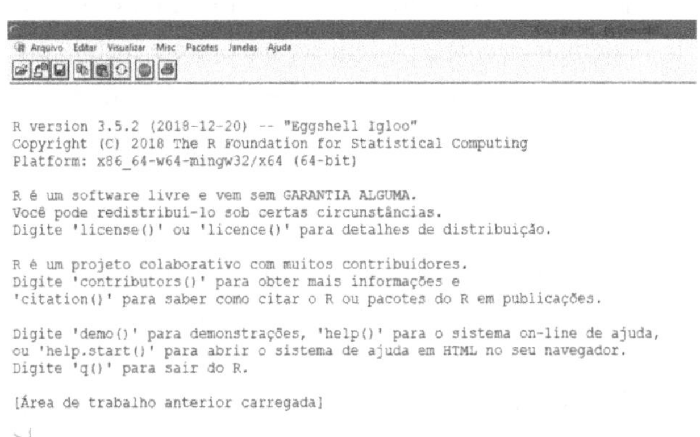

Figura 2 – Tela do R

[1] Versão disponível à época da elaboração do livro.

O R opera em modo interativo e batch. No primeiro modo, o usuário digita os comandos (após cada *prompt* ">") e o R mostra os resultados na tela. O segundo modo implica implementação de funções e programas em R (scripts) que podem ser executados diretamente, em um único bloco, via Console; sem a necessidade de digitação de vários comandos "linha a linha".

Alguns pacotes são considerados parte do software, sendo carregados (em memória) assim que o R é iniciado. Ainda neste sentido, após iniciar o R, o usuário tem a possibilidade de ver quais pacotes estão disponíveis em memória, mediante a utilização do comando "**search**()" (vide Figura 3).

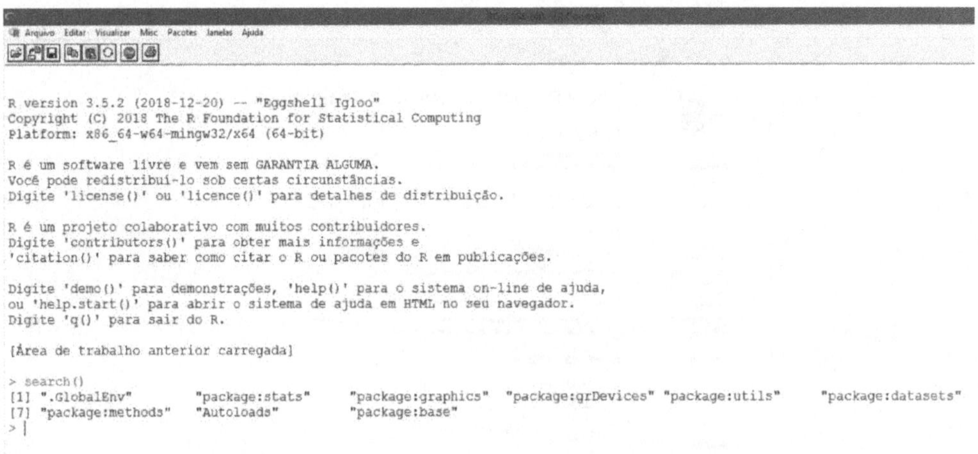

Figura 3 – Tela do R – Comando search

Para otimização dos recursos de memória RAM disponível, o R não carrega automaticamente todos os pacotes.

Apenas para fins informativos, até a data da conclusão deste livro, já haviam mais de 15.000 pacotes disponíveis no site do R para download. Esses pacotes são desenvolvidos por pesquisadores, estudantes, entre outros.

Os pacotes ditos "básicos" e "recomendados" são distribuídos conjuntamente com o R e ficam disponíveis para uso, após a instalação do software. Já os demais pacotes, podem ser baixados e instalados no R posteriormente. No link abaixo o usuário pode ver os nomes (e fazer download) de todos os pacotes disponíveis no CRAN.
www.vps.fmvz.usp.br/CRAN/web/packages/available_packages_by_name.html

---

Dica: Se o usuário desejar obter informações sobre as funções associadas a alguns dos pacotes básicos do R (disponíveis após a instalação do R-base), basta digitar **help**(nome_função). No caso de pacotes ditos recomendados, que são instalados em conjunto com o R-base, mas que não são carregados (em memória) quando programa é iniciado, deve-se, primeiramente, digitar o comando **library**(nome_pacote) para carregar o pacote para memória e depois digitar **help**(nome_função).

Se um pacote já estiver carregado em memória, para saber quais funções estão disponíveis no mesmo, basta digitar o seguinte comando: >**ls("package:**nome_pacote")

O usuário também pode digitar **library(help**=nome_pacote). Esse comando apresenta informações sobre a criação do pacote, um índice com funções disponíveis (com pequena descrição das funções); além de listar os nomes das eventuais bases de dados (datasets) disponíveis no pacote.

A Figura 4 ilustra a utilização do help do R. Após o usuário digitar **help(mean)**, abrirá uma janela (Figura 5) do navegador trazendo informações quanto à sua utilização. Por exemplo, a função **mean**, que permite o cálculo da média, está no pacote *base*. Já a função **detectCores**, disponível no pacote *parallel*, só pode ser pesquisada via help, logo após a digitação de **library**(parallel).

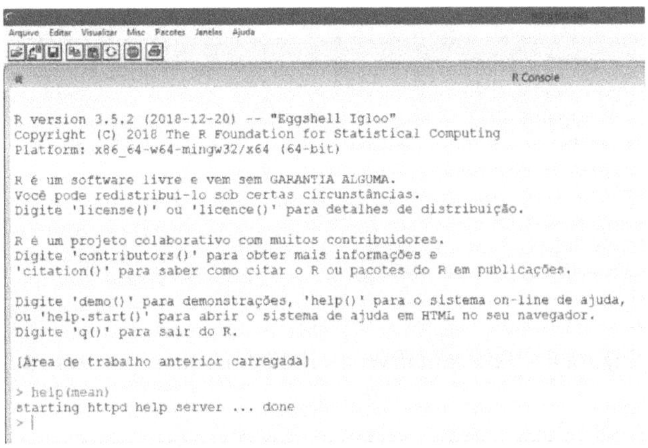

Figura 4 – Utilizando help

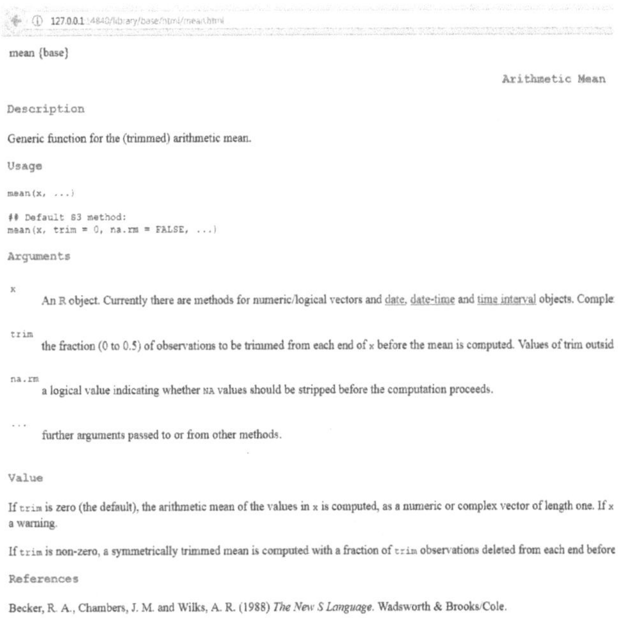

Figura 5 – Help do R

Dica: Caso o usuário deseje saber quais são as bibliotecas (pacotes já instalados) que estão disponíveis na versão do R (ou RStudio) atualmente instalada no seu computador, pode digitar o comando **installed. packages()** no Console do R ou clicar a opção **Ajuda** no menu principal, seguida da opção **AjudaHtml**, propiciando a abertura de uma tela (navegador) como a apresentada na Figura 6. A partir dessa tela, o usuário deve clicar na opção "Packages", o que remeterá à tela da Figura 7. Ainda em relação à tela da Figura 6, o usuário pode ter acesso, por exemplo, aos manuais do R.

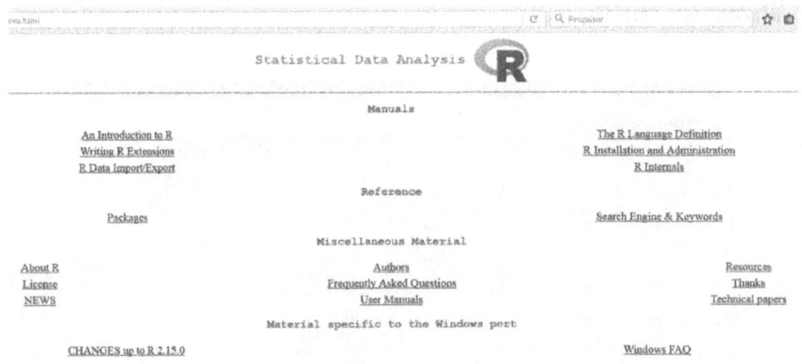

Figura 6 – Tela com diversos links (manuais, pacotes etc)

Dica: Caso o usuário deseje instalar um novo pacote após a a instalação do R, pode digitar o comando **install.packages**("nome_pacote") no Console ou, alternativamente, digitar **install.packages()**, sendo aberto, neste caso, um menu com todos pacotes disponíveis no repositório do R; onde usuário pode selecionar todos os pacotes que deseja instalar.

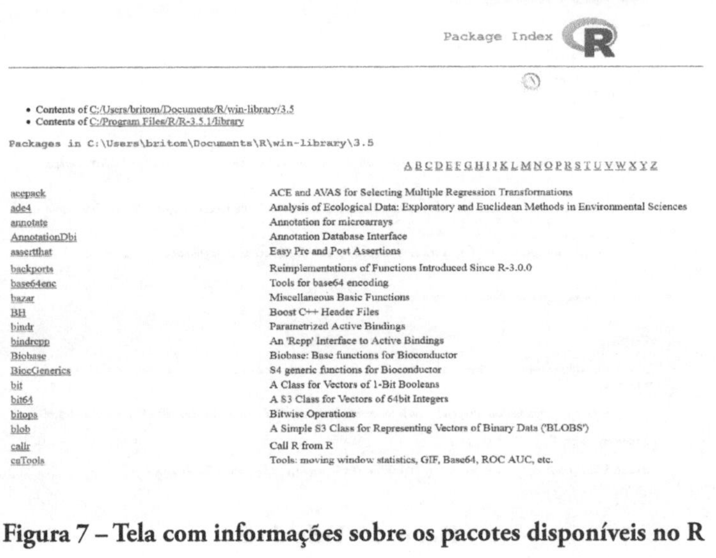

Figura 7 – Tela com informações sobre os pacotes disponíveis no R

Alternativamente a uma versão do R, o usuário também pode instalar o software RStudio. Acessando https://www.rstudio.com, o usuário pode obter todas as informações sobre o RStudio e fazer o seu download.

O RStudio (Figura 8) corresponde, em linhas gerais, a um ambiente de desenvolvimento integrado para o R e que inclui, por exemplo, um console, um editor de texto para implementação de scripts no R (programas), que podem ser executados diretamente, além de ferramentas para importação de dados (arquivos em formato texto, Excel, SAS etc) e desenhar gráficos. Ao instalar o RStudio, o usuário observará que esse intrega-se à última versão do R disponível no seu computador.

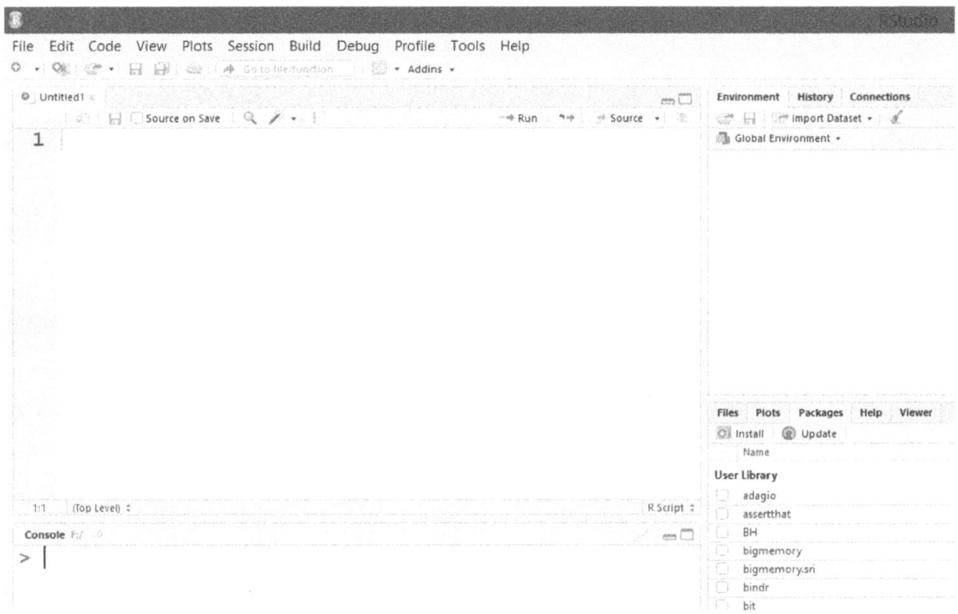

Figura 8 – Tela do RStudio

Na janela "Console" o usuário pode digitar e visualizar os resultados da execução dos comandos e de funções do R de forma interativa. O usuário também pode digitar blocos de comandos ou seus scripts (programas) na janela (Untitled) que fica acima da janela "Console" ou visualizar bases de dados carregadas, previamente no RStudio.

Na janela da direita, com as abas "Enviroment", "History" e "Connections", o usuário tem a possibilidade de ver, por exemplo, todos os objetos que foram criados no Console (Enviroment) e um histórico (History)de todos os comandos que foram digitados desde o início da sessão do RStudio. Na janela com as opções Files, Plots, Packages, Help e Viewer (canto inferior direito), o usuário pode ver, por exemplo, os arquivos que estão em seu diretório de trabalho (Files), os gráficos construídos a partir da utilização de funções disponíveis nos pacotes como o *graphics* e o *ggplot2* (Plots) e a lista de todos os pacotes (Packages) que estão disponíveis na versão do RStudio instalada no seu computador .

Os comandos **help**, **library**, **ls**("**package**:nome_pacote"), **installed.packages**() e **install.packages**() também podem ser utilizados no Console do RStudio. Além disso, usuário pode fazer uma pesquisa no site do R, a partir da utilização (no Console) do comando **RSiteSearch** com uma palavra chave. Por exemplo, ao digitar **RSiteSearch** ("clustering") no Console do RStudio, abrirá uma página na internet com uma lista de links de documentos associados ao tema clustering.

Capítulo 2

Usando o R – Primeiros Comandos

Apresentamos neste capítulo os tipos básicos do R, os operadores aritméticos, relacionais e lógicos, além de alguns comandos e funções matemáticas; permitindo, ao usuário, ter o seu primeiro contato com o ambiente do R ou RStudio e efetuar algumas operações e cálculos básicos.

2.1 Tipos Básicos do R

Assim como em outras linguagens de programação, ao efetuar certos cálculos e/ou operações matemáticas no R, são produzidos resultados que podem ser armazenados em objetos (variáveis) do tipo básico, também chamados de vetores atômicos, ou objetos do tipo "avançado" (explorados nos capítulos seguintes). Ainda neste sentido, o R disponibiliza cinco tipos básicos, a saber: numeric, integer, complex, logical e character.

O tipo numeric possibilita o armazenamento de valores inteiros ou reais em formato real, sendo esse o tipo de dado default do R, quando fazemos a atribuição de um valor numérico a um objeto (variável).

O tipo integer corresponde a um valor que é armazenado no formato inteiro. O tipo complex armazena números com a parte imaginária. O tipo logical é utilizado, por exemplo, quando se efetua uma comparação (via operador relacional ou via atribuição) entre duas variáveis ou aplica-se alguma função do R; podendo armazenar os valores TRUE ou FALSE. Finalmente, o tipo character é utilizado para armazenar/ representar um caracter ou uma cadeia de caracteres no R. Doravante, denotaremos uma cadeia de caracteres como uma string.

A seguir, são apresentados exemplos da utilização desses tipos. Mais especificamente, cada variável (objeto) pode ser criada no ambiente do R ou RStudio, mediante a utilização dos comandos de atribuição "=", "<-" ou "<<-"[1] . A forma de atribuição é:

```
nome_objeto=valor   ou   nome_objeto_2=nome_objeto_1
nome_objeto<-valor  ou   nome_objeto_2<-nome_objeto_1
```

No primeiro caso, cria-se um novo objeto denominado "nome_objeto" atribuindo-se um valor. No segundo caso, o objeto "nome_objeto_2" é criado a partir da atribuição do conteúdo armazenado a priori no objeto "nome_objeto_1".

OBSERVAÇÃO: Na linguagem R, um nome de objeto "sintaticamente" válido consiste em letras, números e os caracteres de ponto ou sublinhado e começa com uma letra ou o ponto não seguido por um número.

[1] Essa forma de atribuição será explorada no capítulo sobre funções.

OBSERVAÇÃO: A função "mode", quando aplicada a um objeto criado previamente, retorna o seu tipo. De forma a criar um objeto do tipo integer no R, nós aplicamos a função "as.integer". Quando desejamos identificar o tipo de objeto, podemos aplicar, por exemplo, as funções "is.numeric" "is.integer" , "is.character", etc que retornam o valor TRUE, caso o objeto seja correspondente ao tipo.

EXEMPLOS DE CRIAÇÃO DE OBJETOS

```
> x<-2                  #Cria objeto do tipo numeric
> x
[1] 2
> mode(x)
[1] "numeric"
> y<-1.5                #Cria objeto do tipo numeric
> y
[1] 1.5
> valor<-TRUE           #Cria objeto do tipo logical
> valor
[1] TRUE
> mode(valor)
[1] "logical"
> w<-1+2i               #Cria objeto do tipo complex
> nome<-"Livro"         #Cria objeto do tipo character
> nome
[1] "Livro"
> mode(w)
[1] "complex"
> Re(w)         #Retorna a parte real do número complexo
[1] 1
> Im(w)     #Retorna a parte imaginária do número complexo
[1] 2
> mode(nome)
[1] "character"
>a<-as.integer(2)
>is.integer(a)
> [1] TRUE
>is.numeric(x) #Retorna valor TRUE se o objeto for do tipo numeric
>[1] TRUE
> A<-5
> a<-"teste"
> A
[1] 5
> a
[1] "teste"
```

OBSERVAÇÃO: Assim como na linguagem C, por exemplo, o R é sensível às maiúsculas e minúsculas. Isso implica que, objetos com mesmo nome, mas declarados, simultaneamente, com letras maiúsculas e minúsculas, não correspondem a um mesmo objeto. Esta observação pode ser constatada em função das duas últimas atribuições efetuadas no exemplo anterior. Os objetos "A" e "a" são distintos, sendo o primeiro do tipo numeric e o segundo do tipo character.

OBSERVAÇÃO: Todos os objetos criados no Console do R ocupam espaço em memória. Por sua vez, os objetos que estão em memória, podem ser visualizados mediante a utilização da função "**ls**()". Além disso, o espaço em memória só é liberado quando o R (ou RStudio) é finalizado (fechado) ou quando for utilizado o comando "rm".

Dica: Caso o usuário deseje remover um subconjunto de objetos da memória, basta utilizar:

```
rm(list=c("nome_objeto_1","nome_objeto_2",...))
```

EXEMPLOS DE UTILIZAÇÃO DO COMANDO "rm"

```
#Lista todos os objetos que estão na memória, considerando exemplo anterior
> ls()
[1] "A" "a"  "nome"  "valor" "w"     "x"      "y"
> rm(w)              #Remove o objeto w da memória
> ls()
[1] "A" "a" "nome"  "valor"   "x"      "y"
> rm(list=ls()) #Remove todos os objetos da memória
> ls()
character(0)
> x<-2                  #Cria novo objeto x na memória
> y<-3                  #Cria novo objeto y na memória
> nome<-"ENCE"
> ls()
[1] "nome" "x"    "y"
> rm(list=c("nome","x"))   #Remove os objetos nome e x da memória
> ls()
[1] "y"
```

OBSERVAÇÃO: Para criação de objetos do tipo numeric, pode-se utilizar, também, a função **scan**, a ser apresentada no capítulo seguinte.

2.2 Operadores Aritméticos, Relacionais e Lógicos

Assim como em outras linguagens de programação, o R disponibiliza três tipos de operadores, sejam eles: aritméticos, relacionais e lógicos.

Os operadores aritméticos possibilitam a realização de cálculos de expressões matemáticas das mais simples até as mais complexas, produzindo, como resultado, um valor inteiro, real ou um número complexo.

Os operadores relacionais são aplicados, em expressões, para realizar a comparação entre dois ou mais valores do tipo numérico, lógico, caracter ou de expressões matemáticas. O resultado da comparação, ou seja, da aplicação de um operador relacional, é um valor lógico (TRUE ou FALSE).

Os operadores lógicos, conforme ilustrado mais à frente, funcionam como conectivos para expressões que envolvem operadores relacionais. O Quadro 1 traz a lista com esses três tipos de operadores.

OBSERVAÇÃO: Em relação aos operadores AND (& ou &&) e OR (| ou ||), no caso de comparação entre dois vetores com mais de uma posição, existe uma diferença entre a utilização de & e && e a utilização de | e ||. Essa observação será exemplificada no próximo capítulo, após a definição do tipo vetor.

Quadro 1 – Lista de Operadores

Tipo	Operador
Aritmético	+ (adição) – (subtração) * (produto) / (divisão real) ^ , ** (potenciação) %% (resto da divisão inteira) %/% (quociente da divisão inteira)
Relacional	== (igual) != (diferente) > (maior) < (menor) >= (maior ou igual) <= (menor ou igual)
Lógico	&, && (E) (AND) |, || (OU) (OR) ! (NÃO) (NOT) xor (OU exclusivo) (XOR)

Nos Quadros 2, 3, 4 e 5 são apresentados os resultados obtidos a partir da aplicação dos operadores **&**, **|**, **xor**[2] e **!**, considerando os resultados obtidos em expressões (**Expressão1** e **Expressão2**) que envolvam os operadores relacionais[3].

[2] Operador ou exclusivo, só retorna TRUE quando exatamente uma das expressões tem valor TRUE.

[3] Expressão1 e Expressão2 contêm, cada uma, o resultado TRUE ou FALSE, derivado da aplicação de um operador relacional.

Quadro 2 - Aplicação do Operador & (AND)		
Expressão1	**Expressão2**	**Resultado**
TRUE	TRUE	TRUE
TRUE	FALSE	FALSE
FALSE	TRUE	FALSE
FALSE	FALSE	FALSE

Quadro 4 - Aplicação do Operador xor		
Expressão1	**Expressão2**	**Resultado**
TRUE	TRUE	FALSE
TRUE	FALSE	TRUE
FALSE	TRUE	TRUE
FALSE	FALSE	FALSE

Quadro 3 - Aplicação do Operador | (OR)		
Expressão1	**Expressão2**	**Resultado**
TRUE	TRUE	TRUE
TRUE	FALSE	TRUE
FALSE	TRUE	TRUE
FALSE	FALSE	FALSE

Quadro 5 - Aplicação do Operador ! (NOT)	
Expressão1	**Resultado**
TRUE	FALSE
FALSE	TRUE

A partir da apresentação desses operadores, podemos introduzir um conceito importante na área de programação, qual seja, o conceito de precedência. A precedência determina a ordem de realização das operações definidas em uma expressão que agregue os operadores aritméticos, relacionais e lógicos. Neste sentido, o Quadro 6 traz, em linhas gerais, as regras de precedência consideradas no R. Dada uma expressão, as operações realizadas com os operadores que têm os menores valores de precedência são realizadas primeiro.

Quadro 6 – Precedência		
Valor	**Operador**	**Nome**
1	^	Exponenciação
2	- +	Operadores Unários
3	:	Operador de Sequência
4	%/% %%	Quociente e Resto de divisão inteira
5	* /	Multiplicação e Divisão
6	+ -	Soma e Subtração
7	<; >; <=; >=; == ;!=	Relacionais
8	! NOT	Lógico
9	& && AND	Lógico
10	| || OR	Lógico
11	~	Fórmula[4]

OBSERVAÇÃO:O uso de parênteses em uma expressão permite mudar a ordem de realização das operações.

[4] A aplicação deste operador será ilustrada, com alguns exemplos, nos capítulos sobre listas e sobre gráficos.

EXEMPLOS DE UTILIZAÇÃO DOS OPERADORES

```
> 10+4
[1] 14
> 8-5+2
[1] 5
> 10^4
[1] 10000
> 10^1/2
[1] 5
> 10^(1/2)
[1] 3.162278
> 10^(1/3)
[1] 2.154435
> 8/2
[1] 4
>8/5
[1] 1.6
> 8%%5        #Resto da divisão inteira
[1] 3
> 8%/%5      #Quociente da divisão inteira
[1] 1
> (4*5)%/%2
[1] 10
>4>3 & 5<1 | 2>1
[1] TRUE
> 4>3 & 5<1 | 1==0
[1] FALSE
> 9>1
[1] TRUE
> 8>4+8
[1] FALSE
> 8>4+8 | 5>2^2
[1] TRUE
> "Amanda">"Ana"
[1] FALSE
> "Amanda"<"Ana"
[1] TRUE
> 3>1 & 4>5 | 1>2 | 4>-7
[1] TRUE
> 8/4/5
[1] 0.4
```

```
> 8/(4/5)
[1] 10
> 2^3^3
[1] 134217728
> (2^3)^3
[1] 512
> x<-2
> y<-5
> xor(x>1,y>3)    #Operador OU  Exclusivo
[1] FALSE
> xor(x>1,y<4)
[1] TRUE
```

OBSERVAÇÃO: Durante a realização de certas operações aritméticas no R, podem ser produzidos valores especiais, mais especificamente, o "infinito" (**Inf**) e "não número" (**NaN** - *Not a Number*). O valor **Inf** ocorre quando se divide um número diferente de zero por zero e o valor **NaN** ocorre na divisão de zero por zero ou, por exemplo, Inf-Inf. Além desses dois tipos, temos o tipo **NA** que é utilizado para representar um dado ausente.

O **NA** pode aparecer, por exemplo, após a leitura de uma base de dados que tem um ou mais registros com uma ou mais variáveis (colunas) cujos valores não estão disponíveis (ausentes). Por exemplo, se tivéssemos um arquivo do tipo "CSV" com quatro colunas (variáveis) e uma de suas linhas fosse: "100;23.4;;245", seria gerado um **NA** em relação à 3ª variável.

EXEMPLOS COM VALORES ESPECIAIS

```
> x<-2/0
> x
[1] Inf
> is.infinite(x)    #Retorna TRUE se o valor for do tipo Infinito
[1] TRUE
> 3.4/0
[1] Inf
> y<-0/0
> y
[1] NaN
> is.nan(y)    #Retorna TRUE se o valor for do tipo NaN
[1] TRUE
>is.na(y)      #Retorna TRUE se o valor for do tipo NaN
[1] TRUE
> z<-NA
> is.na(z)    #Retorna TRUE se o valor for do tipo NA (is.nan não é  aplicável)
```

```
[1] TRUE
```

2.3 Algumas Funções Matemáticas

As funções apresentadas a seguir estão disponíveis nos pacotes *base* e *stats*.

Quadro 7 – Funções	
Função	Finalidade
abs(x)	Calcula o valor absoluto de x
sqrt(x)	Calcula a raiz quadrada de x (x≥0)
exp(x)	Calcula a exponencial de x (e^x)
log(x,base=exp(1))	Calcula o logaritmo de x em determinada base (x>0). A base default é *e* (log neperiano)
factorial(x)	Calcula o fatorial de x
choose(n,k)	Calcula o total de combinações de n elementos tomados k a k (C_n^k)
sin(x)	Calcula o seno de x (x em radianos)
cos(x)	Calcula o cosseno de x (x em radianos)
tan(x)	Calcula a tangente de x (x em radianos)
asin(x)	Calcula o valor do arco seno de x
acos(x)	Calcula o valor do arco cosseno de x
atan(x)	Calcula o valor do arco tangente de x
floor(x)	Converte o real x no maior inteiro menor ou igual x
ceiling(x)	Converte o real x no menor inteiro maior ou igual a x
trunc(x)	Retorna o valor de x truncado
round(x,digits=0)	Arredonda x com número de casas decimais especificado em digits (default é 0)
integrate(f,lower,upper,...) **"..." indica que há outros argumentos na função**	Calcula a integral definida de uma função f em um intervalo definido pelos argumentos lower e upper
D(expr,name)	Calcula a derivada da função definida em expr simbolicamente ou algoritmicamente, considerando a variável definida em name

EXEMPLOS DE APLICAÇÃO DAS FUNÇÕES MATEMÁTICAS

```
> sqrt(2)
[1] 1.414214
> abs(-1.2)
[1] 1.2
> abs(-3)
[1] 3
> exp(10)
```

```
[1] 22026.47
> log(10)
 [1] 2.302585
> log(10,10)                    #Logaritmo de 10 na base 10
[1] 1
> log(10,3)                      #Logaritmo de 10 na base 3
[1] 2.095903
> factorial(7)
[1] 5040
> choose(4,2)
[1] 6
> sin(30*pi/180)  seno de 30°   #Ângulo em radianos
[1] 0.5
> tan(45*pi/180) tangente de 45°
[1] 1
> floor(4.2)
[1] 4
> floor(-1.2)
[1] -2
> trunc(4.5678)
[1] 4
> round(4.567)
[1] 5
>round(4.567,1)
[1] 4.6
>round(4.567,2)
[1] 4.57
>ceiling(4.3)
[1] 5
>ceiling(-1.25)
[1] -1
> integrate(function(x)5 x^2,0,1)  #Calcula integral de x2 entre 0 e 1
0.3333333 with absolute error < 3.7e-15
> integrate(function(x) log(x),2,4)  #Calcula integral de ln(x) entre 2 e 4
2.158883 with absolute error < 2.4e-14
> D(expression(sin(x)),"x")    #Calcula a derivada de seno de x
cos(x)
> D(expression(x^2),"x")       #Calcula a derivada de x2
2 * x
```

[5] É necessário escrever a palavra "function(x)" antes da expressão da função que será integrada.

```
> Dx<-D(expression(x^2),"x")
> x<-2
> eval(Dx)          #Avalia o valor da derivada x² no ponto x=2
[1] 4
```

OBSERVAÇÃO: Quando o usuário utiliza alguma função que retorna um valor numérico do tipo real, o *default* do número de dígitos, incluindo as casas decimais, é sete. Caso o usuário deseje alterar o número de dígitos exibidos na tela, pode definir esse número previamente, utilizando o comando **options**(digits=n), sendo n o número de dígitos significativos.

EXEMPLOS DE FORMATAÇÃO COM COMANDO OPTIONS

```
> exp(2)
[1] 7.389056
> options(digits=3)  #Define  número de dígitos exibidos no Console
> exp(2)
[1] 7.39
> options(digits=10)
> exp(2)
[1] 7.389056099
```

2.4 Exercícios Resolvidos

Exe-1: Atribua valores numéricos às variáveis x_1, x_2 e x_3 e calcule as suas médias aritmética, geométrica e harmônica.

```
> x1<-4
> x2<-2.5
> x3<-7
> (x1+x2+x3)/3
[1] 4.5
> (x1*x2*x3)^(1/3)
[1] 4.121285
> 3/(1/x1+1/x2+1/x3)
[1] 3.783784
```

Exe-2: Atribua um valor real à variável x e calcule o valor de y, sendo y definido pela seguinte expressão: $y = \sqrt{x^2 + e^x} - \sqrt{5x^2 + 10}.$

```
> x<-4.5
> y<-sqrt(x^2+exp(x))-sqrt(5*x^2+10)
> y
[1] -0.04669581
```

Exe-3: Atribua valores lógicos às variáveis A, B e C de forma que a expressão D= ! A & B & C tenha o valor TRUE.

```
> A<-FALSE
> B<-TRUE
> C<-TRUE
> D<-!A & B & C
> D
[1] TRUE
```

Exe-4: Sabendo que f(x)=4x+2 e g(x)=x^2+3, escreva o comando que atribua o valor 5 à variável x_o e calcule os valores das seguintes funções compostas: f(g(x_o)) e g(f(x_o)).

```
> x0<-5
> fgx0<-4*(x0^2+3)+2
> gfx0<-(4*x0+2)^2+3
```

Exe-5: Atribua a uma variável denominada tempo, o valor correspondente à duração de um evento em segundos. Em seguida, converta esse tempo em horas, minutos e segundos.

```
> tempo<-7385
> horas<-tempo%/%3600
> horas
[1] 2
> minutos<-(tempo%%3600)%/%60
> minutos
[1] 3
> segundos<-(tempo%%3600)%%60
> segundos
[1] 5
> tempo<-4320
> horas<-tempo%/%3600
> horas
```

```
[1] 1
> minutos<-(tempo%%3600)%/%60
> minutos
[1] 12
> segundos<-(tempo%%3600)%%60
```

Exe-6: Definido x<-2, escreva o comando que calcula o valor de y:

$$y = \cfrac{x}{2 + \cfrac{\cfrac{4}{x^2+1}}{3x + \cfrac{e^x}{x^4+2}}}$$

```
> x<-2
> y<-x/(2+4/((x^2+1)/(3*x+(exp(x)/(x^4+2)))))
> y
[1] 0.2805678
```

Exe-7: Dados dois pares de pontos (x_1,y_1) e (x_2,y_2) no R^2, a distância euclidiana **d** entre esses dois pontos é dada a seguinte expressão: $\sqrt{(x_1 - x_2)^2 + (y_1 - y_2)^2}$. Considerando que x_1=1.5, x_2=3, y_1=4.5 e y_2=6, escreva o comando que calcule o valor de d.

```
>x1<-1.5
> x2<-3
> y1<-4.5
> y2<-6
> d<-sqrt((x1-x2)^2+(y1-y2)^2)
```

Exe-8: Para calcular o IMC (índice de massa corporal), basta dividir o peso (em quilogramas) pela altura (em metros) ao quadrado. Considerando peso=90 e altura=1.76, calcule o IMC.

```
> peso<-90
> altura<-1.76
> IMC<-peso/altura^2
> IMC
[1] 29.05475
```

Capítulo 3

Vetores

Em várias linguagens de programação, variáveis do tipo vetor são consideradas diferentes de variáveis do tipo escalar. Não obstante, no que diz respeito ao R, uma variável (objeto) simples, como apresentado no capítulo anterior, corresponde a um vetor de uma posição, também chamado de vetor atômico.

No exemplo abaixo, x é um vetor do tipo numérico com uma única posição.

```
> x<-2
>  x[1]
[1] 2
```

No R um vetor corresponde a uma estrutura de dados dinâmica, no sentido que pode ter o número de posições aumentado ou diminuído (manipulações feitas a posteriori), mesmo sendo criado, inicialmente, com número fixo de n posições.

É uma estrutura de dados que permite armazenar um conjunto de valores (inteiros, reais etc) do mesmo tipo sob um mesmo nome. Esses valores, por sua vez, podem ser acessados individualmente ou em subconjuntos, através de índices.

Os tipos de variáveis no R também são chamados de "modos" (modes). Dessa forma, todos os elementos de um vetor são do mesmo modo: numérico (inteiro ou real), caracter (string), lógico (booleano) e complexo.

3.1 Criando Vetores

O R oferece várias alternativas para criação de vetores. A seguir, vamos apresentar algumas dessas alternativas, mediante a utilização de funções e comandos de leitura e atribuição.

1ª Alternativa – Atribuição com a função **c**. Essa função concatena n valores (numéricos, lógicos, caracteres e complexos) $v_1,v_2,v_3,...,v_n$ entre as vírgulas e cria um vetor. A forma de utilização é: **c**($v_1,v_2,v_3,...,v_n$).

EXEMPLOS DE CONSTRUÇÃO DE VETORES COM A FUNÇÃO "c"

```
> idades<-c(12,45,36,18,100)    #Cria vetor de cinco posições
> idades
[1]  12  45  36  18 100
> sal1<-c(1000.50,1324.78)
> sal2<-c(978,2345.60,900,10800)
> sald<-c(sal1,sal2)       #Cria o vetor sald combinando os vetores sal1 e sal2
```

```
> sald
[1]  1000.50  1324.78   978.00  2345.60   900.00 10800.00
> sald[2]                  #Acessa conteúdo da 2ª posição
[1] 1324.78
> sald[2:4]              #Acessa conteúdo entre a 2ª e 4ª posições
[1] 1324.78  978.00 2345.60
> sald[c(2,4)]          #Acessa o conteúdo na 2ª e 4ª posições
[1] 1324.78  2345.60
> sald[-3] #Acessa  conteúdo de todas as posições, a menos da 3ª
[1]  1000.50  1324.78  2345.60   900.00 10800.00
> nvsal<-sald[-3]     #Atribui os valores de sald a nvsal, excluindo a 3ª posição
> nvsal
[1]  1000.50  1324.78  2345.60   900.00 10800.00
> nomes<-c("Luciana","Amanda","Maya") #Cria vetor de strings
> nomes
[1] "Luciana" "Amanda"  "Maya"
> nomes[2]          #Apresenta o conteúdo da 2ª posição do vetor nomes
[1] "Amanda"

> z<-c(1+3i,3+2i,9+10i)  #Cria vetor de números complexos
> z
[1] 1+ 3i
[2] 3+ 2i
[3] 9+10i
> teste<-c(TRUE,FALSE,TRUE,TRUE) #Vetor de valores lógicos
> teste
[1]  TRUE
[2] FALSE
[3]  TRUE
[4]  TRUE
```

__2ª Alternativa__ – Atribuição com a função **scan** (leitura para valores numéricos). Esta função possibilita a criação de um vetor numérico, através da inclusão dos dados via teclado. A forma de utilização é: **nome_objeto<-scan**(). OBS: Alterando o argumento "what", o usuário pode preencher o vetor, por exemplo, com valores do tipo character.

No exemplo a seguir, ao digitar "valores<-**scan**()" aparece, inicialmente, a linha "1:". Ao digitar o valor 2 e apertar a tecla <ENTER>, aparecerá uma nova linha "2:", para inclusão de um novo valor. Este processo continua até que, em vez de digitar um valor numérico, após ":", o usuário digitar <ENTER> novamente.Alternativamente, ao digitar "valores<-scan()" e aparecer a linha "1:", o usuário pode digitar um conjunto de valores nessa linha, separando-os por espaços e, após o último valor, digitar <ENTER> duas vezes seguidas.

EXEMPLOS DE CONSTRUÇÃO DE VETORES COM A FUNÇÃO "scan"

```
> valores<-scan()
1: 2
2: -1.2
3: 3
4: 100
5: 4.5
6:
Read 5 items
> valores
[1]   2.0  -1.2   3.0 100.0   4.5
#Combinando o c( ) e scan( )
> x<-1:4
> x
[1] 1 2 3 4
> x<-c(x,scan())
1: -7
2: 100
3:
Read 2 items
> x
[1]   1   2   3   4  -7 100
> v<-scan()  #Digita valores separados por espaços e depois aperta  <ENTER>
1: 23 4 50 10 19
6:
Read 5 items
```

3ª Alternativa - Atribuição com operador de sequência ":". Esse operador permite gerar uma sequência de valores numéricos (incremento de uma unidade) para um vetor.

A forma de utilização é: **nome_objeto<-valor_inf:valor_sup**, sendo **valor_inf<valor_sup**, ou seja, os valores são gerados em ordem crescente. Alternativamente, para gerar uma sequência em ordem decrescente, utilizamos: **nome_objeto<-valor_sup:valor_inf**.

EXEMPLOS DE CONSTRUÇÃO DE VETORES COM OPERADOR ":"

```
> valor<-2:11
> valor
 [1]  2  3  4  5  6  7  8  9 10 11
> valor<--10:8
```

```
> valor
 [1] -10  -9  -8  -7  -6  -5  -4  -3  -2  -1   0   1   2   3   4   5   6   7   8
> valor<-1.2:9.2
> valor
[1] 1.2 2.2 3.2 4.2 5.2 6.2 7.2 8.2 9.2
> valor<-7:2
> valor
[1] 7 6 5 4 3 2
```

<u>4ª Alternativa</u> - Atribuição com a função **rep(x,times,each)**. Essa função possibilita a replicação do conteúdo de um objeto, valor ou conjunto de valores. Para sua utilização, podem ser considerados, basicamente, três argumentos, a saber: **x** = objeto, valor ou conjunto de valores; **times** = número de vezes que **x** será replicado; **each** = número de vezes que cada valor de **x** será repetido. O argumento **x** pode ser numérico, caracter, lógico ou complexo.

EXEMPLOS DE CONSTRUÇÃO DE VETORES COM A FUNÇÃO "rep"

```
> v<-rep(10,7)
> v
 [1] 10 10 10 10 10 10 10
> v<-rep(-4,10)
> v
 [1] -4 -4 -4 -4 -4 -4 -4 -4 -4 -4
> v<-rep("R3.0",times=5)
> v
[1] "R3.0" " R3.0" " R3.0" " R3.0" " R3.0"
> v<-rep(c(2,3,4),2)
> v
[1] 2 3 4 2 3 4
> rep(1:4,times=2)
[1] 1 2 3 4 1 2 3 4
> rep(1:4,each=2)
[1] 1 1 2 2 3 3 4 4
> rep(1:4,times=3,each=2)
[1] 1 1 2 2 3 3 4 4 1 1 2 2 3 3 4 4 1 1 2 2 3 3 4 4
```

<u>5ª Alternativa</u> - Atribuição com a função **seq(from,to,by,length)**. Esta função possibilita a geração de uma sequência numérica (com valores inteiros ou reais). Para sua utilização, são considerados, basicamente, quatro argumentos, a saber: **from** = valor inicial da sequência; **to**=valor final da sequência; **by** = incremento da sequência; **length** = comprimento da sequência.

A função pode ser aplicada de três formas: **seq(from,to)**; **seq(from,to,by)** ou **seq(from,to,length)**.

OBSERVAÇÃO: Ao utilizar o argumento **length** no lugar do argumento **by**, o incremento é calculado considerando (to-from)/(length-1).

EXEMPLOS DE CONSTRUÇÃO DE VETORES COM A FUNÇÃO "seq"

```
> seq(2,10)        #Default do incremento é 1
[1]  2  3  4  5  6  7  8  9 10
> seq(2.1,8)
[1] 2.1 3.1 4.1 5.1 6.1 7.1
> seq(2.1,8.1)
[1] 2.1 3.1 4.1 5.1 6.1 7.1 8.1
> seq(1,4,0.2)  #Incremento decimal
[1] 1.0 1.2 1.4 1.6 1.8 2.0 2.2 2.4 2.6 2.8 3.0 3.2 3.4 3.6 3.8 4.0
> seq(-1,1,0.2)
 [1] -1.0 -0.8 -0.6 -0.4 -0.2  0.0  0.2  0.4  0.6  0.8  1.0
> seq(1,-1,-0.4)
[1]  1.0  0.6  0.2 -0.2 -0.6 -1.0
> seq(2,10,length=5)
[1]  2  4  6  8 10
> seq(1,10,length=5)
[1]  1.00  3.25  5.50  7.75 10.00
```

OBSERVAÇÃO: Em relação a esta e outras funções do R, caso o usuário conheça a lista de argumentos da função, a sua ordem de passagem e utilize um conjunto de argumentos em sequência, começando a partir do primeiro, não há necessidade de especificar o(s) seu(s) nome(s). Tal questão será abordada com detalhes no capítulo 9, que trata especificamente sobre a criação de funções.

6ª Alternativa - Atribuição com a função **vector**. Permite definir um vetor de determinado tipo com n posições. Forma de utilização: **vector(mode="tipo",n)**.

EXEMPLOS COM A FUNÇÃO VECTOR

```
> x<-vector("numeric",10)
> x
 [1] 0 0 0 0 0 0 0 0 0 0
> x<-vector("logical",4)
> x
 [1] FALSE FALSE FALSE FALSE
> x<-vector("complex",3)
> x
[1] 0+0i 0+0i 0+0i
```

OBSERVAÇÃO: É possível alterar os valores de um vetor através do comando **edit()**. Supondo que o usuário tenha definido um vetor **x** a priori, pode digitar "x<-edit(x)" ou novo_x<-edit(x), o que implica abertura de uma janela de edição onde o usuário pode alterar quaisquer valores do vetor. Em seguida, fechando essa janela, "x" ou "novo_x" terão os valores atualizados (Figura 9).

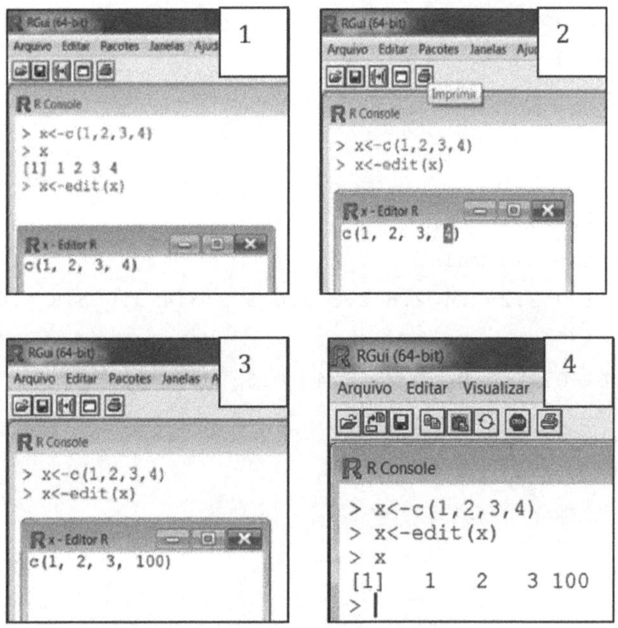

Figura 9 – Comando Edit

3.2 Operações com Vetores

O R permite a realização de uma série operações aritméticas com vetores, bem como a aplicação de diversas funções. Considerando um vetor x com n elementos, ao aplicarmos os operadores aritméticos ou as funções matemáticas como, por exemplo, ^ ou **exp**, a operação é realizada em cada um dos elementos do vetor.

Isso implica que todas as funções apresentadas no Quadro 7, da seção 2.3, podem ser aplicadas em um vetor.

Conforme será exemplificado nesta seção, muitas das operações que, em outras linguagens, demandariam a utilização de uma estrutura de repetição (**for** ou **while**) ou de seleção (**if**), são realizadas de forma mais simples e rápida no R (forma "vetorizada"), sem a necessidade desses tipos de estruturas.

A seguir temos exemplos de aplicação das operações básicas em vetores. Os resultados apresentados indicam que, em caso de dois vetores de igual tamanho, denotados por $x=(x_1,x_2,\ldots,x_n)$ e $y=(y_1,y_2,\ldots,y_n)$, as operações aritméticas, definidas pelo operador utilizado (+,-, ...), são aplicadas nas entradas correspondentes dos vetores, por exemplo: $x+y \Rightarrow (x_1+y_1,x_2+y_2,\ldots,x_n+y_n)$.

EXEMPLOS DE OPERAÇÕES ARITMÉTICAS COM VETORES

```
> x<-seq(1,10)
> y<-seq(2,11)
> x
 [1]  1  2  3  4  5  6  7  8  9 10
> y
 [1]  2  3  4  5  6  7  8  9 10 11
> x+y                                              #Soma
 [1]  3  5  7  9 11 13 15 17 19 21
> x-y                                         #Subtração
[1] -1 -1 -1 -1 -1 -1 -1 -1 -1 -1
> x<-c(1.2,1.6,1.9)
> y<-c(1.1,1.5,2.3)
> x
[1] 1.2 1.6 1.9
> y
[1] 1.1 1.5 2.3
> x/y
[1] 1.090909 1.066667 0.826087
> x<-seq(1,8,2)
> x
[1] 1 3 5 7
> y<-seq(-1,6,2)
> y
[1] -1  1  3  5
> x*y                                     #Multiplicação
[1] -1  3 15 35
> x%*%y                                   #Produto escalar
     [,1]
[1,]   52
> x^2                                        #Potenciação
[1] 1  9  25  49
> sqrt(x)
 [1] 1.000000 1.732051 2.236068 2.645751
> log(x)
 [1] 0.0000000 1.0986123 1.6094379 1.9459101
> round(log(x),2)                #Arredondamento do logaritmo
 [1] 0.00 1.10 1.61 1.95
> ceiling(log(x))                     #Função teto
[1] 0 2 2 2
```

EXEMPLOS DE EXCLUSÃO E INCLUSÃO DE ELEMENTOS EM VETORES

```
> x<-c(2,7,-1,11)
> x
[1]  2  7 -1 11
> x<-x[-2]     #Exclui de x o elemento que está na 2ª posição e define novo x
> x
[1]  2 -1 11
> x[4]<-20     #Insere, via índice, novo elemento na 4ª posição de x
> x
[1]  2 -1 11 20
> x<-c(x,18)  #Insere via função "c" novo elemento em x
> x
[1]  2 -1 11 20 18
> x<-x[-c(2,4)]             #Exclui de x os elementos que estão nas posições 2 e 4
> x<-c(seq(2,10,2),x)  #Insere no início de x novos elementos via função seq
> x
[1]  2  4  6  8 10  2 11 18
```

Questão: Caso seja realizada uma operação com dois vetores com total de posições diferentes, o que ocorre? O exemplo a seguir contempla essa situação, considerando dois casos, a saber:

i) vetores com número de posições diferentes e não múltiplas;
ii) vetores com número de posições diferentes e múltiplas.

EXEMPLOS DE OPERAÇÕES COM VETORES DE DIMENSÕES DIFERENTES

```
> x<-seq(2,15,3)                    #Vetor de tamanho 5
> y<-seq(2,18,3)                    #Vetor de tamanho 6
> x
[1]  2  5  8 11 14
> y
[1]  2  5  8 11 14 17
> x+y
[1]  4 10 16 22 28 19
Warning message:
In x + y : longer object length is not a multiple of shorter object length
> y<-seq(2,30,3)               #y é redefinido com tamanho 10
> y
 [1]  2  5  8 11 14 17 20 23 26 29
> x+y
```

```
 [1]  4 10 16 22 28 19 25 31 37 43
> x*y
 [1]   4  25  64 121 196  34 100 184 286 406
```

No primeiro caso, embora a operação seja realizada, é apresentada uma mensagem com "*warning*" informando que os vetores não têm comprimentos (tamanhos) múltiplos. No segundo, a operação é realizada sem a apresentação de mensagem.

Considerando que as operações com vetores sejam realizadas em cada posição, com os elementos das posições correspondentes, e que os vetores tenham total de posições diferentes n e m (m>n), sendo $x=(x_1,x_2,...,x_n)$ e $y=(y_1,y_2,..., y_n,y_{n+1},y_{n+2},...,y_m)$, teremos as seguintes correspondências: x_1 e y_1, x_2 e y_2, e assim sucessivamente até x_n e y_n. Depois, dado que m>n, temos: x_1 e y_{n+1}, x_2 e y_{n+2} e assim sucessivamente.

3.3 Tratando Vetores como Conjuntos

Ao considerar cada vetor do R como um "conjunto", as operações de união, interseção, diferença, remoção de duplicação, verificação se cada elemento de um vetor pertence a outro vetor ou se dois vetores têm todos os elementos iguais, são feitas de forma rápida e simples, mediante aplicação das seguintes funções: **union**, **intersect**, **setdiff**, **unique**, **is.element** e **setequal**.

Todos os exemplos apresentados a seguir são baseados em vetores numéricos. Todavia, conforme será apresentado no capítulo 10, essas funções também podem ser aplicadas em vetores de strings.

EXEMPLOS DE OPERAÇÕES COM CONJUNTOS

```
> x<-seq(2,12,2)
> x
[1] 2  4  6  8 10 12
> y<-seq(1,15,3)
> y
[1]  1  4  7 10 13
> union(x,y)                #União de x e y              X∪Y
[1]  2  4  6  8 10 12  1  7 13
> intersect(x,y)            #Interseção de x e y        X∩Y
[1]  4 10
> setdiff(x,y)              #Diferença entre x e y       X-Y
[1]  2  6  8 12
> setdiff(y,x)              #Diferença entre y e x       Y-X
[1] 1  7 13
> x<-c(1,2,2,3,4,5,5,5,7,8,9)
> x<-unique(x)              #Retira as repetições de x
```

```
> x
[1]  1 2 3 4 5 7 8 9
> y<-c(-1,1,2)
> is.element(x,y)   #Verifica  se cada elemento de x pertence a y,
retornando TRUE se i-ésimo elemento de x está em y
[1] TRUE  TRUE FALSE FALSE FALSE FALSE FALSE FALSE
> is.element(y,x)
[1] FALSE  TRUE  TRUE
>  x %in% y  #equivalente is.element(x,y)
[1] TRUE  TRUE FALSE FALSE FALSE FALSE FALSE FALSE
> x<-c(1,2,5,8,11,14)
> y<-c(2,1,5,8,11,14,17,20,23,26,29)
> setequal(x,y)      #Retorna TRUE se os dois conjuntos têm os mesmos elementos, indepen-
dente da ordem
[1] FALSE
> y<-y[1:6]
> setequal(x,y)
[1] TRUE
```

3.4 Fazendo Avaliações e Filtros

O R possui algumas funções que permitem avaliar se os elementos de um vetor **x** (e outros tipos de objetos) satisfazem uma ou mais condições, nomeadamente, as funções **all, any, which** e **duplicated**.

A função **all** retorna o valor lógico TRUE, se todas as entradas de **x** satisfazem determinada(s) condição(ções) e a função **any** retorna o valor TRUE se, pelo menos, uma das entradas **x** satisfaz uma condição. Já a função **which** retorna as posições correspondentes às entradas do vetor **x** que satisfazem determinada(s) condição (ções). A função **duplicated** retorna um vetor lógico, em que as posições com os valores TRUE indicam que os elementos de **x** correspondentes a essas posições estão duplicados, ou seja, aparecem em outras posições de **x**.

As condições avaliadas e utilizadas nas três primeiras funções são definidas a partir da utilização dos operadores relacionais, lógicos ou pela combinação desses dois tipos de operadores.

EXEMPLOS COM AS FUNÇÕES all, which, any e duplicated

```
> x<-seq(2,20,2)
> x
 [1]  2  4  6  8 10 12 14 16 18 20
> all(x>3)    #Verifica se todos os valores de x são maiores que 3
[1] FALSE
> all(x<50)
```

```
[1] TRUE
> all(x%%2==0)  #Verifica se todos os valores de x são divísiveis por 2
[1] TRUE
> all(x>1 & x<21) #Verifica se todos os valores de x são maiores 1 e menores 21
[1] TRUE
> any(x%%6==0)
[1] TRUE
> any(x>21)
[1] FALSE
> which(x>5)      #Retorna as posições de x cujos valores são maiores que 5
 [1]  3  4  5  6  7  8  9 10
> which(x%%2==0 & x%%3==0) #Retorna posições de x com valores
                            divisíveis por 6
[1] 3 6 9
> x[which(x%%2==0 & x%%3==0)]  #Retorna os valores
[1]  6 12 18
> x[x>8]       #Retorna os valores de x que são maiores que 8
[1] 10 12 14 16 18 20

> x[x>8 & x<19] #Retorna os valores de x maiores que 8 e menores que 19
[1] 10 12 14 16 18
> X<-c(1,6,7,1,6,9,2,7,4,8,9,7,3,8,6)
#Ao aplicar duplicated, o valor TRUE na i-ésima posição de X indica que X[i] já apareceu
em uma posição anterior de X, isto é, entre as posições 1,...,i-1.
> duplicated(X)
[1] FALSE FALSE FALSE  TRUE  TRUE FALSE FALSE  TRUE FALSE FALSE  TRUE  TRUE FALSE  TRUE TRUE
> X[which(duplicated(X)==TRUE)]  #Retorna quais são os valores repetidos
[1] 1 6 7 9 7 8 6
> X[which(duplicated(X)==FALSE)] #Retorna X sem as repetições
[1] 1 6 7 9 2 4 8 3
```

OBSERVAÇÃO: Os exemplos apresentados com as expressões x[which(x%%2==0 & x%%3==0)], x[x>8] e x[x>8 & x<19], que contemplam a utilização de operadores relacionais e lógicos, não são usuais, quando pensamos a forma de utilização de um vetor em outras linguagens, onde é possível utilizar um único valor inteiro (índice) entre os colchetes.

3.5 Funções Estatísticas e Matemáticas

Apresentamos no Quadro 8 outras funções que podem ser aplicadas, na maioria dos casos, em um vetor numérico x.

Quadro 8 – Funções Estatísticas e Matemáticas	
Função	Finalidade
length(x)	Retorna comprimento do vetor x
sample(x,size,replace=FALSE,prob=NULL) size: Número de elementos selecionados; replace: se a seleção será com ou sem reposição; prob: Vetor com probabilidades de seleção associadas aos elementos de x. **Obs:** Se size > length(x), replace deve ser igual a TRUE (amostragem com reposição)	Seleciona uma amostra de x
mean(x,trim,na.rm=FALSE,...) trim: Valor entre 0 e 0.5 que corresponde a uma fração de valores a serem cortados de cada extremidade de x antes da média ser calculada; na.rm: valores NA são desconsiderados no cálculo, caso este argumento seja TRUE	Calcula a média de x
sd(x,na.rm=FALSE)	Calcula o desvio padrão de x
median(x,na.rm=FALSE,...)	Calcula a mediana de x
var(x,...,na.rm=FALSE,...)	Calcula a variância de x
summary(x,...)	Calcula a média e o resumo dos cinco números de x
fivenum(x,na.rm=TRUE)	Calcula resumo dos 5 números de x
quantile(x,probs=seq(0,1,1/q),....) Ex: q = 4 ⇒ quartis q=10 ⇒ decis	Calcula os quantis de x
max(x, na.rm=FALSE)	Retorna valor máximo de x
min(x,na.rm=FALSE)	Retorna o valor mínimo de x
which.max(x)	Retorna posição de x em que está o máximo
which.min(x)	Retorna posição de x em que está o mínimo
range(x,...,na.rm=FALSE)	Retorna os valores mínimo e máximo de x
sort(x,decreasing=FALSE,...) decreasing: ordem crescente é o default.	Retorna os elementos de x (numérico ou caracter) em ordem crescente.
order(x,...,decreasing=FALSE)	Retorna um vetor com os índices que fornecem a ordenação de x
sum(x,na.rm=FALSE)	Calcula a soma de x
rev(x)	Retorna os elementos de x na ordem inversa
cumsum(x)	Retorna as somas parciais de x

prod(x,na.rm=FALSE)	Calcula o produtório de x
cumprod(x)	Calcula produtos acumulados de x
runif(n,min=0,max=1)	Gera n valores reais (segundo uma distribuição uniforme[1]) entre min e max (default intervalo [0,1])
findInterval(x,vec,...)	Dado um vetor (vec) com (p+1) intervalos (p pontos de corte), determina em qual intervalo está cada observação de x (Intervalos de 0 até p)
match(x,table,nomatch=NA_integer_,...)	Retorna, em um vetor, as posições que os elementos de um vetor x ocupam no vetor table. Quando um elemento de x não é encontrado em table, é retornado valor NA_integer (default do argumento nomatch)
table(x,...)	Retorna o total de ocorrências de cada um dos elementos de x
mfv(x) **Obs:** Instalar o pacote *modeest*	Calcula moda a partir das observações do vetor numérico x
paste(vetor1,...,vetorn,sep="",colapse=NULL) sep: Se os elementos dos vetores serão concatenados sem espaços no vetor resultante. colapse: um caracter separador entre os elementos do vetor resultante	Concatena um conjunto de vetores em um único vetor do tipo caracter, após convertê-los em caracter

EXEMPLOS DA APLICAÇÃO DAS FUNÇÕES ESTATÍSTICAS E MATEMÁTICAS

```
> amostra<-sample(100,10)
> amostra
 [1] 97 54 64 14 45 40 52 77 12 89
>length(amostra)
[1] 10
> amostra<-sample(c(1:10),5)
> amostra
[1] 6 4 2 3 1
> which.min(amostra)
[1] 5
> amostra<-sample(c(1:10),20,TRUE)  #Amostragem com reposição
> amostra
 [1] 1 1 2 2 1 6 6 7 5 2 9 6 1 6 6 8 6 9 5 5
> media<-mean(amostra)
> media
[1] 4.7
> sd(amostra)
[1] 2.716422
```

[1] Funções de distribuição serão apresentadas no capítulo 13.

```
> median(amostra)
[1] 5.5
> var(amostra)
[1] 7.378947
> summary(amostra)
   Min. 1st Qu.  Median    Mean 3rd Qu.    Max.
    1.0     2.0     5.5     4.7     6.0     9.0
> fivenum(amostra)
[1] 1.0 2.0 5.5 6.0 9.0
> quantile(amostra,probs=seq(0,1,0.25))
  0%  25%  50%  75% 100%
 1.0  2.0  5.5  6.0  9.0
> max(amostra)
[1] 9
> range(amostra)  #Retorna o mínimo e o máximo
[1] 1 9
> sort(amostra)
 [1] 1 1 1 1 2 2 2 5 5 5 6 6 6 6 6 6 7 8 9 9
> order(amostra)
 [1]  1  2  5 13  3  4 10  9 19 20  6  7 12 14 15 17  8 16 11 18
> amostra[order(amostra)]
 [1] 1 1 1 1 2 2 2 5 5 5 6 6 6 6 6 6 7 8 9 9
> n<-1:10
> n
 [1]  1  2  3  4  5  6  7  8  9 10
> sum(n)
[1] 55
> rev(n)
[1]  10 9 8 7 6 5 4 3 2 1
> cumsum(n)
 [1]  1  3  6 10 15 21 28 36 45 55
> prod(n)
[1] 3628800
> cumprod(n)
 [1]       1       2       6      24     120     720    5040   40320  362880 3628800
> runif(5)
[1] 0.1304092 0.8610569 0.6465636 0.1191245 0.1784935
> runif(5,0,2)
[1] 1.1873319 1.0504736 1.2486669 1.4382626 0.8005203
```

```
> runif(5,-1,5)
[1]  1.26251641  2.67908210  0.03821657 -0.15440454  1.60075100
> x<-sample(20,10)
> x
 [1]  6 10  8 17  1 19 14 16 18  4
> vec<-c(5,12,18)  #Intervalo 0:(-Inf,5), 1:[5,12), 2: [12,18), 3: [18,Inf)
> findInterval(x,vec)
 [1] 1 1 1 2 0 3 2 2 3 0
> an_est<-sample(c(4:15),40,replace=TRUE)
> an_est
 [1] 10 12 12 11 10  8 14 14  7 11 11 13 14  6 11  8 11 14 10  4  7 15 14 10 13 13 11  6
14  9  5  7  8  8  8 15  6 14  8  7
> tabulado<-table(an_est)
> tabulado
an_est
 4  5  6  7  8  9 10 11 12 13 14 15
 1  1  3  4  6  1  4  6  2  3  7  2
> names(tabulado)  #Valores que aparecem no vetor an_est
 [1] "4"  "5"  "6"  "7"  "8"  "9"  "10" "11" "12" "13" "14" "15"
> frequencias<-as.vector(tabulado)
> frequencias   #Número de vezes que cada um dos valores
                aparece
 [1] 1 1 3 4 6 1 4 6 2 3 7 2
> incognitas<-paste("x",1:10,sep=" ")
> incognitas
[1] "x 1"  "x 2"  "x 3"  "x 4"  "x 5"  "x 6"  "x 7"  "x 8"  "x 9"  "x 10"
> incognitas<-paste("x",1:10,sep="")
> incognitas
[1] "x1"  "x2"  "x3"  "x4"  "x5"  "x6"  "x7"  "x8"  "x9"  "x10"
> incognitas<-paste("x",1:10,sep="",collapse=",")
> incognitas
[1] "x1,x2,x3,x4,x5,x6,x7,x8,x9,x10"
> length(incognitas)
[1] 1
> incognitas<-paste("x",1:10,sep="_")
> incognitas
```

```
[1] "x_1"  "x_2"  "x_3"  "x_4"  "x_5"  "x_6"  "x_7"  "x_8"  "x_9"  "x_10"
> length(incognitas)
[1] 10
```

OBSERVAÇÃO: Na seção 2.2 foi comentado que há uma diferença em resultados que envolvem vetores de mais de uma posição, quando temos expressões que combinam esses vetores e a utilização dos operadores lógicos &, &&, | e ||. Mais especificamente, quando utilizamos, apenas, o "&", implica comparação e a utilização do operador & elemento a elemento (do vetor). Por outro lado, ao utilizar "&&", implica comparação e a utilização do operador && restrita ao 1º elemento (entrada ou posição) de cada vetor. Situação análoga ocorre em relação ao operador "|". O exemplo a seguir ilustra esta observação.

EXEMPLO COM OS OPERADORES

```
> x<-c(2,4,5,6)
> y<-c(7,10,12,4)
> x%%2==0 & y%%7==0    #Compara todas as entradas de cada vetor
[1] TRUE FALSE FALSE FALSE
> x%%2==0 && y%%7==0 #Compara apenas a primeira entrada
[1] TRUE
> x>2 || y>7
[1] FALSE
> x>2 | y>7
[1] FALSE  TRUE  TRUE  TRUE
```

3.6 A Estrutura de Seleção Vetorizada

Além de uma estrutura de seleção equivalente às estruturas de outras linguagens de programação, o R possui uma estrutura de seleção especial, qual seja, a estrutura "**ifelse**".
Essa estrutura funciona de uma forma vetorizada, isto é, permite avaliar, se, cada um dos valores de um vetor x (ou matriz), satisfaz a uma ou mais condições, definidas através da utilização de operadores relacionais ou relacionais e lógicos. É uma estrutura que trabalha com três argumentos:

```
ifelse (expressão de teste,valor1,valor2)
```

O resultado da aplicação do **ifelse** é um vetor com valores lógicos ou numéricos, com tamanho igual ao do vetor que é avaliado na **expressão de teste** (primeiro argumento) através de uma condição. Para cada elemento do vetor que satisfizer a condição, o elemento correspondente do vetor resultante receberá o **valor1** e, caso a condição não seja satisfeita, receberá o **valor2**.

Obs: Esta estrutura tem efeito equivalente à combinação de uma estrutura de repetição (for ou while) com a estrutura de seleção composta (if else), que serão abordadas no capítulo 8.

EXEMPLOS DA APLICAÇÃO DA ESTRUTURA IFELSE

```
> x<-1:10
> resultante<-ifelse(x>5,1,0)
> resultante
 [1] 0 0 0 0 0 1 1 1 1 1
> resultante<-ifelse(x%%2==0,1,0)  #Verifica se cada elemento de x é divisível por 2, re-
tornando 1 em caso de divisão
> resultante
 [1] 0 1 0 1 0 1 0 1 0 1
> resultante<-ifelse(x%%2==0,TRUE,FALSE)
> resultante
[1] FALSE  TRUE FALSE  TRUE FALSE  TRUE FALSE  TRUE FALSE  TRUE
#É possível utilizar o próprio vetor no 2° e 3° argumentos
> resultante<-ifelse(x%%2==0,x+5,x*3)  #x=1,2,3,4,5,6,...,9,10
> resultante
 [1]  3  7  9  9 15 11 21 13 27 15
> resultante<-ifelse(x>3 & x<5,1,0)
> resultante
 [1] 0 0 0 1 0 0 0 0 0 0
> y<-c(5,2,9,12)
> x<-ifelse(y>6,2*y,3*y)
> x
[1] 15  6 18 24
> z<-c(4,1,8,10,7,15,6)
#Exemplo de duas estruturas ifelse encadeadas
> w<-ifelse(z<3,1,ifelse(z<7,2,3))
> w
[1] 2 1 3 3 3 3 2
```

3.7 Leitura de Arquivo – Utilizando a função scan

O R oferece uma série de funções que permitem a leitura de arquivos dos mais variados formatos como, por exemplo, *.txt*, *.csv*, *.xlsx* e *.sas*. Inicialmente, supondo que o arquivo a ser lido esteja no formato de texto e contenha, apenas, uma coluna, vamos considerar novamente a função "**scan**", que também pode ser utilizada da seguinte forma:

```
vet_elementos<-scan(file,dec=".",skip=0,...)
```

Os resultados da leitura são armazenados em um objeto do tipo vetor. O argumento **file** corresponde a uma string com o nome do diretório e o nome do arquivo. O argumento **dec** (com default = ".") indica se o número decimal dentro do arquivo é representado por "." ou ",".

Finalmente, o argumento **skip** (com default = 0), se diferente de zero, indica o número de linhas que serão ignoradas na leitura. Essa função tem outros argumentos que podem ser explorados utilizando o help do R (help("scan")).

Para ilustrar a aplicação dessa função, vamos calcular algumas estatísticas (resumo dos cinco números, média, coeficiente de variação e a correlação), para os dados de IDH de Renda e Educação (ano de 2010) dos estados da federação (dados obtidos em http://atlasbrasil.org.br/2013/).

Na leitura dos arquivos IDH_Renda_UFs.CSV e IDH_Educacao_UFs.CSV, seus valores serão atribuídos aos vetores denominados IDHR e IDHE. O cálculo do coeficiente de correlação entre a renda e a educação é realizado aplicando a função **cor**.

A forma de utilização dessa função é **cor(x,y)**, sendo x e y dois vetores numéricos de igual tamanho (o default é o coeficiente de Pearson). Para mais detalhes, help("cor").

EXEMPLOS DE CÁLCULOS DE MEDIDAS ESTATÍSTICAS

```
>IDHR<-scan("IDH_Renda_UFs.CSV",dec=",")
Read 27 items
>IDHE<-scan("IDH_Educacao_UFs.CSV",dec=",")
Read 27 items
> summary(IDHR)
   Min. 1st Qu.  Median    Mean 3rd Qu.    Max.
 0.6120  0.6670  0.6940  0.7069  0.7425  0.8630
> summary(IDHE)
   Min. 1st Qu.  Median    Mean 3rd Qu.    Max.
 0.5200 0.5605  0.6240  0.6124  0.6440  0.7420
> 100*sd(IDHR)/mean(IDHR)  #Coeficiente de variação da renda
[1] 8.237205
> 100*sd(IDHE)/mean(IDHE)
[1] 9.518911
> cor(IDHE,IDHR) #Calcula o coeficiente de correlação
```

```
[1] 0.9123286
```

Adicionalmente, vamos calcular os coeficientes de assimetria e curtose, considerando o arquivo URBSP.txt, que tem a distribuição da variável total de domicílios urbanos em uma amostra de 500 setores censitários de São Paulo (Dados da Contagem Populacional de 2007).

A curtose indica até que ponto a curva de frequências de uma distribuição se apresenta mais afilada ou mais achatada do que uma curva normal. Já o coeficiente de assimetria possibilita diferenciar as distribuições assimétricas. Mais especificamente, quando temos um valor negativo, isso implica que a cauda do lado esquerdo da função densidade de probabilidade é maior que a do lado direito. Por outro lado, um valor positivo indica que a cauda do lado direito é maior que a do lado esquerdo. Um valor nulo indica que os valores são distribuídos de forma relativamente igual em ambos os lados da média, o que não quer dizer, necessariamente, que a distribuição seja simétrica.

As=3x(media-mediana)/desvio_padrão (coeficiente de Pearson)
C=(q3-q1)/2x(p90-p10)

EXEMPLO DE CÁLCULO DE ASSIMETRIA E CURTOSE

```
> URBSP<-scan("URBSP2007.txt")
Read 500 items
> AS<-3*(mean(URBSP)-median(URBSP))/sd(URBSP)
> AS
[1] 0.0364863
> Q<-quantile(URBSP,probs=seq(0,1,0.25))
> Q1<-Q[2]
> Q3<-Q[4]
> P<-quantile(URBSP,probs=seq(0,1,0.01))
> P90<-P[91]
> P10<-P[11]
> C<-(Q3-Q1)/(2*(P90-P10))
> C
      75%
0.245
```

3.8 Exercícios Resolvidos

Exe-1: Utilize os comandos do R para gerar os vetores abaixo:

a) v1=(3,6,9,12,...,60) b) v2=(5,25,125,625,3125)

c) v3=(1,-1,1,-1,...,1,-1) (20 termos) d) v4=(1,2,2,3,3,3,4,4,4,4,5,5,5,5,5)

```
>v1<-seq(3,60,3)
>v1
 [1]  3  6  9 12 15 18 21 24 27 30 33 36 39 42 45 48 51 54 57 60
>v2<-5^(1:5)
>v2
[1]    5   25  125  625 3125
> v3<- (-1)^(0:19)   (1ª alternativa)
> v3
 [1]  1 -1  1 -1  1 -1  1 -1  1 -1  1 -1  1 -1  1 -1  1 -1  1 -1
> y<-1:20                    (2ª alternativa)
> v3<-ifelse(y%%2==1,1,-1)
> v3
 [1]  1 -1  1 -1  1 -1  1 -1  1 -1  1 -1  1 -1  1 -1  1 -1  1 -1
> v4<-c(1,rep(2,2),rep(3,3),rep(4,4),rep(5,5))
> v4
 [1] 1 2 2 3 3 3 4 4 4 4 5 5 5 5 5
```

Exe-2: Utilize os comandos do R para gerar um vetor contendo todos os inteiros de 1 até 100 que não são divisíveis por 2 e 3.

```
> d2<-seq(2,100,2)
> d3<-seq(3,99,3)
> dn23<-setdiff(1:100,union(d2,d3))
> dn23
 [1]  1  5  7 11 13 17 19 23 25 29 31 35 37 41 43 47 49 53 55 59 61 65 67 71 73 77 79 83
85 89 91 95 97
> n<-1:100   (2ª alternativa)
> dn23<-n[n%%2!=0 & n%%3!=0]
> dn23
 [1]  1  5  7 11 13 17 19 23 25 29 31 35 37 41 43 47 49 53 55 59 61 65 67 71 73 77 79 83
85 89 91 95 97
```

Exe-3: Escreva um conjunto de comandos para determinar quais são os divisores do número 128.

```
> n<-1:128
> n[128%%n==0]
[1]   1   2   4   8  16  32  64 128
```

Exe-4: Considere a seguinte sequência: x_n=n/(n+1) (n inteiro e positivo). Escreva um conjunto de comandos para gerar os 10000 primeiros termos de x_n e imprimir o número de termos de x_n que pertencem ao intervalo [0.950,0.990].

```
> n<-1:10000
> xn<-n/(n+1)
> xnovo<-xn[xn>=0.950 & xn<=0.990]
> length(xnovo)
[1] 81
```

Exe-5: Considere o vetor V<-sample(10,40,replace=TRUE). Determine os produtos acumulados dos elementos de V excluindo repetições.

```
> V<-sample(10,40,TRUE)
> V
 [1] 10  5 10 10  6  5  9  2  4  5  3  1 10  9  8  2  4  3  9 10  6  8  7  8  9  5  8  9
1  6  9  4  2  5  3 10 10  8  9 10
> vnr<-unique(V)
> vnr
 [1] 10  5  6  9  2  4  3  1  8  7
> cumprod(vnr)
 [1]      10      50     300    2700    5400   21600   64800   64800  518400 3628800
>cumprod(unique(V))   #2ª alternativa- Com uma linha de comando
```

Exe-6: Escreva um conjunto de comandos que possibilite a seleção de 100 valores inteiros entre 1 e 40 e determine os valores que estão acima da média.

```
> valores<-sample(40,100,T)
> media<-mean(valores)
> valores_acima<-valores[which(valores>media)]
```

Exe-7: Considerando os dados do vetor IDHR (seção 3.7), escreva um conjunto de comandos que permita determinar quantas observações desse vetor estão fora do intervalo [m-s,m+s] (**m** = média e **s** = desvio padrão)

```
> media<-mean(IDHR)
> desvio<-sd(IDHR)
> media
[1] 0.7068889
> lsup<-media+desvio
> linf<-media-desvio
> lsup
[1] 0.7651168
> linf
[1] 0.648661
> obs<- IDHR [IDHR <linf | IDHR >lsup]
> length(obs)
[1] 9
```

Exe-8: Utilizando o comando x<-scan(), leia um número inteiro determine se este número é primo.

```
> x<-scan()
1: 100
2:
Read 1 item
> ifelse(length(which((x %% 1:x)==0))==2,"É Primo ","Não é Primo")
[1] "Não é Primo"
> x<-scan()
1: 17
2:
Read 1 item
> ifelse(length(which((x %% 1:x)==0))==2,"É Primo ","Não é Primo")
[1] "É Primo "
```

Exe-9: O valor e^x pode ser definido por $e^x = \sum_{n=0}^{\infty} \frac{x^n}{n!}$. Considerando x=1, x=2 e n=0,...,19, construa vetores que tenham os 20 primeiros termos dessas duas séries.

```
> xn1<-1/factorial(0:19)
> xn2<-2^(0:19)/factorial(0:19)
ou
> fator<-0:19
> xn1<-1/factorial(fator)
> xn2<-2^(fator)/factorial(fator)
```

Exe-10: Dados dois vetores u e v no R^n, sabemos que se u.v=0, então u e v são ortogonais. Utilize a função scan() para ler dois vetores de dimensão 5. Em seguida, a partir da avaliação de u.v, armazene em uma variável um dos textos: "Ortogonais" ou "Não Ortogonais".

```
>u<-scan()
>v<-scan()
>Texto<-ifelse(u%*%v==0, "Ortogonais","Não Ortogonais")
```

Exe-11: Considere X<-sample(1000,100). Escreva o comando que permita padronizar X (z-score)[2], produzindo um vetor denotado por Y.

```
>X<-sample(1000,100)
>Y<-(X-mean(X))/sd(X)
```

Exe-12: Considere o vetor u definido por u<-runif(100). Determine a maior diferença, em módulo, entre dois elementos consecutivos de u, ou seja, máximo $\{|u_1-u_2|,|u_2-u_3|,...,|u_{99}-u_{100}|\}$

```
>u<-runif(100)
>maximo<-max(abs(u[1:99]-u[2:100]))
```

Exe-13: Considere o vetor x definido por x<-sample(10000,1000). Defina, a partir de x, um vetor y que contenha, apenas, números ímpares e divisíveis por 3.

```
> x<-sample(10000,1000)
> x<-x[which(x%%2!=0)]
> x<-x[which(x%%3==0)]
#Alternativamente
> x<-x[which(x%%2!=0 & x%%3==0)]
```

[2] Equivalente a utilizar a função scale, disponível no pacote *base*.

Exe-14: Considere o vetor x definido por x<-sample(1000,50). Calcule o desvio padrão de x utilizando a seguinte expressão: $\sqrt{\left[\sum_{i=1}^{n} x_i^2 - \frac{1}{n}\left(\sum_{i=1}^{n} x_i\right)^2\right] / (n-1)}$

```
> x<-sample(1000,50)

> n<-length(x)

> dp<-sqrt((sum(x^2)-1/n*sum(x)^2)/(n-1))
```

Exe-15: Considere que o vetor x<-c(1,1,1,1,1,0). Este vetor tem a representação de um número na base 2. Converta esse número para a base 10. Utilize a seguinte fórmula de **conversão:** $\mathbf{d_n.2^{n-1} + ... + d_2.2^1 + d_1.2^0}$ (n = nº de posições de x) e d_n, d_{n-1},..., d_2, d_1 são os elementos de **x** tomados da esquerda para a direita).

```
> x<-c(1,1,1,1,1,0)
> sum(x*2^(5:0))
```

Capítulo 4

Matrizes e Arrays

Assim como no caso de vetores, no R, uma matriz ou um array funcionam de forma dinâmica, ou seja, podem ter o seu número de posições aumentado ou diminuído.

Uma matriz é um vetor com dois atributos adicionais, quais sejam: o número de linhas e o número de colunas. As matrizes são um caso particular de um tipo mais geral do R que é o Array.

São estruturas de dados que permitem o armazenamento de um conjunto de valores (inteiros, reais etc.) do mesmo tipo sob um mesmo nome. Esses valores podem ser acessados individualmente, através de dois índices; no caso de uma matriz e de três ou mais índices, no caso de um array multidimensional.

4.1 Criando Matrizes

A seguir, apresentaremos algumas alternativas para a criação de uma matriz, mediante a utilização de funções.

1ª Alternativa – Criação de uma matriz com a função **matrix**. Forma:
matrix(data,nrow=1,ncol=1,byrow=FALSE, dimnames=NULL).

Esta função possibilita construir uma matriz com m linhas e n colunas a partir de um conjunto de valores associados ao argumento **data**. O 2º e 3º argumentos (**nrow** e **ncol**) dizem respeito às dimensões da matriz, o 4º argumento (**byrow**) define se o preenchimento da matriz ocorre por linha ou por coluna (o default é o preenchimento por coluna) e o 5º argumento (**dimnames**) define o nome das linhas e das colunas da matriz. São apresentados, a seguir, alguns exemplos de criação de matrizes utilizando a função **matrix**.

EXEMPLOS DE CRIAÇÃO DE MATRIZES

```
> A<-matrix(1:4,2,2)
> A
     [,1] [,2]
[1,]    1    3
[2,]    2    4
> A<-matrix(1:4,2,2,byrow=TRUE)  #Preenchimento por linha
> A
     [,1] [,2]
[1,]    1    2
[2,]    3    4
>vx<- c(1.1,0.95,0.78,1.25)
```

```
#Cria a matriz a partir de um vetor e atribui nomes às linhas e colunas
>inflacao<- matrix(vx,ncol=2,dimnames=list(c("A1","A2"),c("T1","T2")))
> inflacao
              T1    T2
A1          1.10  0.78
A2          0.95  1.25
> B <-matrix(nrow=3,ncol=2)  #Cria matriz com NA's se o argumento  data em > B for omitido
      [,1] [,2]
[1,]    NA   NA
[2,]    NA   NA
[3,]    NA   NA
> B<-matrix(0,nrow=3,ncol=2)  #Cria matriz de zeros
> B
      [,1] [,2]
[1,]     0    0
[2,]     0    0
[3,]     0    0
> C<-matrix(1:10,ncol=5)
> C
      [,1] [,2] [,3] [,4] [,5]
[1,]     1    3    5    7    9
[2,]     2    4    6    8   10
> C<-matrix(sample(100,20),nrow=4)
> C
      [,1] [,2] [,3] [,4] [,5]
[1,]    85    9   44   23   79
[2,]    20   18   26   59   24
[3,]    29   76   57   77   66
[4,]    74   34   78   33  100
```

OBSERVAÇÃO: É possível acessar uma entrada, uma linha, uma coluna ou uma partição qualquer da matriz, mediante a utilização dos seus índices.

EXEMPLOS DE ACESSO ÀS ENTRADAS DE UMA MATRIZ

```
> A<-matrix(1:20,5,4)
> A
      [,1] [,2] [,3] [,4]
[1,]     1    6   11   16
[2,]     2    7   12   17
[3,]     3    8   13   18
```

```
[4,]    4    9   14   19
[5,]    5   10   15   20
>A[2,2]              #Entrada da 2ª linha e 2ª coluna
[1] 7
> A[1,]               #Entradas da 1ª linha
[1]  1  6 11 16
> X<-A[,2]    #Atribui as entradas da 2ª coluna a um objeto
[1]  6  7  8  9 10
> X<-A[2:3,]  #Define uma matriz X atribuindo entradas da 2ª e 3ª linhas de A
     [,1] [,2] [,3] [,4]
[1,]    2    7   12   17
[2,]    3    8   13   18
> dim(A)    #Retorna em um vetor o número de linhas e colunas de A
[1] 5 4
> A[,2:4]                  #Entradas da 2ª até 4ª coluna
     [,1] [,2] [,3]
[1,]    6   11   16
[2,]    7   12   17
[3,]    8   13   18
[4,]    9   14   19
[5,]   10   15   20
> A[-1,]    #Todas as entradas, excluindo as entradas da 1ª linha
[,1] [,2] [,3] [,4]
[1,]    2    7   12   17
[2,]    3    8   13   18
[3,]    4    9   14   19
[4,]    5   10   15   20
> A[,-2]    #Todas as entradas, excluindo as entradas da 2ª coluna
     [,1] [,2] [,3]
[1,]    1   11   16
[2,]    2   12   17
[3,]    3   13   18
[4,]    4   14   19
[5,]    5   15   20
> A[1:2,1:3]  #Partição de A associada às linhas 1 e 2 e colunas 1, 2 e 3
     [,1] [,2] [,3]
[1,]    1    6   11
[2,]    2    7   12

> A[c(1,4),]                #Entradas das Linhas 1 e 4
     [,1] [,2] [,3] [,4]
[1,]    1    6   11   16
```

```
[2,]    4    9   14   19
> dim(A)[1]              #Número de linhas
[1] 5
> dim(A)[2]              #Número de colunas
[1] 4
> ncol(A)                    #Função que retorna o número de colunas
[1] 4
> nrow(A)                #Função que retorna o número de linhas
[1] 5
```

__2ª Alternativa__ – Criação de uma matriz com as funções **rbind** e **cbind**.

Forma: **rbind(objeto1, objeto2,...) e cbind(objeto1,objeto2,...).**
Essas funções permitem definir uma nova matriz, a partir da combinação de um conjunto de objetos associados a vetores e/ou matrizes, criados previamente no R. No caso da função **rbind**, os vetores e/ou matrizes serão combinadas em uma nova matriz, sendo dispostas uma abaixo da outra (por linha) e para a função **cbind**, os vetores e/ou matrizes serão dispostas uma ao lado da outra (por coluna).

OBSERVAÇÃO: No caso da função **rbind**, todos vetores ou matrizes combinadas devem ter o mesmo número de colunas. De forma análoga, no caso de **cbind**, deve-se ter o mesmo número de linhas. Se tal regra não for observada, será exibida uma mensagem de erro ao efetuar a combinação dos objetos.

EXEMPLOS DE CRIAÇÃO DE MATRIZES COM AS FUNÇÕES rbind e cbind

```
> x<-1:2
> y<-c(5,7)
> A<-cbind(x,y)
> A
[1,] 1 5
[2,] 2 7
> A<-rbind(x,y)
> A
   [,1] [,2]
x    1    2
y    5    7
> B<-2*cbind(A,c(-1,4))
> B
   [,1] [,2] [,3]
x    2         4   -2
y    10   14    8
> D<-rbind(A,c(-1,4))
> D
```

```
  [,1] [,2]
x    1    2
y    5    7
    -1    4
> E<-cbind(A,B)
> E
  [,1] [,2] [,3] [,4] [,5]
x    1    2    2      4   -2
y    5    7    10    14    8
> rbind(A,E)  #Erro por conta de dimensões diferentes
Error in rbind(A, E) :
  number of columns of matrices must match (see arg 2)
> F<-rbind(A,D)
> F
  [,1] [,2]
x    1    2
y    5    7
x    1    2
y    5    7
    -1    4
> A<-matrix(1:4,2,2)
> B<-matrix(sample(10,4),2,2)
> C<-matrix(seq(1,16,4),2,2)
> A
     [,1] [,2]
[1,]    1    3
[2,]    2    4
> B
     [,1] [,2]
[1,]    4    2
[2,]    1   10
> C
     [,1] [,2]
[1,]    1    9
[2,]    5   13
> D<-cbind(A,B,C)

> D
     [,1] [,2] [,3] [,4] [,5] [,6]

[1,]    1    3    4    2    1    9
[2,]    2    4    1   10    5   13
```

<u>3ª Alternativa</u> – Criação com a função **array**. Forma: **array(data,dim,dimnames).** Essa função possibilita construir uma matriz com m linhas e n colunas ou array multidimensional (três ou mais dimensões) a partir de um conjunto de valores associados ao argumento **data**. O argumento **dim** é um vetor que contém as dimensões e **dimnames** corresponde aos nomes das dimensões.

A seguir são apresentados exemplos de construção de arrays. Em particular, o último exemplo traz uma possível utilização de um array multidimensional. Suponha que três alunos de um curso fizeram duas avaliações de aprendizado (AVA1 e AVA2) e dois testes (T1 e T2). As notas relativas a AVA1 e T1 são armazenadas em uma matriz "N1" e as notas relativas à AVA2 e T2 são armazenadas na matriz "N2". Em seguida, as notas de todas as avaliações foram combinadas em uma estrutura com três níveis, ou seja, um array.

EXEMPLOS DE CRIAÇÃO DE ARRAYS

```
> X<-array(1:4,c(2,2)) #Define array com duas linhas e duas colunas
> X
     [,1] [,2]
[1,]    1    3
[2,]    2    4
> A<-array(1:6,c(2,3))
> A
     [,1] [,2] [,3]
[1,]    1    3    5
[2,]    2    4    6
> is.matrix(A) #Função que retorna TRUE se o objeto for uma matriz

[1] TRUE
#Exemplo com as notas dos alunos
> N1=cbind(c(10,8,9),c(8,7,6))
> N2=cbind(c(8.5,6,9),c(10,6,4))
> notas<-array(c(N1,N2),dim=c(3,2,2))
> notas

, , 1
     [,1] [,2]
[1,]   10    8
[2,]    8    7
[3,]    9    6
, , 2
     [,1] [,2]
[1,]  8.5   10
[2,]  6.0    6
[3,]  9.0    4
```

```
> notas[,,1]  #Notas da AVA1 e T1
     [,1] [,2]
[1,]   10    8
[2,]    8    7
[3,]    9    6
> notas[,,2]  #Notas da AVA2 e T2
     [,1] [,2]
[1,]  8.5   10
[2,]  6.0    6
[3,]  9.0    4
> notas[1,,1]  #Notas do aluno 1 na AVA1 e no T1
[1] 10  8
> notas[,1,1]  #Notas dos alunos na AVA1
[1] 10  8  9
```

4ªAlternativa – Criação com a função **diag.** Forma: **diag(valor,nrow,ncol)**. Esta função permite a construção de uma matriz diagonal com **nrow** linhas e **ncol** colunas utilizando o conteúdo associado ao argumento **valor** ou a obtenção da diagonal de uma matriz.

EXEMPLOS DE CRIAÇÃO DE MATRIZES COM A FUNÇÃO diag

```
> diag(1,2)   #Ou diag(2)
     [,1] [,2]
[1,]    1    0
[2,]    0    1
> diag(3,4,4)
     [,1] [,2] [,3] [,4]
[1,]    3    0    0    0
[2,]    0    3    0    0
[3,]    0    0    3    0
[4,]    0    0    0    3
> diag(c(1:3),3)
     [,1] [,2] [,3]
[1,]    1    0    0
[2,]    0    2    0
[3,]    0    0    3
> diag(1,2,3)
     [,1] [,2] [,3]
[1,]    1    0    0
[2,]    0    1    0
> A<-matrix(seq(1,9),nrow=3)
```

```
> A
     [,1] [,2] [,3]
[1,]    1    4    7
[2,]    2    5    8
[3,]    3    6    9
> diag(A)   #Extrai a diagonal principal de A
[1] 1 5 9
```

4.2 Operações com Matrizes

Assim como no caso dos vetores, a linguagem R possui diversas funções para a manipulação e a realização de operações matemáticas em matrizes. Conforme já informado, e exemplificado no capítulo anterior, algumas operações que, em outras linguagens, demandariam a utilização de uma ou mais estruturas de repetição (**for** ou **while**), são realizadas de forma mais simples e rápida no R, sem a necessidade desse tipo de estrutura.

Desta forma, assim como observado para os vetores, as operações aritméticas entre matrizes, como, por exemplo, a soma, são realizadas nas entradas correspondentes (de forma vetorizada) e, ao aplicar uma função em uma matriz, a operação é realizada em cada uma de suas entradas.

EXEMPLOS DE OPERAÇÕES COM MATRIZES

```
> A<-cbind(1:2,3:4)
> A
     [,1] [,2]
[1,]    1    3
[2,]    2    4
> B<-matrix(5:8,2,2)
> B
     [,1] [,2]
[1,]    5    7
[2,]    6    8
> A+B                                   #Soma matricial
     [,1] [,2]
[1,]    6   10
[2,]    8   12

> 2*A                                    #Multiplicação por escalar
     [,1] [,2]
[1,]    2    6
[2,]    4    8
> B^2                                   #Potenciação
     [,1] [,2]
```

```
[1,]   25   49
[2,]   36   64
> B%/%2                       #Divisão inteira por 2
     [,1] [,2]
[1,]    2    3
[2,]    3    4
> max(A)                        #Maior entrada de A
[1] 4
> A*B        #Produto das entradas correspondentes de A e B
     [,1] [,2]
[1,]    5   21
[2,]   12   32
> A%*%B                       #Produto matricial
     [,1] [,2]
[1,]   23   31
[2,]   34   46
> solve(A)                      #Cálculo da inversa de A (A-1)
     [,1] [,2]
[1,]   -2  1.5
[2,]    1 -0.5

> t(A)                              #Cálculo da transposta

     [,1] [,2]
[1,]    1    2
[2,]    3    4
> det(A)                         #Cálculo do determinante
[1] -2
> X<-matrix(1:9,3,3)
> X[upper.tri(X)]  #Retorna elementos acima da diagonal principal
[1] 4 7 8
> X[lower.tri(X)]  #Retorna elementos abaixo da diagonal principal
[1] 2 3 6
> X[upper.tri(X,TRUE)] #Retorna elementos que estão acima da diagonal principal e nesta
diagonal
[1] 1 4 5 7 8 9
> x<-eigen(A)    #Cálculo dos autovalores e autovetores
> x #Objeto do tipo lista1 composto por um vetor e  uma matriz
$values
[1]  5.3722813 -0.3722813
```

[1] Este tipo de objeto será estudado, em detalhes, no capítulo 6.

```
$vectors
          [,1]       [,2]
[1,] -0.5657675 -0.9093767
[2,] -0.8245648  0.4159736
> x$values
[1]  5.3722813 -0.3722813
> x$vectors
          [,1]       [,2]
[1,] -0.5657675 -0.9093767
[2,] -0.8245648  0.4159736
```

Questão: Como resolver um sistema da forma Ax=b, sendo A uma matriz quadrada?

Resposta: Calculando o vetor solução x utilizando **solve(A)%*%b** ou **solve(A,b)**. Para exemplificar, considere o sistema definido pelas equações 2x+y=7 e x-y=-1.

```
> A<-rbind(c(2,1),c(1,-1))
> b<-c(7,-1)
> x<-solve(A)%*%b  #Retorna  solução em uma matriz 2x1
> x<-solve(A,b)    #Retorna solução em um vetor
> x
[1] 2 3
#Atribui nomes às linhas e às colunas da matriz

> colnames(A)<-paste("x",1:2,sep="")
> rownames(A)<-paste("Eq",1:2,sep="")
> A
    x1 x2
Eq1  2  1
Eq2  1 -1
```

OBSERVAÇÃO: Se o sistema não tiver solução, será apresentada uma mensagem de erro ao aplicar a função **solve**().

OBSERVAÇÃO: A função **as.matrix**(objeto) converte um objeto em uma matriz.

As funções no Quadro 9 permitem o cálculo de totais, proporções e médias a partir de uma matriz x.

Quadro 9 – Funções	
Função	Finalidade
margin.table(x,margin)	Fornece para a matriz **x** o total por linha (margin=1) ou o total por coluna (margin=2)
prop.table(x,margin)	Fornece para matriz **x** a proporção por linha (margin=1) ou a por coluna (margin=2)
cov(x,y=NULL,...)	Calcula a matriz de covariâncias. Os argumentos **x** e **y** correspondem a um vetor, matriz ou data. frame. O coeficiente de correlação default é o de Pearson (vide argumento method)
rowMeans(x)	Calcula a média para cada uma das linhas de **x**
colMeans(x)	Calcula a média para cada uma das colunas de **x**

EXEMPLOS DE UTILIZAÇÃO DAS FUNÇÕES

```
> alunos_alunas_computacao=c(30,20)
> alunos_alunas_calculo=c(28,24)
> dados=cbind(alunos_alunas_computacao,alunos_alunas_calculo)
> dados
     alunos_alunas_computacao alunos_alunas_calculo
[1,]                       30                    28
[2,]                       20                    24
> margin.table(dados,1)      #Total por linha
[1] 58 44
> margin.table(dados,2)       #Total por coluna
alunos_alunas_computacao    alunos_alunas_calculo
                      50                       52
> prop.table(dados,1)           #Proporção por linha
     alunos_alunas_computacao alunos_alunas_calculo
[1,]                0.5172414             0.4827586
[2,]                0.4545455             0.5454545
> prop.table(dados,2)           #Proporção por coluna
     alunos_alunas_computacao alunos_alunas_calculo
[1,]                      0.6             0.5384615
[2,]                      0.4             0.4615385
#Para o cálculo da covariância vamos considerar os dados do IDH de Educação e de Renda dos
municípios do Rio de Janeiro - Ano de 2010
```

```
>IDHR<-scan("IDH_Educacao_RJ.txt",dec=",")
Read 93 items
>IDHE<-scan("IDH_Renda_RJ.txt",dec=",")
Read 93 items
> cov(IDHR,IDHE)                #Calcula apenas a covariância
[1] 0.001673972
> cov(cbind(IDHR,IDHE)) #Calcula covariância e as variâncias
            IDHR        IDHE
IDHR 0.003142636 0.001673972
IDHE 0.001673972 0.001747583
> escola<-cbind(sample(1:10,5),sample(1:10,5),sample(1:10,5))
> escola  #Matriz com notas de 5 alunos
     [,1] [,2] [,3]
[1,]    2    5    7
[2,]    1    1   10
[3,]    9    2    6
[4,]    3    3    2
[5,]    5    7    1
> rownames(escola)<-c("Aluno1","Aluno2","Aluno3","Aluno4","Aluno5")
> colnames(escola)<-c("Matemática","Português","Ciências")
> escola
       Matemática Português Ciências
Aluno1          2         5        7
Aluno2          1         1       10
Aluno3          9         2        6
Aluno4          3         3        2
Aluno5          5         7        1
> rowMeans(escola)
  Aluno1   Aluno2   Aluno3   Aluno4   Aluno5
4.666667 4.000000 5.666667 2.666667 4.333333
> colMeans(escola)
Matemática  Português   Ciências
       4.0        3.6        5.2
```

Questão: Como determinar se uma matriz A tem linha ou colunas duplicadas?

Resposta: Utilizar a função **duplicated.matrix** ou **anyDuplicated.matrix**.

Ao aplicar a função **duplicated.matrix** é produzido um vetor com m ou n posições, correspondentes, respectivamente, ao número de linhas ou colunas de uma matriz **A**. A forma de utilização é:

duplicated.matrix(A,margin=1) ou **duplicated.matrix**(A,margin=2)

Se a i-ésima posição do vetor produzido tem valor TRUE, implica que as entradas da i-ésima linha (coluna) de A já apareceram entre a 1ª e a (i-1)-ésima linha (coluna) de A.

```
>A<-rbind(1:5,0:4,1:5,2:6,1:5)
> A
     [,1] [,2] [,3] [,4] [,5]
[1,]    1    2    3    4    5
[2,]    0    1    2    3    4
[3,]    1    2    3    4    5
[4,]    2    3    4    5    6
[5,]    1    2    3    4    5
> duplicated.matrix(A)    #Linhas duplicadas com TRUE
[1] FALSE FALSE  TRUE FALSE  TRUE
> anyDuplicated(A)         #Primeira ocorrência (repetição)
[1] 3

> A<-cbind(1:5,10:14,2:6,1:5,1:5)
> A
     [,1] [,2] [,3] [,4] [,5]
[1,]    1   10    2    1    1
[2,]    2   11    3    2    2
[3,]    3   12    4    3    3
[4,]    4   13    5    4    4
[5,]    5   14    6    5    5
> duplicated.matrix(A,MARGIN=2)  #Por coluna
[1] FALSE FALSE FALSE  TRUE  TRUE
> anyDuplicated(A,MARGIN=2)
[1] 4
```

Questão: Dada uma matriz A, que contém valores de p variáveis quantitativas (em colunas) associadas a n registros (em linhas), como calcular "distância entre os registros", em relação às suas p variáveis?

Resposta: Uma alternativa consiste em utilizar a função **dist**. Forma: **dist(x,method= "euclidean ",...)**. O argumento **x** pode ser uma matriz, data frame ou objeto do tipo dist. O argumento **method** indica o tipo de distância utilizada (o default é a distância euclidiana). O retorno dessa função é um objeto do tipo **dist**. Para ter o retorno na forma de uma matriz, basta combinar essa função com a função **as.matrix**.
Para exemplificar, considere a matriz B_{4x2} com os IDHs de renda e longevidade dos estados da região Sudeste (ano de 2010).

```
>B<-cbind(c(0.789,0.782,0.730,0.743),c(0.845,0.835,0.838,0.835))
> rownames(B)<-c("SP","RJ","MG","ES")
> colnames(B)<-c("Renda","Longevidade")
> d<-as.matrix(dist(B))

> round(d,4)
          SP     RJ     MG     ES
SP 0.0000 0.0122 0.0594 0.0471
RJ 0.0122 0.0000 0.0521 0.0390
MG 0.0594 0.0521 0.0000 0.0133
ES    0.0471 0.0390 0.0133 0.0000
> max(d)
[1] 0.0594138
> min(d[d>0])
[1] 0.01220656
```

Questão: Como aplicar, repetidas vezes, funções como **runif, sample**, etc, sem que haja a necessidade de fazer várias chamadas a função, isto é, gerar várias réplicas?

Resposta: Pode ser utilizada a função **replicate**. Forma: **replicate(n,expr)**. O argumento **n** corresponde ao número de réplicas e o argumento **expr** corresponde à expressão da função que será utilizada. O resultado da aplicação desta função pode ser um objeto do tipo vetor ou matriz.

```
> replicate(5,runif(7))  #5 réplicas de uma distribuição uniforme com 7 valores
          [,1]      [,2]       [,3]      [,4]      [,5]
[1,] 0.8608046 0.9768832 0.90029234 0.6952030 0.3560533
[2,] 0.9262551 0.4792984 0.08998789 0.3415726 0.9005001
[3,] 0.8317089 0.1494168 0.04807214 0.9672222 0.8480724
[4,] 0.3823603 0.1812036 0.22529564 0.9559961 0.7704568
[5,] 0.2078520 0.6514016 0.90083010 0.4392671 0.6989611
[6,] 0.8626086 0.5753762 0.82831610 0.1165405 0.0951729
[7,] 0.5164586 0.3493726 0.91816354 0.9155923 0.1911453
> replicate(10,sample(100,5))  #10 réplicas com amostras de tamanho 5
[,1] [,2] [,3] [,4] [,5] [,6] [,7] [,8] [,9] [,10]
[1,]  23   34   60   73   55   85   96   13   22   53
[2,]   1   69   86    7   32    1   46   30   42   99
[3,]  84   56   10    1    6   14   70   15   89   42
[4,]  24   89   70   45   80   91   57   27   27   70
[5,]  70   81   39   83   65   83   54   32   96    94
```

4.3 A Poderosa Função apply

A função **apply** compõe uma "família de funções" do R que foram desenvolvidas, especialmente, para permitir a aplicação de funções em matrizes, arrays, dataframes e listas de uma forma mais prática e eficiente (rápida). Neste primeiro momento, vamos avaliar a aplicação dessa função em matrizes.

Considere, por exemplo, as seguintes situações em relação a uma matriz: (i) determinar o maior ou menor elemento de cada uma das linhas (ou colunas); (ii) determinar o desvio padrão ou variância de cada uma das linhas (ou colunas); (iii) ordenar cada uma das linhas (ou colunas); (iv) selecionar uma amostra de cada uma das linhas (ou colunas).

Para essas e várias outras situações, não fosse a função **apply**, seria necessário utilizar uma estrutura de repetição (**for** ou **while**) combinada com alguma função do R. Além disso, há várias situações nas quais, ao utilizar a função **apply** em detrimento a uma ou mais estrutura(s) de repetição, o tempo de processamento tende a ser menor.

Acrescenta-se, ainda, que a paralelização de programas no R torna-se algo relativamente simples, considerando que o usuário esteja familiarizado com a utilização da função **apply** e de outras funções dessa família.
Forma de utilização:

```
apply(X,MARGIN,FUN,...) ou
apply(X,MARGIN,function(x) FUN,...)
```

O argumento **X** corresponde à matriz (ou array) que será utilizada para a aplicação da função. O argumento **MARGIN**[2], com valor 1, indica que a função será aplicada por linha, e o valor 2 indica que a função será aplicada por coluna. O terceiro argumento (**FUN**) corresponde à função que será aplicada em cada linha ou coluna de **X**; podendo ser uma função disponível em um dos pacotes do R ou desenvolvida pelo próprio usuário. O resultado da aplicação dessa função pode ser um objeto do tipo vetor, matriz, lista ou data dataframe.

Em relação à sintaxe, a 2ª alternativa é mais geral, podendo ser utilizada, por exemplo, quando as funções definidas em **FUN** têm mais de um argumento. No capítulo 9, que contempla a criação de funções pelo usuário, esta questão será explorada com detalhes.

EXEMPLOS DE UTILIZAÇÃO DA FUNÇÃO apply

```
> m<-matrix(sample(20,16),4,4)
> m
     [,1] [,2] [,3] [,4]
[1,]   14    5   16    9
[2,]   17    3   19   13
[3,]   12   18    2   20
[4,]   10   11    4    7
> apply(m,1,max) #Máximo por linha
```

[2] Função apply também pode ser aplicada em arrays multidimensionais.

```
[1] 16 19 20 11
> apply(m,1,sd)     #Desvio padrão por linha
[1] 4.966555 7.118052 8.082904 3.162278
> apply(m,2,sort) #Ordena por coluna
     [,1] [,2] [,3] [,4]
[1,]   10    3    2    7
[2,]   12    5    4    9
[3,]   14   11   16   13
[4,]   17   18   19   20
> t(apply(m,1,function(x) sort(x)))  #Ordena por linha
     [,1] [,2] [,3] [,4]
[1,]    5    9   14   16
[2,]    3   13   17   19
[3,]    2   12   18   20
[4,]    4    7   10   11
> B<-cbind(sample(100,9),sample(100,9),sample(100,9))
#Resumo dos cinco números + média por coluna
> apply(B,2,summary)
         [,1]  [,2] [,3]
Min.     1.00  1.00   10
1st Qu. 47.00 12.00   36
Median  68.00 42.00   63
Mean    55.11 44.44   58
3rd Qu. 76.00 82.00   69
Max.    85.00 91.00   99
#Seleciona uma amostra de tamanho 2 de cada uma das linhas de B
> apply(B,1,function(m) sample(m,2))
     [,1] [,2] [,3] [,4] [,5] [,6] [,7] [,8] [,9]
[1,]   82   85   91   85    1   95   10   22   56
[2,]   36   76    1   11   83   12   68   47   42
```

Questão: Como funciona a função **apply**?

Resposta: Basicamente, a função **apply** funciona como se estivesse sendo utilizada uma estrutura de repetição, que permite acessar cada uma das linhas ou colunas (depende do valor associado ao argumento **MARGIN**) do objeto **X**. Por sua vez, para cada linha (da 1ª até a última) ou coluna (da 1ª ou até a última) de **X** que é acessada é aplicada a função definida no argumento **FUN**.

O valor ou valores resultantes da aplicação dessa função vão sendo armazenados, iterativamente, em um vetor, matriz ou lista, sendo retornados após a função ter sido aplicada em todas as linhas ou colunas de **X**.

O número de "iterações" é função do valor especificado para o argumento **MARGIN**. Por exemplo, MARGIN=1, implica função **apply** determinar o número de linhas de **X** (k= nº linhas de X), e aplicar a função (**FUN**) durante k iterações.
Na Figura 10 temos uma ilustração do funcionamento dessa função passo a passo, considerando uma matriz m e aplicação de **apply(m,1,max)**.

Neste exemplo, caso fosse utilizado **apply**(m,1,function(x) max(x)), em vez **apply**(m,1,max), o resultado seria o mesmo.

apply(m,1,max)

1ª iteração: Seleciona linha 1, aplica max e armazena 16

m	1	2	3	4
1	14	5	16	9
2	17	3	19	13
3	12	18	2	20
4	10	11	4	7

2ª iteração: Seleciona linha 2, aplica max e armazena 19

m	1	2	3	4
1	14	5	16	9
2	17	3	19	13
3	12	18	2	20
4	10	11	4	7

3ª iteração: Seleciona linha 3, aplica max e armazena 20

m	1	2	3	4
1	14	5	16	9
2	17	3	19	13
3	12	18	2	20
4	10	11	4	7

4ª iteração: Seleciona linha 4, aplica max e armazena 11

m	1	2	3	4
1	14	5	16	9
2	17	3	19	13
3	12	18	2	20
4	10	11	4	7

Figura 10 – Exemplo do funcionamento da função apply

OBSERVAÇÃO: Conforme comentado acima, se, em vez de utilizar apply(m,1,max) for utilizada a forma apply(m,1,function(x) max(x)), a aplicação da função tem o mesmo efeito.

A diferença é que, na primeira 1ª iteração, a primeira linha de m é copiada para o objeto x (vetor temporário), utilizado em "function(x)" e, em seguida, x é passado como argumento para max(x), sendo calculado o máximo da primeira linha de m. De igual forma, na segunda iteração, a segunda linha de m é copiada para o objeto x, sendo esse objeto utilizado como argumento de "max(x)". Esse processo se repete até que tenha sido calculado o máximo para todas as linhas de m.

Em suma, o nome atribuído ao objeto utilizado em "**function**" é utilizado como argumento (ou um dos argumentos) na função que é utilizada após a palavra function; no caso desse exemplo, a função **max**.

4.4 A Função combn e o Pacote partitions

A função **combn** (disponível em um pacote básico do R – *utils*) gera todas as combinações de n elementos de um conjunto, tomados p a p (subconjuntos de p elementos), retornando os resultados em uma matriz, cujo número de linhas corresponde ao valor de p e o número de colunas corresponde ao total de combinações C_n^p ; total esse que pode ser obtido utilizando **choose**(n,p).

No caso de necessidade de listar (enumerar) todos os elementos de conjuntos associados a problemas de análise combinatória como, por exemplo, no problema de permutação, pode ser utilizado o pacote *partitions*.

A seguir, apresentamos algumas das funções disponíveis nesse pacote, sejam elas: **perms**, **compositions**, **diffparts** e **parts**.

Quadro 10 – Funções do Pacote partitions	
Função	Finalidade
perms(n)	Retorna em uma matriz todas as permutações de n (número ou vetor)
compositions(n,m, include.zero=TRUE) **Obs:** 3º argumento como TRUE implica aceitação de valores $x_i=0$	Retorna em uma matriz as partições de tamanho m com valores inteiros (com repetição) cuja soma é igual a n, mais especificamente, as soluções de $x_1+...+x_i+...+x_m=n$ (soluções inteiras não negativas)
diffparts(n)	Retorna uma matriz com as partições com valores inteiros (sem repetição de valores) cuja soma é igual a n
parts(n)	Retorna uma matriz com as partições com valores inteiros (com repetição) cuja soma é igual a n. ($x_1=n$, $x_1+x_2=n$,..., $x_1+...+x_n=n$)

EXEMPLOS DE UTILIZAÇÃO DAS FUNÇÕES DE COMBINATÓRIA

```
> X<-combn(4,2)
> X
     [,1] [,2] [,3] [,4] [,5] [,6]
[1,]    1    1    1    2    2    3
[2,]    2    3    4    3    4    4
> X<-combn(5,3)
> X
     [,1] [,2] [,3] [,4] [,5] [,6] [,7] [,8] [,9] [,10]
[1,]    1    1    1    1    1    1    2    2    2     3
[2,]    2    2    2    3    3    4    3    3    4     4
[3,]    3    4    5    4    5    5    4    5    5     5
> X<-combn(c(2,4,8,16),2)
> X
     [,1] [,2] [,3] [,4] [,5] [,6]
[1,]    2    2    2    4    4    8
[2,]    4    8   16    8   16   16
> X<-combn(c("Luciana","Amanda","Maya"),2)
```

```
> X
     [,1]      [,2]      [,3]
[1,] "Luciana" "Luciana" "Amanda"
[2,] "Amanda"  "Maya"    "Maya"
> library(partitions)
> perms(3)
[1,] 1 1 2 2 3 3
[2,] 2 3 1 3 1 2
[3,] 3 2 3 1 2 1

> X<-c(3,4,5)
> X[perms(3)]
 [1] 3 4 5 3 5 4 4 3 5 4 5 3 5 3 4 5 4 3
> Y<-matrix(X[perms(3)],nrow=3)
> Y
     [,1] [,2] [,3] [,4] [,5] [,6]
[1,]    3    3    4    4    5    5
[2,]    4    5    3    5    3    4
[3,]    5    4    5    3    4    3
> objetos<-c("bola","livro","disco")
> permutacoes2=matrix(objetos[perms(3)],nrow=3)
> permutacoes2
     [,1]    [,2]    [,3]    [,4]    [,5]    [,6]
[1,] "bola"  "bola"  "livro" "livro" "disco" "disco"
[2,] "livro" "disco" "bola"  "disco" "bola"  "livro"
[3,] "disco" "livro" "disco" "bola"  "livro" "bola"
> compositions(5)              #x1=n; x1+x2=n;…; x1+...+xn=n
[1,] 5 1 2 1 3 1 2 1 4 1 2 1 3 1 2 1
[2,] 0 4 3 1 2 2 1 1 1 3 2 1 1 2 1 1
[3,] 0 0 0 3 0 2 2 1 0 1 1 2 1 1 1 1
[4,] 0 0 0 0 0 0 0 2 0 0 0 1 0 1 1 1
[5,] 0 0 0 0 0 0 0 0 0 0 0 0 0 0 0 1
> compositions(5,3)          #x1+x2+...+xm=n      (n=5  e m=3)
[1,] 5 4 3 2 1 0 4 3 2 1 0 3 2 1 0 2 1 0 1 0 0
[2,] 0 1 2 3 4 5 0 1 2 3 4 0 1 2 3 0 1 2 0 1 0
[3,] 0 0 0 0 0 0 1 1 1 1 1 2 2 2 2 3 3 3 4 4 5
```

```
> compositions(5,3,include.zero=FALSE) #x1+x2+...+xm=n; xi>0, ∀i
[1,] 3 2 1 2 1 1
[2,] 1 2 3 1 2 1
[3,] 1 1 1 2 2 3
> diffparts(5)
[1,] 5 4 3
[2,] 0 1 2
> diffparts(6)
[1,] 6 5 4 3
[2,] 0 1 2 2
[3,] 0 0 0 1
```

4.5 Lendo um Arquivo com Várias Colunas

Se um arquivo tem todas as suas colunas do tipo numérico, uma das alternativas é ler esse arquivo utilizando a função **read.table**[3], para um objeto que pode ser convertido como uma matriz.

Para exemplificar, considere o arquivo "RJ_POP_ESP_2010" que contém, para todos municípios do Rio de Janeiro, os dados de esperança de vida ao nascer e de população (2010, dados obtidos a partir do Atlas do Desenvolvimento Humano).

```
>DRJ<-as.matrix(read.table("RJ_POP_ESP_2010.csv",sep=";",dec=","))
#(sep = separador de colunas; dec= especifica o ponto decimal)
> DRJ[1:2,]
V1      V2
[1,] 75.75 169511
[2,] 72.10  10213
>resumo<-apply(DRJ,2,summary)
>cv<-apply(DRJ,2,function(x) sd(x)/mean(x))
>z<-apply(DRJ,2,function(x)  (x-mean(x))/sd(x))
```

4.6 Exercícios Resolvidos

Exe-1: Escreva os comandos do R para construir as matrizes abaixo:

$$A=\begin{bmatrix}0 & 1 & 1\\1 & 0 & 1\\1 & 1 & 0\end{bmatrix}, B=\begin{bmatrix}2 & 4 & 8\\16 & 32 & 64\\128 & 256 & 512\end{bmatrix}$$

[3] Esta função será apresentada com mais detalhes no capítulo 5.

```
> A<-matrix(1,3,3)-diag(1,3)
> A
     [,1] [,2] [,3]
[1,]    0    1    1
[2,]    1    0    1
[3,]    1    1    0
#Alternativamente
> A<-rbind(c(0,1,1),c(1,0,1),c(1,1,0))
> A
     [,1] [,2] [,3]
[1,]    0    1    1
[2,]    1    0    1
[3,]    1    1    0
> B<-matrix(2^(1:9),nrow=3,byrow=TRUE)
> B
     [,1] [,2] [,3]
[1,]    2    4    8
[2,]   16   32   64
[3,]  128  256  512
```

Exe-2: Considerando que M<-cbind(sample(10,4),sample(10,4)) tenha as coordenadas x e y de quatro pontos no R^2, calcule a distância euclidiana entre todos os pontos tomados dois a dois (utilize o mínimo de comandos).

```
> M<-cbind(sample(10,4),sample(10,4))
> D<-as.matrix(dist(M))
```

Exe-3: Considerando o vetor P<-1:100, calcule a média de P e as médias de todos os elementos de P tomados dois a dois. Em seguida, calcule a média dessas médias.

```
>P<-1:100
>mean(P)
[1] 50.5
> combs<-combn(P,2)
> medias<-apply(combs,2,function(x) mean(x))
> mean(medias)
```

Exe-4: Uma matriz A é dita diagonal dominante se, para todas as linhas da matriz, o módulo de cada entrada na diagonal principal é maior que a soma dos módulos de todas as demais entradas que estão na mesma linha que essa entrada (não diagonais).

$$|a_{ii}| \geq \Sigma_{j \neq i} |a_{ij}| \ (\forall i)$$

Considerando A<-matrix(c(-4,1,2,3,5,1,7,9,12),3,3,byrow=TRUE),
escreva uma expressão em R que avalie se M é diagonal dominante e retorne TRUE ou FALSE.

```
> M<-matrix(c(-4,1,2,3,5,1,7,9,12),3,3,byrow=TRUE)
>abs(M[1,1])>(sum(M[1,])-M[1,1])      &      abs(M[2,2])>(sum(M[2,])-M[2,2])      &
abs(M[3,3])>(sum(M[3,])-M[3,3])
[1] FALSE
```

Exe-5: Considere a matriz definida por:
Ma<-matrix(sample(1:10,49,T)/sample(seq(10,100,10),49,T),7,7)
Determine o maior elemento da diagonal principal e as somas acumuladas dos elementos de cada uma das colunas de Ma.

```
>Ma<-matrix(sample(1:10,49,T)/sample(seq(10,100,10),49,T),7,7)
>maxd<-max(diag(Ma))
>acumulada<-apply(Ma,2,cumsum)
```

Exe-6: Considere as matrizes definidas pelos seguintes comandos:
`A<-cbind(runif(20),runif(20))` e `B<-rbind(runif(20),runif(20))`

Efetue o produto matricial entre A e B obtendo uma matriz C. Em seguida, determine a soma acumulada dos menores elementos de cada uma das linhas de C.

```
> A<-cbind(runif(20),runif(20))
> B<-rbind(runif(20),runif(20))
> C<-A%*%B
> Somac<-cumsum(apply(C,1,min))
```

Exe-7: Utilize os comandos do R para preencher duas matrizes A e B quadradas, com valores reais e, em seguida, armazene no objeto denominado comut, uma das seguintes mensagens: "Matrizes Comutam " ou "Matrizes Não Comutam". Obs: A e B comutam ⇔ A.B=B.A

```
>P1<-A%*%B
>P2<- B%*%A
>n<-dim(A)[1]^2  (Total de entradas da matriz A)
>cp<- length(which((P1==P2)==TRUE))
>comut<-ifelse(cp==n,"Matrizes Comutam","Matrizes Não Comutam")
```

Exe-8: Podemos avaliar o grau de esparsidade de uma matriz A_{mxn}, isto é, o seu percentual de elementos não nulos, mediante a aplicação da equação: E=100(NU/NB), sendo NB o número total de elementos de A e NU o número total de elementos não nulos de A. Preencha uma matriz A_{mxn} utilizando sample(0:20,m*n,T). Em seguida, calcule o valor de E.

(m e n definidos a priori pelo usuário)

```
>A<-matrix(sample(0:20,m*n,T),m,n)
>NB<-m*n
>NU<-length(which(A!=0))
>E<-100*NU/NB
```

Exe-9: Construa uma matriz A_{10x10}, constituída por valores reais (entre 1 e 2), gerados segundo uma distribuição uniforme. Em seguida, determine para cada coluna de A, a soma das entradas cujos valores são inferiores a 1.5

```
>A<-matrix(runif(100,1,2),10,10)
>somas<-apply(A,2,function(x) sum(x[x<1.5]))
```

Exe-10: Construa, utilizando a função **sample**, uma matriz A_{10X10} que tenha valores inteiros entre 1 e 20. Em seguida, troque as suas colunas pares com as colunas ímpares e defina uma nova matriz B.

```
>A<-matrix(sample(20,100,T),10,10)
>B<-A[,c(2,1,4,3,6,5,8,7,10,9)]
2ª alternativa
> x<-1:10
>B<-A[,ifelse(x%%2==1,x+1,x-1)]
```

Exe-11: Na teoria dos sistemas, define-se o elemento *minmax* de uma matriz, composta de elementos distintos, como sendo o **maior** elemento da linha onde se encontra o **menor** elemento da matriz.

Considerando que tenhamos uma matriz M definida por M<-matrix(sample(20,16),4,4), determine o seu elemento *minmax*.

```
>M<-matrix(sample(20,16),4,4)
>B<- max(M[which.min(apply(M,1,min)),])
```

Exe-12: Considere a equação $x_1+x_2+x_3+x_4=2$. Determine todas soluções desta equação, sabendo que cada uma das incógnitas pode assumir os valores 0 ou 1.

```
> library(partitions)
> solucoes<-compositions(2,4)
> qcolunas<-which(apply(solucoes,2,max)<2)
> solucoes<-solucoes[,qcolunas]
```

Capítulo 5

Data Frames

Um data frame é uma estrutura de dados similar a uma matriz, mas com a peculiaridade que cada coluna pode ser de um tipo diferente. Por exemplo, uma coluna pode ter valores numéricos, a outra pode ter valores do tipo caracter, valores lógicos etc. As colunas de um data frame são denominadas variáveis e devem ter o mesmo número de elementos.

Conforme será exemplificado neste capítulo, em geral, após a leitura de uma base de dados (arquivos do tipo texto com várias colunas, arquivos Excel etc) no R, os dados são armazenados em um objeto do tipo data frame.

5.1 Criando um Data Frame

Um data frame pode ser criado, basicamente, de três formas, quais sejam: (i) definindo previamente um conjunto de objetos e fazendo a composição no data frame; (ii) atribuindo diretamente os valores ao data frame ou (iii) via leitura de arquivos (.txt, .csv, .xlsx etc).

```
objeto<-data.frame(objeto1,objeto2,...,objeton) ou
objeto<-data.frame(valores_variavel1,....,valores_variaveln) ou
objeto<-read.table(...) (read.csv etc)
```

EXEMPLOS DE CRIAÇÃO DE UM DATA FRAME

```
#Exe1: Dados de 10  alunos de graduação
> idade<-sample(18:30,10,replace=TRUE)
> idade
 [1] 29 19 26 27 18 26 19 24 26 26
> periodo<-sample(1:8,10,replace=TRUE)
> periodo

 [1] 4 5 3 5 7 5 5 6 6 7
> sexo<-sample(c("M","F"),10,replace=TRUE)
> sexo
 [1] "M" "M"   "F"   "M"   "F"  "F"   "M"   "F"   "F" "M"

> cracumulado<-sample(50:100,10,replace=TRUE)/10
> cracumulado
 [1] 6.9 5.5 9.6 5.0 6.5 5.6 6.1 7.7 6.5 6.6
>dados<-data.frame(idade,periodo,sexo,cracumulado)
> dados
   idade periodo    sexo cracumulado
 1     29       4    M             6.9
```

```
2    19      5    M          5.5
3    26      3    F          9.6
4    27      5    M          5.0
5    18      7    F          6.5
6    26      5    F          5.6
7    19      5    M          6.1
8    24      6    F          7.7
9    26      6    F          6.5
10   26      7    M          6.6
> names(dados) #Permite obter os nomes das colunas do data frame
[1] "idade"      "periodo"    "sexo"        "cracumulado"
#Exe2: Informações sobre computadores
>comp<-data.frame(custo=c(3000,2000,4000),processador=c("I7","I5","I7"))
> comp
  custo processador
1 3000        I7
2 2000        I5
3 4000        I7
```

Um data frame também pode ser visualizado ou ter seus valores alterados utilizando o comando **fix**. Forma: **fix(nome_dataframe).** Por exemplo, utilizando fix(computadores), aparece a seguinte tela no Rstudio (Figura 11). Alternativamente, pode-se utilizar o comando **View** (**View(nome_dataframe)**) que carrega o visualizador de dados (Figura 12) na mesma janela onde são, por exemplo, escritos os programas do R.

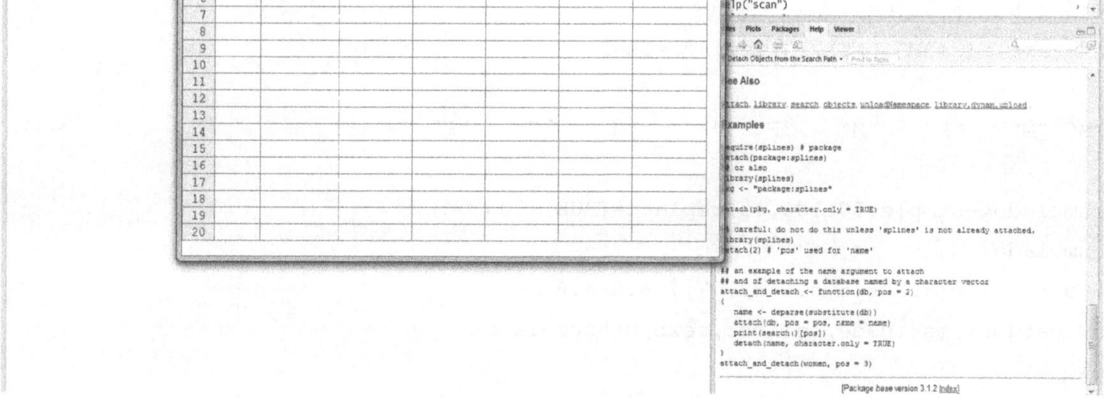

Figura 11 – Utilização do comando fix

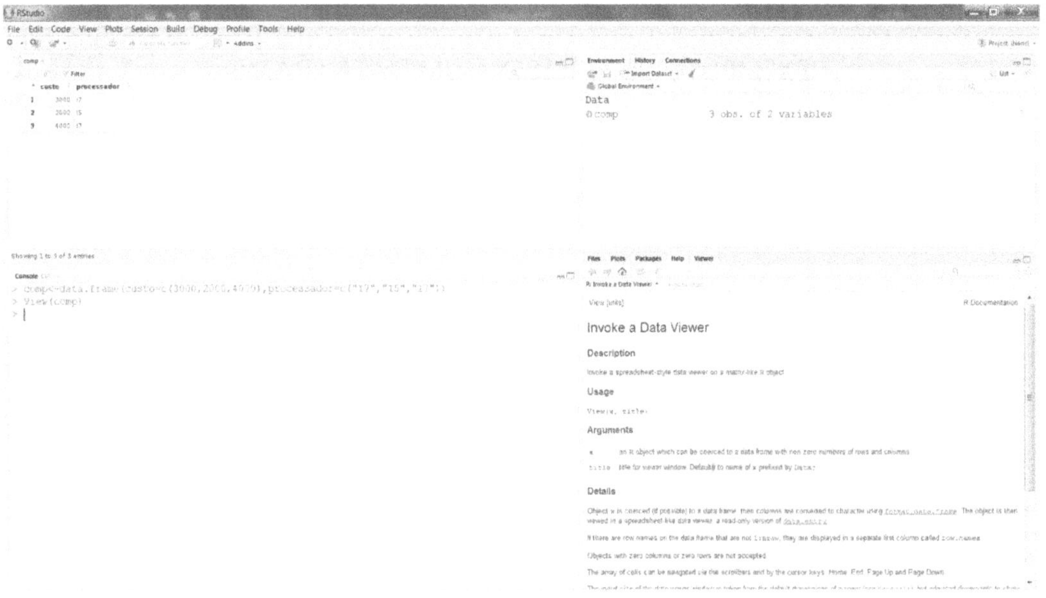

Figura 12 – Utilização do comando View

5.2 Indexação e Acesso a Data Frames

Através da utilização de índices ou dos nomes das colunas (variáveis) é possível acessar a um elemento específico de um data frame, uma linha (registro) ou uma coluna (variável).

Para acessar um particular elemento do data frame, deve-se informar o índice do registro e da variável associados a esse elemento: **nome_dataframe**[indice_registro, indice_variavel].

Para acessar uma linha ou coluna do data frame deve-se informar, como índice, somente o número do registro ou da variável, deixando-se a outra componente de indexação em branco:

```
nome_dataframe[indice_registro, ] ou
```

```
nome_dataframe[ ,indice_variavel]
```

No caso de uma coluna (variável), também é possível utilizar, alternativamente, **nome_dataframe**[[indice_variavel]], sendo indice_variavel correspondente à coluna da variável que deseja-se acessar. Também é possível acessar uma coluna especificando, entre aspas e dentro do colchete, o nome da variável: **nome_dataframe**["nome_variavel"]

Alternativamente à referência aos índices ou aos nomes das variáveis entre os colchetes, pode-se utilizar:

```
nome_dataframe$nome_variavel
```

Para determinar o número de colunas ou número de observações em cada uma das colunas do data frame pode-se utilizar a função **str** ou a função **dim**.

EXEMPLOS DE ACESSO A UM DATA FRAME

```
>Dp<-data.frame(pais=c("Brasil","Chile","Uruguai"), idh=c(0.76,0.83,0.79))¹
> Dp
     pais  idh
1  Brasil 0.76
2   Chile 0.83
3 Uruguai 0.79
> Dp[1,]              #Acessando 1° registro do data frame
    pais  idh
1 Brasil 0.76
> Dp[,1]             #Acessando 1ª coluna
[1] Brasil  Chile   Uruguai
Levels: Brasil Chile Uruguai
> Dp["idh"]    #Acessando 2ª coluna pelo nome
   idh
1 0.76
2 0.83
3 0.79
> Dp[1,2]           #Acessando um elemento
[1] 0.76
> Dp[[2]]           #Acessando 2ª coluna
[1] 0.76 0.83 0.79
> Dp[,2]    #Acessando 2ª coluna
[1] 0.76 0.83 0.79
> Dp[1:2,]          #Acessando 1ª e 2ª linhas
    pais  idh
1 Brasil 0.76
2  Chile 0.83
> Dp[c(1,3),]   #Acessando 1ª e 3ª linhas
     pais  idh
1  Brasil 0.76
3 Uruguai 0.79
> str(Dp)            #Informações sobre o data frame
'data.frame': 3 obs. of  2 variables:
 $ pais: Factor w/ 3 levels "Brasil","Chile",..: 1 2 3
 $ idh : num  0.76 0.83 0.79
> dim(Dp)
[1] 3 2
```

[1] Dados de 2014 obtidos em www.br.undp.org.

```
> Dp$pais          #Acessando variável pais
[1] Brasil  Chile   Uruguai
Levels: Brasil Chile Uruguai
```

5.3 Adicionando e Excluindo Elementos do Data Frame

Em um data frame, tanto a inclusão de novas colunas quanto a exclusão de colunas existentes, pode ser feita utilizando índices ou o nome da coluna (variável). No caso de inclusão, atribui-se à nova coluna um vetor com os valores correspondentes.

```
Forma:  nome_dataframe[[novo_indice]]<-vetor_valores ou
           nome_dataframe$nova_variavel<-vetor_valores
```

No caso de exclusão, basta atribuir "NULL" à coluna (índice ou nome) que se deseja excluir.

EXEMPLOS DE INCLUSÃO E EXCLUSÃO NO DATA FRAME

```
>Dp<-data.frame(pais=c("Brasil","Chile","Uruguai"), idh=c(0.76,0.83,0.79))
> Dp
     pais  idh
1  Brasil 0.76
2   Chile 0.83
3 Uruguai 0.79
> Dp[[3]]<-rep("América",3)  #Inclui a 3ª coluna via índice
> Dp
     pais  idh      V3
1  Brasil 0.76 América
2   Chile 0.83 América
3 Uruguai 0.79 América
> names(Dp)[3]<-"Continente"  #Atribui nome para 3ª coluna
> Dp
     pais  idh Continente
1  Brasil 0.76    América
2   Chile 0.83    América
3 Uruguai 0.79    América

#Inclui 4ª coluna no data frame via nome da nova variável
> Dp$Lingua<-c("Português"," Castelhano"," Castelhano")
```

```
> Dp
    pais  idh Continente    Lingua
1  Brasil 0.76    América Português
2   Chile 0.83    América  Castelhano
3 Uruguai 0.79    América  Castelhano
> Dp[[1]]<-NULL        #Exclui a coluna pais via índice
> Dp
  idh Continente    Lingua
1 0.76    América Português
2 0.83    América  Castelhano
3 0.79    América  Castelhano
> Dp$idh<-NULL         #Exclui a coluna idh via nome da variável
> Dp
  Continente    Lingua
1    América Português
2    América  Castelhano
3    América  Castelhano
#Inclui mais uma linha no data frame
> Dp<-rbind(Dp,data.frame(Continente="América",Lingua=" Castelhano"))
> Dp
  Continente    Lingua
1    América Português
2    América  Castelhano
3    América  Castelhano
4    América  Castelhano
> Dp<-Dp[-2,]    #Exclui uma linha do data frame
> Dp
  Continente    Lingua
1    América Português
3    América  Castelhano
4    América  Castelhano
```

As variáveis (colunas) de um data frame também podem ser acessadas e manipuladas diretamente, sem a necessidade de utilização de nome ou índice, utilizando a função **attach**. A função **detach** permite realizar a operação inversa.

O exemplo abaixo ilustra a utilização dessas funções. Se o usuário tentar referenciar uma das colunas do data frame antes de aplicar a função **attach** é apresentada uma mensagem de erro.

Somente após a aplicação da função **attach** no data frame "domicilio", as colunas podem ser referenciadas diretamente pelo nome.

```
> domicilio<-data.frame(banheiros=c(2,1,1,3),tvs=c(3,3,1,2))
> domicilio
  banheiros tvs
1         2   3
2         1   3
3         1   1
4         3   2
> banheiros
Error: object 'banheiros' not found
> attach(domicilio)
> banheiros
[1] 2 1 1 3
> tvs
[1] 3 3 1 2
```

5.4 Aplicando Funções e Filtros no Data Frame

No capítulo 4 foram apresentadas várias funções que possibilitam a manipulação e a realização de cálculos com matrizes. Dada a similaridade entre as estruturas do data frame e de uma matriz, várias dessas funções também podem ser utilizadas no data frame considerando, inclusive, a função **apply**. Ainda neste sentido, caso todas as colunas do data frame sejam do tipo numérico, podem ser realizadas operações aritméticas entre as colunas (soma etc) ou em cada uma de suas colunas.

EXEMPLOS DE APLICAÇÃO DE FUNÇÕES NO DATA FRAME

```
> N1<- c(10,9,7,9,5,7,8,4,9,7.5)
> N2<- c(4,5.5,7.5,8,9,10,10,8,8,5)
>notas<-data.frame(n1=N1,n2=N2)
> notas[1:5,]
     n1   n2
1  10.0  4.0
2   9.0  5.5
3   7.0  7.5
4   9.0  8.0
5   5.0  9.0
> min(notas[[1]])                    #Mínimo da variável n1
[1] 4
```

```
> max(notas$n2)                    #Máximo da variável n2
[1] 10
> apply(notas,2,median)  #Mediana de cada uma das variáveis
  n1   n2
7.75 8.00
> somac<-sapply(notas,cumsum)  #Soma acumulada das notas n1 e n2
> apply(notas,2,which.min)  #Linha com nota mínima em cada coluna
n1 n2
 8  1
> row.names(notas)
 [1] "1"  "2"  "3"  "4"  "5"  "6"  "7"  "8"  "9"  "10"
> row.names(notas)<-paste("Aluno",1:10,sep="") #Altera os nomes das linhas
> notas[1:2,]
          n1   n2
Aluno1  10.0  4.0
Aluno2   9.0  5.5

> notas[which(notas$n1>=8),] #Linhas do data frame com nota n1 >= 8
          n1   n2
Aluno1  10.0  4.0
Aluno2   9.0  5.5
Aluno4   9.0  8.0
Aluno7   8.0 10.0
Aluno9   9.0  8.0
> notas[which(notas$n2>=8),] #Linhas do data frame com nota n2 >= 8
       n1  n2
Aluno4  9  8
Aluno5  5  9
Aluno6  7 10
Aluno7  8 10
Aluno8  4  8
Aluno9  9  8
>is.data.frame(notas)  #Retorna valor TRUE se o objeto for um data frame
[1] TRUE
> notas2<-cbind(notas,apply(notas,1,sum)) #Novo data frame notas2
> notas2[1:4,]
    n1   n2 apply(notas, 1, sum)
1  10 4.0                  14.0
```

```
2  9  5.5                 14.5
3  7  7.5                 14.5
4  9  8.0                17.0
> names(notas2)[[3]]<-"Soma"  #Atribuição de nome à 3ª coluna

> notas2[1:4,]
         n1   n2 Soma
Aluno1  10  4.0 14.0
Aluno2   9  5.5  14.5
Aluno3   7  7.5 14.5
Aluno4   9  8.0 17.0
> head(notas2)  #Apresenta as seis (default)  primeiras linhas do data frame
       n1   n2 Soma
Aluno1 10  4.0 14.0
Aluno2  9  5.5 14.5
Aluno3  7  7.5 14.5
Aluno4  9  8.0 17.0
Aluno5  5  9.0 14.0
Aluno6  7 10.0 17.0
> head(notas2,n=2)
       n1  n2 Soma
Aluno1 10 4.0 14.0
Aluno2  9 5.5 14.5
> tail(notas2) #Apresenta as seis últimas linhas de um data frame
         n1 n2 Soma
Aluno5  5.0  9 14.0
Aluno6  7.0 10 17.0
Aluno7  8.0 10 18.0
Aluno8  4.0  8 12.0
Aluno9  9.0  8 17.0
Aluno10 7.5  5 12.5
```

5.5 A Função merge

Em um banco de dados relacional, uma das operações mais importantes é a junção (*join*), na qual duas ou mais tabelas podem ser combinadas (registros) considerando que tenham, pelo menos, uma variável (chave) em comum.

No R, pensando na equivalência entre um data frame e uma tabela, dois data frames podem ser combinados utilizando a função **merge**. A forma geral de utilização dessa função é apresentada abaixo:

```
merge(x, y, by=intersect(names(x),names(y)) ,by.x=by,
by.y=by, all=FALSE,all.x=all,all.y=all,...)
```

Ao aplicar a função **merge**[2], podem ser considerados dois casos: (i) variáveis (chaves) de merge com o mesmo nome e (ii) variáveis de merge com nomes distintos.

No primeiro caso, se há apenas uma variável com o mesmo nome nos dois data frames, basta utilizar a função **merge**, associando os nomes dos dois data frames aos argumentos **x** e **y.** Se houver mais de uma variável com o mesmo nome nos dois data frames, e o usuário não especificar o argumento **by**, será considerado o merge combinando todas as variáveis (chaves) em comum, o que corresponde ao default **by=intersect(names(x),names(y)).**

Dessa forma, se o usuário deseja realizar o merge para uma ou mais variáveis específicas, correspondentes a um subconjunto das variáveis (chaves), que têm o mesmo nome nos dois data frames, deve definir a lista de variáveis (VAR) no argumento **by** da seguinte forma: by="VAR1" ou by=c("VAR1","VAR2"),...,by=("VAR1","VAR2",...).

No exemplo a seguir temos os data frames df1 e df2 criados com três variáveis cada, sendo duas dessas com o mesmo nome.

EXEMPLOS DA APLICAÇAO DA FUNÇÃO merge

```
> df1<-data.frame(codigos=c(1:4,7),val1=sample(100,5),ano=c(1,2,3,4,5))
> df2<-data.frame(codigos=c(1:2,6:8),val2=sample(100,5),ano=c(1,2,3,6,7))
> df1
  codigos val1 ano
1       1   80   1
2       2   23   2
3       3   74   3
4       4   77   4
5       7   30   5
> df2
  codigos val2 ano
1       1   82   1
2       2   89   2
3       6   60   3
4       7   40   6
5       8   80   7
```

[2] Após a aplicação da função merge, o novo data frame produzido tem as suas linhas ordenadas em relação à variável de merge.

```
#Considera o merge dos registros que têm valores iguais em relação à combinação das vari-
áveis codigos e ano
> merge(df1,df2)
  codigos ano val1 val2
1       1   1   80   82
2       2   2   23   89
#Considera o merge dos registros que têm valores iguais em relação à variável codigos
> merge(df1,df2,by="codigos")
  codigos val1 ano.x val2 ano.y
1       1   80     1   82     1
2       2   23     2   89     2
3       7   30     5   40     6

> merge(df1,df2,by="ano")
  ano codigos.x val1 codigos.y val2
1  1          1   80         1   82
2  2          2   23         2   89
3  3          3   74         6   60
```

No segundo caso, além dos nomes dos dois data frames, é necessário especificar os argumentos **by.x** e **by.y**, que determinam as colunas correspondentes de cada um dos data frames que serão utilizadas como variável(is) de merge.

EXEMPLO DA APLICAÇAO DA FUNÇÃO merge

```
> D1<-data.frame(nome1=c("Andre","Amanda","Luciana"),n1a=c(9,10,10))
> D2<-data.frame(nome2=c("Andre","Amanda","Luciana"),n1c=c(7,10,9))
> merge(D1,D2,by.x="nome1",by.y="nome2")
 nome1 n1a n1c
1  Amanda  10  10
2   Andre   9   7
3 Luciana  10   9
```

Também é possível utilizar o argumento **by** com valor um numérico (correspondente ao índice da coluna), em substituição aos argumentos **by.x** e **by.y**, caso a variável a ser utilizada no merge esteja associada a uma coluna com um mesmo índice nos dois data frames.

A partir dos exemplos anteriores, foi possível observar que, ao aplicar o merge em dois data frames com, pelo menos, uma chave (variável) em comum, há possibilidade de o data frame resultante da junção não herdar todos os registros dos dois data frames. Ou seja, o merge na sua forma padrão, com os argumentos **all**=FALSE, **all.x**=all, **all.y**=all, une apenas os registros cuja chave tem o mesmo valor nos dois data frames.

A Figura 13 ilustra a aplicação da função **merge**, considerando a atribuição dos valores booleanos FALSE ou TRUE aos argumentos **all**, **all.x** ou **all.y**. Nessa figura, DFR1 (associado ao argumento **x** da função **merge**) e DFR2 (associado ao argumento **y** da função **merge**) são dois data frames com um total de cinco registros cada. Esses data frames são representados por uma coluna denominada **Chave**, correspondente à variável que será utilizada no merge e uma segunda coluna (retângulo maior) com as demais variáveis de cada registro.

Os retângulos de uma mesma cor correspondem a registros que têm a variável de merge com o mesmo código e os retângulos com cores distintas correspondem aos registros que só estão em um dos data frames, ou seja, que não têm um código comum em relação à variável de merge. Complementando, DFRF corresponde ao data frame obtido após a aplicação da função **merge** em DFR1 e DFR2, levando em conta os possíveis valores para os argumentos **all**, **all.x** e **all.y.**

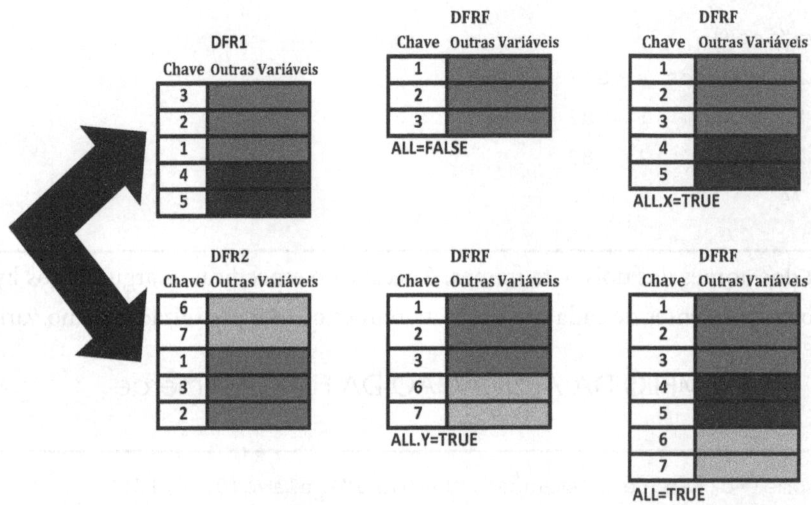

Figura 13 – Utilização da função merge

Pela figura, observa-se que **ALL=TRUE** implica junção de todos os registros dos dois arquivos, mesmo que alguns registros não tenham o valor da variável **Chave** igual. Já o argumento **ALL.X=TRUE** implica junção dos registros dos dois arquivos que têm a mesma chave + os registros do arquivo associado ao argumento **x** (registros que estão apenas em DFR1) . Analogamente, **ALL.Y=TRUE** implica junção dos registros dos dois arquivos que têm a mesma chave + registros do arquivo associado ao argumento **y** (registros que estão apenas em DFR2).

O exemplo a seguir ilustra os casos apresentados na Figura 13, considerando a aplicação da função **merge** nos data frames turma1 e turma2.

EXEMPLO DA APLICAÇAO DA FUNÇÃO merge

```
> nota1<-c(9,5.5,10,8)
> registro<-c(1211,1415,1101,1380)
```

```
> turma1<-data.frame(nota1,registro)
> nota2<-c(8,7,6.5,9)
> registro<-c(1456,1211,1418,1101)
> turma2<-data.frame(nota2,registro)
> merge(turma1,turma2)
  registro nota1 nota2
1     1101    10     9
2     1211     9     7
#Valores NA na coluna associada à nota1 (abaixo) indicam que o data frame turma1 não tem as
linhas com variável registro com valores  1418  e 1456. Analogamente, valores NA na coluna
associada à nota2 indicam que  o data frame turma2 não tem as linhas com variável registro
com valores 1415 e 1380.
> merge(turma1,turma2,all=TRUE)
  registro nota1 nota2
1     1101  10.0   9.0
2     1211   9.0   7.0
3     1380   8.0    NA
4     1415   5.5    NA
5     1418    NA   6.5
6     1456    NA   8.0

> merge(turma1,turma2,all.x=TRUE)
  registro nota1 nota2
1     1101  10.0     9
2     1211   9.0     7
3     1380   8.0    NA
4     1415   5.5    NA
> merge(turma1,turma2,all.y=TRUE)
  registro nota1 nota2
1     1101    10   9.0
2     1211     9   7.0
3     1418    NA   6.5
4     1456    NA   8.0
```

5.6 A Função expand.grid

Esta função produz um data frame a partir da combinação (produto cartesiano) de conjuntos de objetos e1, e2,... correspondentes a vetores, matrizes, listas ou fatores. Funciona de forma similar à função **combn**. Forma: **expand.grid(e1,e2,...)**.

EXEMPLOS DA APLICAÇAO DA FUNÇÃO expand.grid

```
> A<-c(5,6)
> B<-c(1,2,8)
> expand.grid(A,B)
  Var1 Var2
1    5    1
2    6    1
3    5    2
4    6    2
5    5    8
6    6    8
> A<-c(1:3)
> B<-c(2,4,8)
> C<-c(5,10)
> X<-expand.grid(A,B,C)
> X[1:8,]
   Var1 Var2 Var3
1    1    2    5
2    2    2    5
3    3    2    5
4    1    4    5
5    2    4    5
6    3    4    5
7    1    8    5
8    2    8    5

> is.data.frame(X)
[1] TRUE
> Y<-as.matrix(X)
> Y[1:10,]
      Var1 Var2 Var3
 [1,]    1    2    5
 [2,]    2    2    5
```

```
 [3,]   3   2   5
 [4,]   1   4   5
 [5,]   2   4   5
 [6,]   3   4   5
 [7,]   1   8   5
 [8,]   2   8   5
 [9,]   3   8   5
[10,]   1   2  10
> N1<-c("Amanda","Luciana","Maya")
> N2<-c("Casa","Carro")
> expand.grid(N1,N2)
     Var1  Var2
1  Amanda  Casa
2 Luciana  Casa
3    Maya  Casa
4  Amanda Carro
5 Luciana Carro
6    Maya Carro
```

5.7 Arquivos – As Funções read.table e write.table

No capítulo 3, utilizando a função **scan**, foi apresentada uma primeira alternativa quanto à leitura de dados a partir de um arquivo do tipo texto.

Nesta seção apresentamos com mais detalhes a função **read.table** (apresentada inicialmente na seção 4.5), que permite a leitura de arquivos do tipo texto com várias colunas, em geral, separadas por "," ou por ";". Por sua vez, os dados lidos a partir do arquivo são armazenados em um objeto do tipo data frame. A forma de utilização dessa função é:

```
objeto_data_frame<-read.table(file, header = FALSE, sep = "", dec = ".",skip = 0,...)
```

O argumento **file** corresponde a uma string que contém o diretório e o nome do arquivo que será lido; o argumento **header** indica se o arquivo tem, em um sua primeira linha, os nomes de variáveis (um cabeçalho); o argument **dec** indica qual separador decimal será utilizado para valores numéricos; o argumento **sep** indica qual é o caracter, no interior do arquivo, que corresponde ao separador de colunas utilizado e o argumento **skip**, com um valor inteiro (n) diferente de zero, permite ignorar a leitura das n primeiras linhas do arquivo.

No caso de gravação de dados, pode-se utilizar a função **write.table**, que permite a gravação de objetos do tipo matriz ou data frame em um arquivo do tipo texto. A forma de utilização dessa função é:

```
> write.table(x,file="", sep = "", dec = ".", row.names=TRUE, col.names=TRUE,...).
```

Os quatros primeiros argumentos são equivalentes aos utilizados na função **read.table**. Os argumentos **row.names** e **col.names** com valor TRUE indicam que as linhas serão apresentadas com numeração e as colunas com rótulos "V1" "V2",...,"Vn", sendo n o número de colunas do objeto x que será salvo. O usuário também pode atribuir a **row.names** e/ou **col.names** vetores de caracteres com nomes das linhas e colunas.

Tanto no caso da função **read.table** quanto na função **write.table**, foi apresentado, apenas, um subconjunto dos argumentos disponíveis nessas funções. Para conhecer todos os argumentos o usuário pode utilizar o help.

De forma a ilustar a utilização dessas duas funções, vamos considerar o arquivo "3303302_VAR.csv" (dados de uso público) que contém, para cada um dos setores censitários[3] de Niterói, as seguintes variáveis[4]: o código do setor (**Setor**), o total de domicílios particulares permanentes (**DPP**), proporção de domicílios particulares permanentes com banheiro (**PropDPPBanheiro**) e o rendimento nominal total (**RendNomTotal**).

Utilizando um editor de textos como, por exemplo, o editor do bloco de notas do Windows, pode-se visualizar a estrutura desse arquivo, conforme a Figura 14 a seguir. Na primeira linha temos os nomes (identificação) das variáveis. Além disso, os dados das colunas correspondentes às variáveis supracitadas estão separados por ";". Para variável **PropDPPBanheiro** o decimal corresponde ao ".".

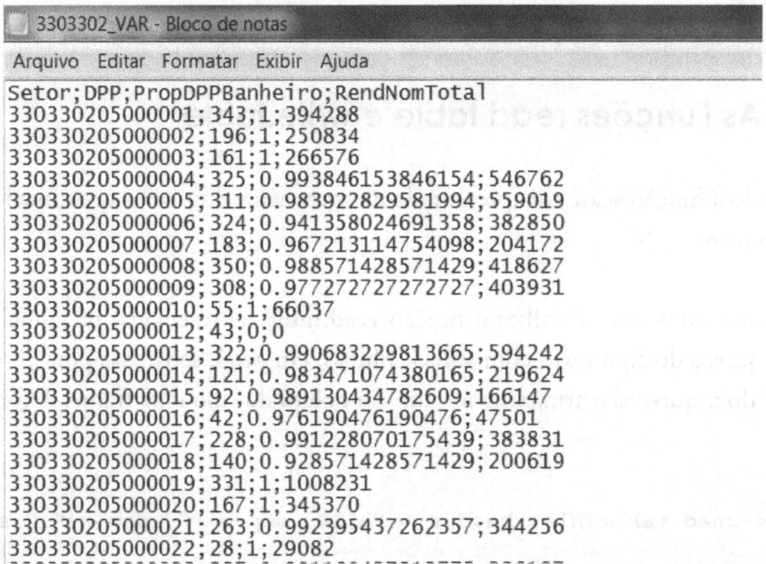

3303302_VAR - Bloco de notas

Arquivo Editar Formatar Exibir Ajuda

```
Setor;DPP;PropDPPBanheiro;RendNomTotal
330330205000001;343;1;394288
330330205000002;196;1;250834
330330205000003;161;1;266576
330330205000004;325;0.993846153846154;546762
330330205000005;311;0.983922829581994;559019
330330205000006;324;0.941358024691358;382850
330330205000007;183;0.967213114754098;204172
330330205000008;350;0.988571428571429;418627
330330205000009;308;0.977272727272727;403931
330330205000010;55;1;66037
330330205000012;43;0;0
330330205000013;322;0.990683229813665;594242
330330205000014;121;0.983471074380165;219624
330330205000015;92;0.989130434782609;166147
330330205000016;42;0.976190476190476;47501
330330205000017;228;0.991228070175439;383831
330330205000018;140;0.928571428571429;200619
330330205000019;331;1;1008231
330330205000020;167;1;345370
330330205000021;263;0.992395437262357;344256
330330205000022;28;1;29082
```

Figura 14 – Arquivo 3303302_VAR

---

[3] Um setor censitário é unidade territorial de coleta das operações censitárias, definido pelo IBGE, com limites físicos identificados, em áreas contínuas e respeitando a divisão político-administrativa do Brasil. É composto por um conjunto de domicílios.

[4] https://www.ibge.gov.br/estatisticas-novoportal/sociais/populacao/9662-censo-demografico-2010.html?edicao=9673&t=sobre

EXEMPLOS DA UTILIZAÇÃO DAS FUNÇÕES read.table e write.table

```
> arq<-read.table("3303302_VAR.csv",sep=";",dec=".",header=TRUE)
> options(digits=15)
> names(arq)
[1] "Setor"           "DPP"             "PropDPPBanheiro" "RendNomTotal"
>arq[1:4,]
Setor DPP   PropDPPBanheiro RendNomTotal
1 330330205000001 343 1.000000000000000       394288
2 330330205000002 196 1.000000000000000       250834
3 330330205000003 161 1.000000000000000       266576
4 330330205000004 325 0.993846153846154       546762
> arq$Setor[1:2]
[1] 330330205000001 330330205000002
> arq$DPP[1:2]
[1] 343 196
> arq$RendNomTotal[1:2]
 [1] 394288 250834
> dim(dados)
[1] 885   4
#Medidas resumo das variáveis DPP, PropDPPBanheiro e RendNomTotal
> medidas<-apply(arq[,2:4],2,summary)
> medidas
          DPP PropDPPBanheiro   RendNomTotal
Min.      1.000000000  0.000000000000    0.000000
1st Qu.   131.000000000  0.994818652850  280145.000000
Median    193.000000000  1.000000000000  638800.000000
Mean      191.228248588  0.973145842688  895399.928814
3rd Qu.   253.000000000  1.000000000000 1289114.000000
Max.      594.000000000  1.000000000000 4987177.000000
>write.table(medidas, "medidas.csv",sep=";",dec=".",
col.names=c("DPP","PropBanheiro","Rend"),row.names=FALSE)
```

5.8 Listando e Configurando Arquivos e Diretórios

O R disponibiliza algumas funções que permitem obter informações ou fazer manipulações em arquivos, dentre essas, destacamos: **setwd**, **getwd**, **dir**, **file.exists** e **list.file**.

A função **setwd** tem apenas um argumento que é utilizado para definir o caminho do diretório de trabalho. Uma vez aplicada, funções como **dir**, **file.exists**, **list.files**, **scan**, **read.table** etc. terão como referência o caminho definido por essa função. A função **getwd()** retorna o caminho associado ao diretório atual de trabalho.

A função **dir** retorna um vetor de caracteres contendo os nomes de todos os diretórios e/ou arquivos de determinado diretório. Sua forma de utilização é: **dir(path = ".", pattern = NULL, ...)**.

O argumento **path** corresponde ao caminho (rota do diretório) e o argumento **pattern** define uma expressão relativa aos tipos arquivos que serão listados.

A função **file.exists(lista_arquivos,...)** retorna um vetor booleano (de uma ou mais posições) indicando se um ou mais arquivos estão disponíveis em determinado diretório. Trabalha basicamente com o argumento **lista_arquivos** que contém um vetor de strings com os nomes dos arquivos que devem ser procurados no diretório de trabalho.

A função **list.files** produz um vetor de caracteres com nomes dos arquivos ou diretórios que estão contidos em determinado diretório. A forma de utilização é: **list.files(path = ".", pattern = NULL, ...)**.

O argumento **path** é utilizado para definir em qual diretório os arquivos serão procurados. Se não for especificado nada, será considerado o diretório de trabalho. O argumento **pattern** permite fazer um filtro em relação aos arquivos que serão listados, considerando alguma extensão (.txt, .xlsx, ...). O exemplo a seguir ilustra a aplicação dessas funções, considerando que o diretório de trabalho foi definido a partir da função **setwd**.

EXEMPLOS DE UTILIZAÇÃO DAS FUNÇÕES

```
> setwd("C:\\Livro")     #Define o diretório de trabalho
> getwd()
[1] "C:/Livro"
> arquivos<-dir(pattern=".csv")
> arquivos  #Arquivos e diretórios
[1] "3303302_VAR.csv"      "base1.csv"      "base2.csv"      "IDHM.csv"
"Capitulos"
> file.exists(c("base1.csv","base3.csv"))
[1]  TRUE   FALSE              #Apenas o arquivo base1.csv foi encontrado
> list.files(pattern=".r")  #Arquivos com extensão "r"
[1] "Lista1.r"  "Lista2.r"  "Lista3.r"  "Lista4.r"
```

5.9 Importação de Dados no RStudio

Alternativamente à função **read.table**, o usuário pode ler arquivos separados por ";" (ou outro separador) utilizando a opção Import Dataset (Figura 15), na aba "Enviroment" do RStudio, seguida pela opção "From Text (readr)" (Figura 16). Para exemplificar, vamos considerar, novamente, a leitura do arquivo "3303302_VAR.csv".

Após definir o separador das colunas (opção Delimiter), além de outras possíveis opções[5] (Figuras 17 e 18), o usuário seleciona a opção Import (Figura 19), o que implica geração automática do código apresentado na Figura 19 em "Code Preview". Esse código também é executado no Console. A opção "First Row as Names" (Figura 17) deve ficar marcada se o arquivo tiver, em sua primeira linha, os nomes das colunas.

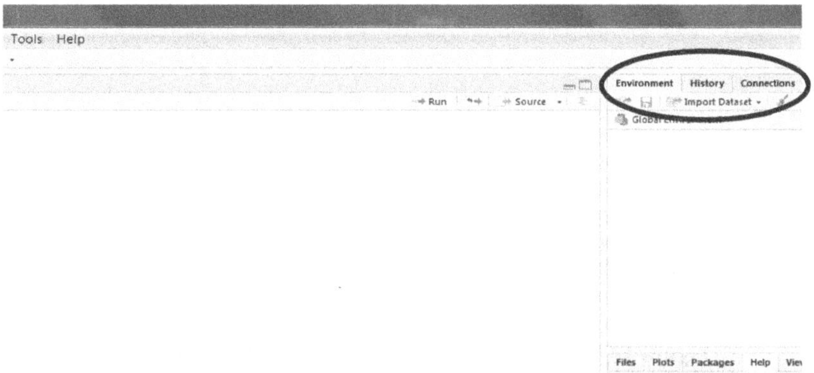

Figura 15 – Importação de um Arquivo Texto no RStudio

A opção "Open Data Viewer" marcada (Figura 17) implica utilização da função **View,** que invoca um visualizador de dados para mostrar o data frame na tela, logo após a sua leitura, conforme a Figura 20.

A 1ª linha desse código mostra que, para efetuar a importação, é carregado o pacote *readr* e a função **read_delim** é utilizada. A leitura de um arquivo texto com essa função produzirá um objeto do tipo data frame; no caso deste exemplo, o objeto X3303302_VAR[6].

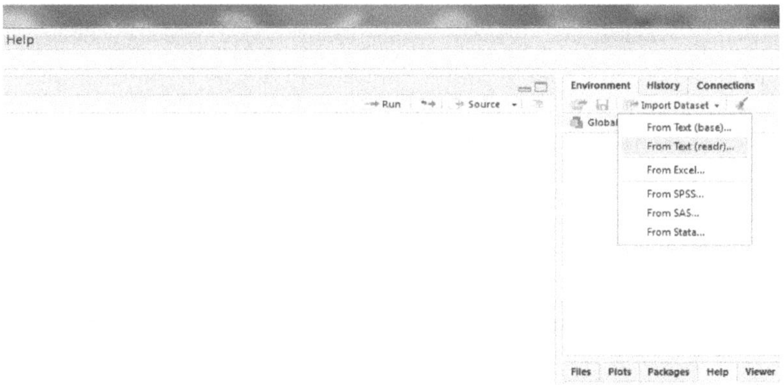

Figura 16 – Importação de um Arquivo Texto no RStudio

---

[5] Ao selecionar o botão Configure (opção Locale) é possível definir o valor do campo Decimal Mark, que determina se números decimais no arquivo de leitura serão representados por "," ou "."

[6] Quando o arquivo é importado automaticamente, o objeto terá o nome **X + nome** do arquivo lido, caso nome arquivo inicie com número.

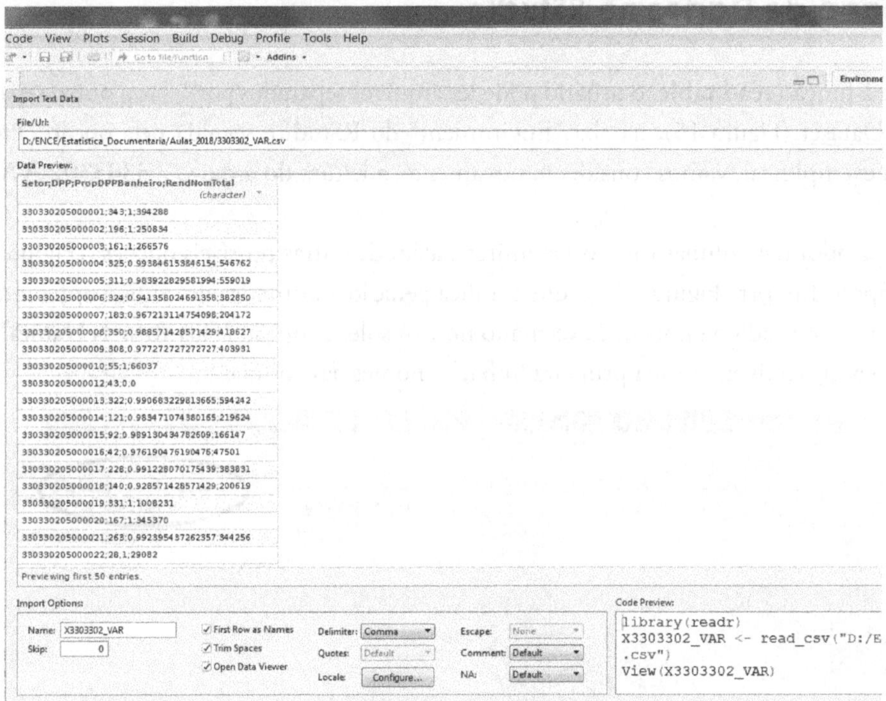

Figura 17 – Importação de um Arquivo Texto no RStudio

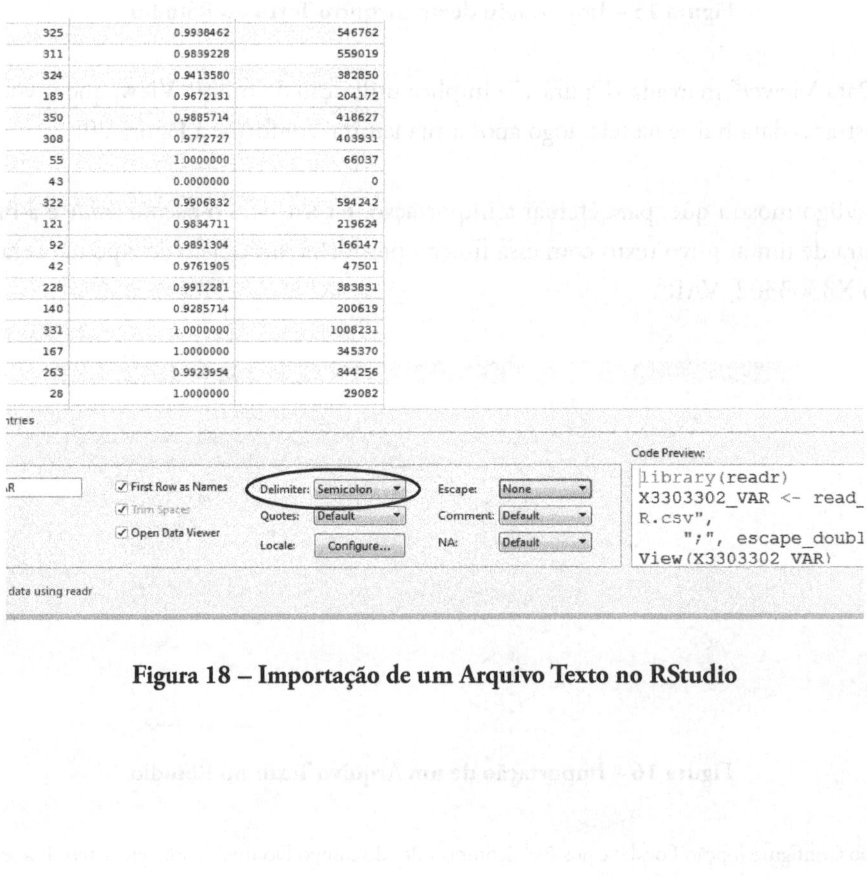

Figura 18 – Importação de um Arquivo Texto no RStudio

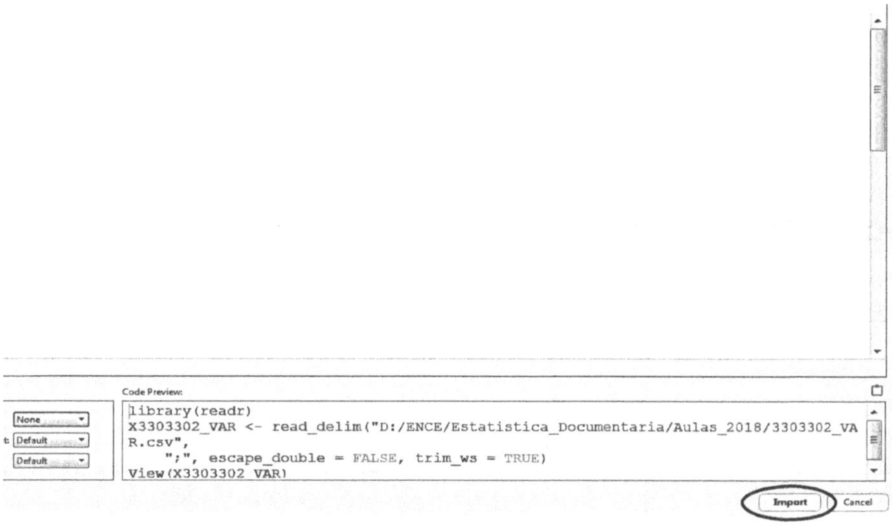

Figura 19 – Importação de um Arquivo Texto no RStudio

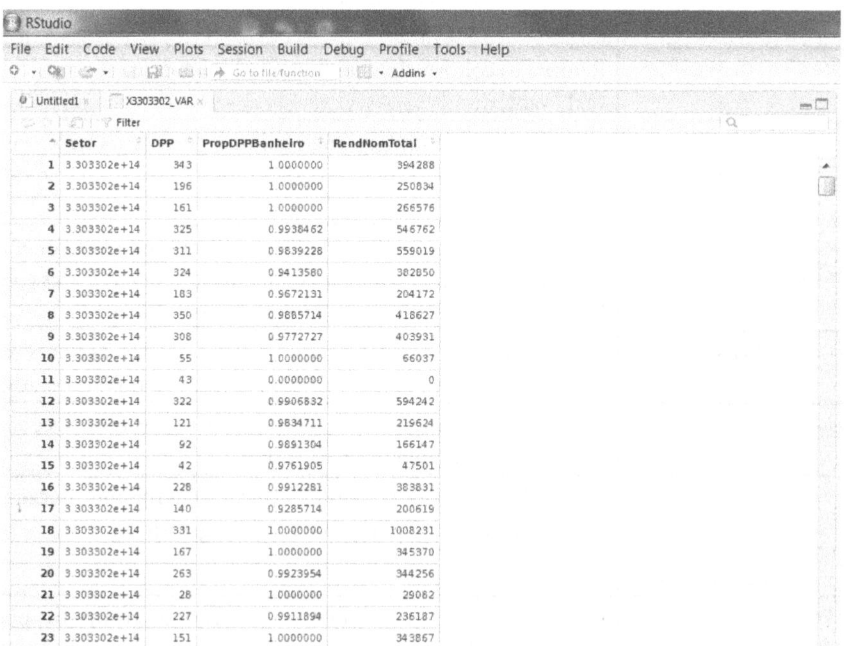

	Setor	DPP	PropDPPBanheiro	RendNomTotal
1	3.303302e+14	343	1.0000000	394288
2	3.303302e+14	196	1.0000000	250834
3	3.303302e+14	161	1.0000000	266576
4	3.303302e+14	325	0.9938462	546762
5	3.303302e+14	311	0.9839228	559019
6	3.303302e+14	324	0.9413580	382850
7	3.303302e+14	183	0.9672131	204172
8	3.303302e+14	350	0.9885714	418627
9	3.303302e+14	308	0.9772727	403931
10	3.303302e+14	55	1.0000000	66037
11	3.303302e+14	43	0.0000000	0
12	3.303302e+14	322	0.9906832	594242
13	3.303302e+14	121	0.9834711	219624
14	3.303302e+14	92	0.9891304	166147
15	3.303302e+14	42	0.9761905	47501
16	3.303302e+14	228	0.9912281	383831
17	3.303302e+14	140	0.9285714	200619
18	3.303302e+14	331	1.0000000	1008231
19	3.303302e+14	167	1.0000000	345370
20	3.303302e+14	263	0.9923954	344256
21	3.303302e+14	28	1.0000000	29082
22	3.303302e+14	227	0.9911894	236187
23	3.303302e+14	151	1.0000000	343867

Figura 20 – Visualizando o data frame criado

Procedimento análogo pode ser realizado no caso da leitura de arquivos em Excel. Neste caso, ao utilizar a ferramenta de importação para um arquivo em Excel, deve ser utilizado o pacote *readxl.*

Alternativamente à utilização dessa ferramenta "button click", o usuário pode utilizar os comandos a seguir, para ler um arquivo Excel, por exemplo, o arquivo "Reb_Bov_PR_2016.xlsx"

```
> library(readxl)
> RebBov16 <- read_excel("Reb_Bov_PR_2016.xlsx", col_names = FALSE)
```

Caso o arquivo tenha mais de uma planilha, pode-se especificar qual planilha deve ser lida, mediante a utilização do argumento "sheet" como no caso do arquivo "Atlas_Dados.xlsx".

```
> Atlas_Dados <- read_excel("Atlas_Dados.xlsx", sheet = "Agua_Encanada")
```

5.10 Utilizando o Pacote dplyr

Este pacote[7] contém um conjunto de funções que possibilitam a manipulação de data frames de uma forma simples. O Quadro 11 traz algumas das funções disponíveis nesse pacote:

Quadro 11– Funções do pacote dplyr

Função	Finalidade
filter(x,condição)	Retorna, em um data frame, as linhas do data frame **x** cuja(s) variável(eis) satisfaz(em) uma condição lógica
arrange(x,var1,var2,...)	Reordena as linhas do data frame **x** de acordo com as variáveis especificadas pelos nomes var1, var2,...
select(x,var1,var2,...)	Retorna as colunas do data frame **x** de acordo com as variáveis especificadas em var1, var2, ...
rename(x, novo_nome_var1=var1 novo_nome_var2=var2,...)	Muda o nome de uma ou mais colunas do data frame **x**, sendo novo_nome_var1, novo_nome_var2,... os novos nomes das colunas e var1,var2,... os nomes atuais
mutate(x,nova_var1=valor1, nova_var2=valor2,...)	Adiciona novas colunas (variáveis) no data frame **x** (mantendo as atuais). **nova_var1**, **nova_var2**,... correspondem aos nomes das novas colunas e **valor1**, **valor2**,... aos conteúdos atribuídos às novas colunas
transmute(x,var1,var2,...)	Define um novo data frame que contém, apenas, as novas colunas obtidas a partir de, por exemplo, operações realizadas nas colunas originais de **x**
group_by(x,var1,var2,...)	Cria grupos (segmenta os registros) a partir das observações de um data frame **x**, considerando uma ou mais variáveis
group_size(result_group_by) *result_group_by = objeto obtido a partir de **group_by**	Determina o número de observações do data frame em cada um dos grupos obtidos a partir da aplicação da função **group_by**
summarize(result_group_by,...)	Quando utilizada em conjunto com a função **group_by**, pode produzir estatísticas simples (média, máximo, mediana etc.) para cada um dos grupos.

Para ilustrar a utilização dessas funções, todos os exemplos apresentados a seguir terão por base o arquivo "Dados_Ufs.csv", cujos registros são apresentados na Figura 21.

Nesse arquivo temos a variável **Regiao** que contém os códigos das grandes regiões, a variável **UF** com os nomes dos estados, a variável **Espvida** associada à esperança de vida ao nascer, a variável **Pop** associada à população, a variável **Tx_Env** associada à taxa de envelhecimento e a variável **Tx_Analf1114** correspondente à taxa de analfabetismo entre 11 e 14 anos (dados extraídos do Atlas do Desenvolvimento Humano).

[7] Maiores detalhes sobre o uso deste pacote podem ser encontrados na referência de número [10], no final do livro.

	Regiao	UF	EspVida	Pop	Tx_Env	Tx_Analf1114
1	1	Acre	71.63	733559	4.32	6.64
2	2	Alagoas	70.32	3120494	6.01	8.96
3	1	Amazonas	73.3	3483985	4.03	6.54
4	1	Amapá	73.8	669526	3.44	3.81
5	2	Bahia	71.97	14016906	7.23	5.01
6	2	Ceará	72.6	8452381	7.54	4.65
7	5	Distrito Federal	77.35	2570160	4.97	1.1
8	3	Espírito Santo	75.1	3514952	7.08	1.76
9	5	Goiás	74.6	6003788	6.25	1.57
10	2	Maranhão	70.4	6574789	6.02	7.59
11	3	Minas Gerais	75.3	19597330	8.12	1.52
12	5	Mato Grosso do Sul	74.96	2449024	6.62	1.55
13	5	Mato Grosso	74.25	3035122	5.12	2
14	1	Pará	72.36	7581051	4.75	6.32
15	2	Paraíba	72	3766528	8.53	5.39
16	2	Pernambuco	72.32	8796448	7.37	5.66
17	2	Piauí	71.62	3118360	7.44	6.5
18	4	Paraná	74.8	10444526	7.53	1.14
19	3	Rio de Janeiro	75.1	15989929	8.91	1.76
20	2	Rio Grande do Norte	72.52	3168027	7.54	6.63
21	1	Rondônia	72.97	1562409	4.69	1.59
22	1	Roraima	73.51	450479	3.45	5.13
23	4	Rio Grande do Sul	75.38	10693929	9.26	1.29
24	4	Santa Catarina	76.61	6248436	6.89	1.05
25	2	Sergipe	71.84	2068017	6.14	5.52
26	3	São Paulo	75.69	41262199	7.82	1.49
27	1	Tocantins	72.56	1383445	5.82	2.9

Figura 21 – Apresentação do Arquivo Dados_Ufs.csv

EXEMPLOS DE UTILIZAÇÃO DAS FUNÇÕES DO PACOTE dplyr

```
> ufs<-read.table("Dados_Ufs.csv",sep=";",dec=",",header=TRUE)

> library(dplyr)

> filter(ufs,Regiao==1) #Seleciona linhas de ufs com Regiao =1

Regiao  UF EspVida     Pop Tx_Env Tx_Analf1114

1       1  Acre        71.63  733559   4.32          6.64

2       1  Amazonas    73.30 3483985   4.03          6.54

3       1  Amapá       73.80  669526   3.44          3.81

4       1  Pará        72.36 7581051   4.75          6.32

5       1  Rondônia    72.97 1562409   4.69          1.59

6       1  Roraima     73.51  450479   3.45          5.13

7       1 Tocantins    72.56 1383445   5.82          2.90


> esp75<- filter(ufs,EspVida > 75) #Seleciona linhas de ufs com EspVida>75

> SubReg<-filter(ufs,Regiao==3 | Regiao==5)

> SubReg[1:6,]

Regiao  UF EspVida          Pop Tx_Env Tx_Analf1114
```

```
1 5   Distrito Federal   77.35  2570160  4.97          1.10
2 3   Espírito Santo     75.10  3514952  7.08          1.76
3 5   Goiás              74.60  6003788  6.25          1.57
4 3   Minas Gerais       75.30 19597330  8.12          1.52
5 5   Mato Grosso do Sul 74.96  2449024  6.62          1.55
6 5   Mato Grosso        74.25  3035122  5.12          2.00
> arrange(SubReg,Regiao)  #Ordena registros por Regiao
Regiao  UF EspVida       Pop Tx_Env Tx_Analf1114
1  3   Espírito Santo     75.10  3514952   7.08          1.76
2  3   Minas Gerais       75.30 19597330   8.12          1.52
3  3   Rio de Janeiro     75.10 15989929   8.91          1.76
4  3   São Paulo          75.69 41262199   7.82          1.49
5  5   Distrito Federal   77.35  2570160   4.97          1.10
6  5   Goiás              74.60  6003788   6.25          1.57
7  5   Mato Grosso do Sul  74.96  2449024   6.62          1.55
8  5   Mato Grosso         74.25  3035122   5.12          2.00
> arrange(SubReg,Regiao,Tx_Env)  #Ordena por Regiao e Tx_Env
Regiao UF EspVida       Pop Tx_Env Tx_Analf1114
1  3   Espírito Santo  75.10  3514952   7.08         1.76
2  3   São Paulo       75.69 41262199   7.82         1.49
3  3   Minas Gerais    75.30 19597330   8.12         1.52
4  3   Rio de Janeiro  75.10 15989929   8.91         1.76
5  5   Distrito Federal   77.35  2570160   4.97          1.10
6  5   Mato Grosso        74.25  3035122   5.12          2.00
7  5   Goiás              74.60  6003788   6.25          1.57
8  5 Mato Grosso do Sul   74.96  2449024   6.62          1.55
> select(SubReq,Pop)  #Seleciona a coluna Pop
Pop
1  2570160
2  3514952
3  6003788
4 19597330
5  2449024
6  3035122
```

```
7 15989929

8 41262199

> X<-ufs[1,]

> Y<-rename(X,Populacao=Pop)  #Altera nome da coluna

> Y

Regiao UF EspVida Populacao Tx_Env Tx_Analf1114

1      1  Acre   71.63    733559   4.32          6.64

> Sudeste<-filter(ufs,Regiao==3)

> Sudeste<-transmute(Sudeste,UF,EspVida,Pop)

> Sudeste

UF EspVida          Pop

1 Espírito Santo   75.10  3514952

2 Minas Gerais     75.30 19597330

3 Rio de Janeiro   75.10 15989929

4 São Paulo        75.69 41262199

> Sudeste2<-mutate(Sudeste,Sigla=c("ES","MG","RJ","SP"))

> Sudeste2[1:2,]

UF  EspVida         Pop               Sigla

1 Espírito Santo   75.10  3514952     ES

2   Minas Gerais   75.30 19597330     MG


> grupos<-group_by(ufs,Regiao)   #Cria grupos por região

> tamanho=group_size(grupos)  #Nº de obs (ufs) em cada grupo

> summarize(grupos,media=mean(Tx_Env),Txmax=max(Tx_Analf1114))[8]
# A tibble: 5 x 3
  Regiao media Txmax
   <int> <dbl> <dbl>

1       1 4.357143  6.64

2       2 7.091111  8.96

3       3 7.982500  1.76

4       4 7.893333  1.29

5       5 5.740000  2.00

>summarize(grupos,maximo=max(EspVida),cv=sd(Pop)/mean(Pop))

# A tibble: 5 x 3

  Regiao maximo     cv
```

[8] Cria objeto do tipo tibble que é equivalente a um data frame.

```
    <int> <dbl> <dbl>
1       1  73.8 1.13
2       2  72.6 0.666
3       3  75.7 0.782
4       4  76.6 0.274
5       5  77.4 0.478
```

OBSERVAÇÃO: No pacote *plyr*, que contém uma série de funções que podem ser utilizadas para combinação de dados, temos a função **join_all**, que possibilita o merge de uma lista de dois ou mais data frames. A forma de utilização é:

```
join_all(dfs,by=NULL,type="left",...)
```

O argumento **dfs** corresponde a uma lista de data frames, o argumento **by** corresponde a um vetor de caracteres com nomes das variáveis de merge. Assim como no caso da função **merge** (apresentada na seção 5.5), caso esse argumento seja omitido, é feita a junção em função de todas as variáveis em comum.

Finalmente, o argumento **type** determina como ocorrerá o merge entre os data frames, ou seja, tem a mesma função dos argumentos **all, all.x** e **all.y** da função **merge.**

Vamos aplicar essa função considerando três data frames associados com três planilhas com os dados dos censitários dos municípios de MG (2000 e 2010).

```
> library(plyr)
> library(readxl)
> tpop_MG_2000 <- read_excel("totalpopulacao_MG_2000.xls")
> tpop_MG_2010 <- read_excel("totalpopulacao_MG_2010.xls")
> tdomicilios_MG_2010 <- read_excel("totaldomicilios_MG_2010.xls")
> DFs3<-list(tpop_MG_2000,tpop_MG_2010,tdomicilios_MG_2010)
> CENSOMG<-join_all(DFs3,by="CODIGO")
```

5.11 Utilizando o Pacote data.table

Em alguns casos, os usuários do R têm que efetuar a manipulação de grandes conjuntos de dados.

Uma primeira dificuldade associada a essa manipulação, diz respeito à leitura da base, mais especificamente, por conta de equipamento não ter quantidade suficiente de memória RAM, erros são reportados no momento da leitura.

Isso ocorre porque o R tenta alocar toda a memória demandada para utilização do objeto no qual serão armazenados os dados da base. Considerando a quantidade de memória demandada para definir o objeto que armazena as informações da base de dados no R, temos:

- Bases de dados médias (entre 1 e 2GB de RAM).
- Bases de dados grandes (Mais de 2GB até 10 GB de RAM).
- Bases de dados muito grandes (Mais de 10GB de RAM).

Ainda que haja memória suficiente para alocar a um objeto, o processo de leitura pode consumir razoável tempo computacional. Feita a leitura, o usuário também pode ter dificuldades quanto à aplicação de funções que permitam a análise da base de dados, o que implica, também, um razoável tempo computacional para execução da(s) função(ões).

De forma a contornar essas dificuldades, proporcionando a leitura e as análises da base de dados de uma forma mais eficiente, pode ser utilizado o pacote *data.table*, que trabalha com um tipo de objeto que corresponde a uma versão avançada do data.frame, funcionando perfeitamente, mesmo quando a "sintaxe" do data.frame é aplicada ao data.table. A forma geral desse tipo de objeto é (similar à sintaxe do SQL):

```
DT[i,j,by]
```

i é linha do data.table (ou condição que permite "filtrar" linhas).
j é coluna do data.table (ou condição ou funções como média etc.).

by refere-se a uma variável categórica de **DT**. Esse argumento pode ser utilizado para definir os grupos onde as funções podem ser aplicadas. Funciona de forma similar à função **group_by** do pacote *dplyr.*

Nesse pacote, a leitura e gravação dos dados é feita de forma mais rápida, quando pensamos, por exemplo, na aplicação das funções **read.table** e **read.csv**. Além disso, a partir da utilização de um objeto data.table, as operações de manipulação de um data frame são executadas mais rapidamente, quando comparadas com as mesmas operações feitas a partir dos pacotes *dplyr ou plyr.* Uma das explicações para essa eficiência diz respeito à forma de alocação da memória em etapas intermediárias associadas ao processo de leitura e análise das bases (aplicação de filtros, funções estatísticas etc.).

Por exemplo, para aplicação de funções associadas à analise dos dados, o *dplyr* cria cópias "profundas" de todo o quadro de dados. Já no caso do pacote *data.table,* ocorre uma cópia superficial do quadro de dados, ou seja, os dados não são copiados fisicamente na memória do sistema. É realizada apenas uma cópia dos ponteiros da coluna (nomes). Cópia "profunda" implica copiar dados inteiros para outro local na memória.

Assim sendo, com o uso eficiente da memória através do pacote *data.table,* a velocidade de processamento pode ser aumentada. Além disso, há espaço suficiente para tarefas como agregação, filtragem, fusão, agrupamento etc.

A despeito da sua eficiência, uma limitação desse pacote diz respeito à dependência da quantidade de memória RAM disponível no computador.

Um objeto do tipo data.table pode ser criado de três formas:

1. Nome_data_table<-**data.table**(nom_1=v1,...,nom_n=vn)
2. Nome_data_table<-**data.table**(nom_1=obj1,...,nom_n=objn) ou
3. A partir da leitura de uma base de dados

sendo **nom_1,...,nom_n** correspondentes aos nomes das n colunas (variáveis) do objeto data.table; **v1,...,vn** igual à lista de valores atribuídos às colunas e **obj1,...,objn** associados à lista de objetos atribuídos às colunas.

Os dois exemplos a seguir mostram desde a leitura e criação de um data.table até a sua manipulação. No primeiro exemplo, o data.table é criado artificialmente e no segundo a partir da leitura de um arquivo de dados reais do IBGE (dados de uso público).

EXEMPLO DE UTILIZAÇÃO DO PACOTE data.table

```
> library(data.table)
#Cria um data.table com 3 colunas e 50 linhas
> DT<-data.table(COD=1:50,MUNUF=sample(c("RJ","SP","MG","ES"),50,T),
compras=sample(100:500,50))

> DT[1:5,] #Mostra as cinco primeiras linhas
   COD MUNUF compras
1:   1    MG     200
2:   2    MG     465
3:   3    RJ     448
4:   4    SP     327
5:   5    ES     482
> DT[,COD]     #Mostra conteúdo da 1ª coluna
> DT[,MUNUF] #Mostra conteúdo da 2ª coluna
> DT[,mean(compras),by=MUNUF]  #Calcula, por UF, a média de compras
   MUNUF        V1
1:    MG 285.7500
2:    RJ 332.1111
3:    SP 368.0000
4:    ES 308.6875
#Calcula, por UF, o valor máximo da variável compras
> DT[,max(compras),by=MUNUF]
MUNUF  V1
1:    MG 494
2:    RJ 459
3:    SP 488
```

```
4:     ES 482
>DT[COD<10]    #Linhas com variável COD com valor inferior a 10

#Filtra linhas com código  inferior a 10 e calcula média de compras por UF
> DT[COD<10,mean(compras),by=MUNUF]
> DT[COD<10,fivenum(compras)]       #Resumo dos 5 números para COD<10
> DT[,fivenum(compras),by=MUNUF]    #Resumo dos 5 números por UF
> apply(DT[,c(1,3)],2,sum) #Utilização da função apply
    COD compras
   1275   14112
> is.data.table(DT)  #Retorna true se o objeto for um data.table
[1] TRUE
```

O Arquivo "Censo2.csv" tem, por setor censitário, variáveis do arquivo Domicilios01.csv (Dados do Universo) (para algumas UFs).
A seguir, são apresentados os tempos demandados (em segundos*) para leitura desse arquivo, mediante a utilização da função **fread** (disponível no pacote data.table) e da função **read.table**. A leitura foi efetuada utilizando um computador dotado de processador I7-3.40 GHz e 24 GB de RAM.

```
# Leitura usando função fread do pacote data.table
> system.time(DC<-fread("Censo2.csv",sep=";"))
  usuário   sistema decorrido
     2.75      0.05      2.02 *

# Leitura usando função read.table
> system.time(DCN<-read.table("Censo2.csv",sep=";"))
  usuário   sistema decorrido
     10.81      0.43      11.26 *
> dim(DC)
[1] 242747    244

#Espaço de memória ocupado pelo objeto
> format(object.size(DC), units = "auto") [1] 451.6 Mb
```

Esse arquivo tem quase 250 mil linhas e o objeto DC, criado a partir de sua leitura, ocupa, aproximadamente, 0.5 GB de memória. Quanto maiores forem os arquivos, maior será a diferença observada entre os tempos de leitura utilizando **fread** e **read.table ou read.csv**.

O exemplo a seguir traz a aplicação de filtros e funções estatísticas nesse data.table, ratificando a observação feita anteriormente, de que o data.table pode ser manipulado como um data.frame.

EXEMPLO DE UTILIZAÇÃO DO PACOTE data.table - ARQUIVO CENSO2

```
> codigos<-unique(DC$Situacao_setor)
> codigos
[1] 1 8 2 3 5 7 6 4
#Cria novo data frame com as linhas de DC cujo código do setor é igual a 1
> DCSUB1<-DC[Situacao_setor==1]  #Equivalente ao índice i do data.table
> dim(DCSUB1)
[1] 182484   244

#Variável Situacao_setor
#1 - Área urbanizada de vila ou cidade; 2 - Área não urbanizada
#3 - Área urbanizada isolada; 4 - Área rural de extensão urbana
#5 - Aglomerado rural (povoado); 6 - Aglomerado rural (núcleo)
#7 - Aglomerado rural (outros); 8 - Rural - exclusive aglomerados rurais
#V001 Domicílios particulares e domicílios coletivos
#V002 Domicílios particulares permanentes
#V003 Domicílios particulares permanentes do tipo casa
#V005 Domicílios particulares permanentes do tipo apartamento
#Selecionando conjunto de linhas e colunas

> DCSUB1<-DC[Situacao_setor==1 & V002>200]  #Filtro por linhas

> dim(DCSUB1)

[1] 97003   244
>DCSUB2<-DC[,.(V001,V002,V005)] 9  #Define novo data.table com 3 colunas

> dim(DCSUB2)

[1] 242747       3

> names(DC)[1:5]

[1] "Cod_setor"       "Situacao_setor" "V001"          "V002"          "V003"

> apply(DC[,3:4],2,mean)  #Calcula média em relação a V001 e V002
    V001     V002
187.6725 185.2952

> UFS<-DC$Cod_setor%/%10^13 #Cria variável com códigos das UFs
```

[9] Ao utilizar o ponto em .(V001,V002,V005), permite selecionar as colunas.

```
> CODUFS<-unique(UFS)
> CODUFS
integer64
 [1] 31 33 35 41 43 29 27 23 42 25 15 22 24
>DC[,CDUF:=UFS]   #Adiciona ao data.table coluna CDUF com códigos das UFS
#Substitui todas as linhas de Situacao_setor com código = 1  pelo código 0
> DC[Situacao_setor==1,Situacao_setor:=0]
> unique(DC$Situacao_setor)
[1] 0 8 2 3 5 7 6 4
>DC[,c("V008", "V009"):=NULL]   #Exclui as colunas associadas às variáveis V008 e V009

#Operações por Categoria
#Número médio de domicílios por Situação do Setor
> DC[,mean(V002),by=Situacao_setor]
  Situacao_setor        V1
1:              0 209.74907
2:              8 109.84539
3:              2 115.15022
4:              3 102.24359
5:              5 120.87618
6:              7  70.15118
7:              6  99.31138
8:              4 151.38160
```

```
> DC[,.N[10],by=Situacao_setor]  #Total de domicílios por Situação do Setor
   Situacao_setor      N
1:              0 182484
2:              8  44900
3:              2   5046
4:              3   2767
5:              5   5726
6:              7    635
7:              6    167
8:              4   1022

>fwrite(DC,file="CENSO3.txt",sep=";") #Grava o novo data.table
```

[10] Ao utilizar ".N" é realizada a totalização.

5.12 Exercícios Resolvidos

Exe-1: Considere o dataframe definido por:

```
d<-data.frame(candidatos=1:1000,n1=sample(0:10,1000,replace=TRUE), n2=
sample(0:10,1000,replace=TRUE))
```

Escreva os comandos no R para: (i) Criar um novo campo correspondente à média de n1 e n2; (ii) Determinar a nota média dos candidatos em relação às notas n1 e n2; (iii) Determinar os números dos candidatos que tiveram a média menor do que cinco; (iv) Imprimir o total de candidatos que obtiveram a média maior ou igual a sete; (v) Excluir do data frame os candidatos que tiraram nota zero em pelo menos uma das provas.

```
>d<-data.frame(candidatos=1:1000,n1=sample(0:10,1000,replace=TRUE),
n2= sample(0:10,1000,replace=TRUE))
>d$media<-(d[[2]]+d[[3]])/2
>media_candidatos<-apply(d[,2:3],2,mean)
>numero<-d[which(d$media<5),1]
>length(d[which(d$media>=7),1])
>nexclui<-union(which(d$n1==0),which(d$n2==0))
>nexclui
>d<-d[-nexclui,]
```

Exe-2: Construa um data frame que tenha 40 registros e os seguintes campos: sexo, grau de instrução, estado civil e renda. Considere as seguintes atribuições para a construção do data frame:

```
sexo=sample(c("F","M"),40,T);grau_instrução =sample(c(1,2,3),40,T);

estado_civil =sample(c("S","C","D","V"),40,T) e
```

`renda=10000*runif(40,0,1)`. Uma vez construído o data frame, faça a tabulação (total) para sexo e grau de instrução (frequência absoluta) e calcule a renda média por sexo.

```
>sexo<-sample(c("F","M"),40,T)
>grau<-sample(c(1,2,3),40,T)
>estado<-sample(c("S","C","D","V"),40,T)
>renda<-1000*runif(40,0,1)
>pessoa<-data.frame(sexo,grau,estado,renda)
```

```
#1ª alternativa quanto à tabulação
> total_sexo<-table(pessoa$sexo)
> total_grau<-table(pessoa$grau)
> total_sexo
 F  M
21 19
> total_grau
 1  2  3
15 13 12
#2ª alternativa quanto à tabulação
> library(dplyr)
> Gsexo<-group_by(pessoa,sexo)
> Ggrau<-group_by(pessoa,grau)
> group_size(Gsexo)
[1] 21 19
> group_size(Ggrau)
[1] 15 13 12
#Renda Média por Sexo
> media_sexo<-summarize(Gsexo,media=mean(renda))
```

Exe-3: Leia os dados do arquivo IDHM.csv e calcule as medidas (quartis, mínimo, máximo e média) resumo de cada um dos IDHs de renda, longevidade, educação para o todo (todos os municípios). Em seguida, calcule a média dos IDHs de renda, por grande região (Norte, Sul, Sudeste, Nordeste e Centro-Oeste) e por UF. Também deve ser determinado, por UF, o código do município com o maior IDH de renda.

```
> IDH<-read.table("IDHM.csv",sep=";",dec=",",header=TRUE)
> dim(IDH)
[1] 5507    5
>options(digits=4)
#Medidas resumo considerando todos os municípios
> apply(IDH[,3:5],2,summary)
         Renda    Longevidade  Educacao
Min.     0.3310   0.4890       0.4250
1st Qu.  0.5170   0.6590       0.7150
Median   0.6190   0.7210       0.8000
Mean     0.6041   0.7125       0.7814
3rd Qu.  0.6825   0.7740       0.8520
Max.     0.9180   0.8860       0.9780
#Cria a variável Regiao
```

```
> library(dplyr)
>IDHN<-mutate(IDH,Regiao=trunc(UF/10))
> grupo_regiao<-group_by(IDHN,Regiao)
> grupo_UF<-group_by(IDHN,UF)
> rm_regiao<-summarize(grupo_regiao,resumo=mean(Renda))
> rm_uf<-summarize(grupo_UF,resumo=mean(Renda))
> rm2_uf<-summarize(grupo_UF,codmun[which.max(Renda)])
```

Exe-4: Os arquivos "Domic_AC_01.csv" e "Domic_AC_02.csv" contêm dados dos setores censitários do Acre (dados do universo do censo demográfico de 2010). O 1º arquivo contém os códigos dos setores censitários (**Cod_setor**), situação do setor (**Situacao_setor**) e o total de domicílios do setor (**DPP**). O 2º arquivo contém o código do setor e os totais de domicílios com banheiro (**Banheiro**) e com energia elétrica (**Energia**) por setor.

A partir desses arquivos, devem ser produzidas as seguintes informações: (i) total de domicílios por situação do setor; (ii) proporção de domicílios (por setor) com banheiro e com energia elétrica; (iii) criar um novo data frame com código dos setores e com as informações obtidas em (i) e (ii). Gravar esse data frame.

```
>domic1<-read.table("Domic_AC_01.csv",sep=";",header=TRUE)
>domic2<-read.table("Domic_AC_02.csv",sep=";",header=TRUE)
> names(domic1)
[1] "Cod_setor"      "Situacao_setor" "DPP"
> names(domic2)
[1] "Cod_setor" "Banheiro"    "Energia"
>domics<-merge(domic1,domic2)  #Faz o merge pelo código do setor
>situacao<-as.matrix(sort(unique(domics[[2]])))
#Total de domicílios por situação do setor
>apply(situacao,1,function(situacao) sum(domics[which(domics[[2]]==situacao),3]))
[1] 141395   3148     17   4395  41690
#2ª  alternativa em relação ao total de domicílios por situação do setor
> library(dplyr)
> Gsit<-group_by(domics,Situacao_setor)
> Total_domic_situcao<-summarize(Gsit,Total=sum(DPP))
#Calcula as proporções e adiciona as colunas ao data frame
```

```
>domics$prop_banheiro<-domics[[4]]/domics[[3]]
>domics$prop_energia<-domics[[5]]/domics[[3]]
>write.table(domics,"DomicsF.csv",sep=";",dec=",",row.names=FALSE)
```

Exe-5: Os arquivos doc_publico.csv e doc_privado.csv trazem, respectivamente, os percentuais de docentes com curso superior lecionando no ensino médio para rede pública e privada por UF (anos de 1999, 2000, ...,2006). Leia esses dois arquivos e obtenha por uf e por ano a razão entre o percentual público e privado. Em seguida, imprima o nome da UF com o maior percentual para a rede pública e o nome da UF com o maior percentual para a rede privada (por ano).

```
>publico<-read.table("doc_publico.csv",sep=";",dec=",",header=TRUE)
>privado<-read.table("doc_privado.csv",sep=";",dec=",",header=TRUE)
>publico[,2:9]/privado[,2:9]
>privado[apply(privado[,2:9],2,which.max),1]
>publico[apply(publico[,2:9],2,which.max),1]
```

Capítulo 6

Listas

É uma estrutura que permite a combinação de objetos de diferentes tipos e que é similar a um *struct* na linguagem C ou a um *record* na linguagem Pascal. Uma lista pode ser formada combinando componentes (também chamados de objetos) como vetores, matrizes, dataframes, outras listas etc.

Pode ser vista como um vetor "atômico" (única posição), uma vez que cada um de seus componentes não podem ser "quebrados" em componentes menores.

6.1 Criando uma Lista

Uma lista é criada através do comando **list**. Há, basicamente, duas formas de utilizar esse comando:

(i) Definindo nomes dos objetos (componentes) e atribuindo valores a esses objetos

`list(nome_objeto1=valor1,...,nome_objeton=valorn).`

(ii) Atribuindo simplesmente valores à lista, sem identificar os nomes dos objetos

`list(valor1,...,valorn).`

A primeira forma é mais pertinente, pois fica mais claro utilizar nomes em vez de índices.

EXEMPLOS DE CRIAÇÃO DE LISTAS

```
#Lista composta por objetos do tipo caracter, numérico e lógico

>aluno<-list(nome="Amanda",idade=13,renda=4080.50,publica=T)
> aluno
$nome
[1] "Amanda"
$idade
[1] 13
$renda
[1] 4080.5
$publica
[1] TRUE
#Alternativa sem especificar os nomes dos objetos que compõem a lista
> aluno<-list("Amanda",13,4080.50,TRUE)
> aluno
```

```
[[1]]
[1] "Amanda"
[[2]]
[1] 13
[[3]]
[1] 4080.5
[[4]]
[1] TRUE
```

#Dados de 20 moradores de um prédio

```
> predio<-list(sexo=sample(c("F","M"),20,T),idades=sample(2:70,20,T))
> predio
$sexo
 [1] "M" "M" "M" "F" "F" "F" "M" "F" "M" "M" "M" "M" "M" "M" "M" "M" "F" "M" "F" "M"
$idades
 [1] 36  4 52 45  2 38 10 22 35 27 40 47 62  9 36 60 58 18 53 53
```

 # Lista formada por vetor e matriz

```
> lista<-list(v=seq(1,11),z=matrix(1:4,2,2))
> lista
$v
 [1]  1  2  3  4  5  6  7  8  9 10 11
$z
     [,1] [,2]
[1,]    1    3
[2,]    2    4
```

#Lista formada por vetor, matriz e data frame

```
> Dados<-data.frame(Sexo=c("M","F","M"),Idade=c(18,21,15))
> Academica<-list(Registro_Aluno=c(100,104,108),
Notas=rbind(c(10,9),c(8,9),c(7,8)),Dados=Dados)
> Academica
$`Registro_Aluno`
[1] 100 104 108
$Notas
     [,1] [,2]
[1,]   10    9
[2,]    8    9
[3,]    7    8
```

```
$Dados
  Sexo Idade
1    M    18
2    F    21
3    M    15
```

6.2 Acessando Componentes de uma Lista

Uma vez criada a lista, o acesso aos seus componentes pode ser efetuado, basicamente, de três formas, sendo necessário, nas três formas, especificar primeiro o nome da lista (nome_lista), ou seja, o nome atribuído ao objeto do tipo lista que foi criado.

(i) nome_lista$nome_campo,

(ii) nome_lista [["nome_campo"]] e

(iii) nome_lista[[i]] (i é índice do campo "nome_campo")

EXEMPLOS DE ACESSO ÀS LISTAS

```
#Lista com Dados de Pessoa
>dados<-list(nome="Amanda",Idade=13,Altura=1.6,Notas_Mat=c(10,9,10,9))
> dados[[1]]
[1] "Amanda"
> dados["Idade"]
$Idade
[1] 13
> dados$Idade
[1] 13
> dados[[4]]    #Acesso ao 4° componente (Notas_Mat)
[1] 10  9 10  9
> names(dados) #Nomes dos componentes da lista
[1] "nome" "Idade" "Altura" "Notas_Mat"
> dados[[4]][1:2]
[1] 10  9
```

```
> dados["Altura"]
$Altura
[1] 1.6


#Lista com vetor e matriz
dados2<-list(v=1:10,A=matrix(1:16,4,4))
dados2
$v
 [1]  1  2  3  4  5  6  7  8  9 10
$A
     [,1] [,2] [,3] [,4]
[1,]    1    5    9   13
[2,]    2    6   10   14
[3,]    3    7   11   15
[4,]    4    8   12   16
> length(dados2)          #Total de componentes da lista
[1] 2
> length(dados2$v)   #Total de elementos do vetor v
[1] 10
> length(dados2$A)   #Total de elementos da matriz A
[1] 16
>  dados2<-unname(dados2)   #Exclui os nomes dos componentes da lista
> dados2
[[1]]
 [1]  1  2  3  4  5  6  7  8  9 10
[[2]]
     [,1] [,2] [,3] [,4]
[1,]    1    5    9   13
[2,]    2    6   10   14
[3,]    3    7   11   15
[4,]    4    8   12   16
```

6.3 Incluindo Novos Objetos em uma Lista

Apresentamos cinco alternativas para efetuar a inclusão de novos objetos em uma lista, considerando que a lista já tenha **n** objetos:

1) nome_lista$nome_novo_objeto<-valor_novo_objeto

2) nome_lista[[n+1]]<-valor_novo_objeto

3) nome_lista[(n+1):(n+m)] <-valores_novos_objetos

4) nome_lista <-c(nome_lista,list(lista_novos_objetos))

5) nome_lista["nome_novo_objeto"]<-valor_novo_objeto

EXEMPLO DE INCLUSÃO DE NOVOS OBJETOS EM UMA LISTA

```
#Dados de uma pessoa
> dados<-list(nome="Amanda",Idade=13,Altura=1.6,Notas_Ing=c(10,10,10))
> dados
$nome
[1] "Amanda"
$Idade
[1] 13
$Altura
[1] 1.6
$Notas_Ing
[1] 10 10 10
> dados$sexo<-"F" #Inclusão de novo objeto
> length(dados)                               #Total de objetos
[1] 5
> names(dados)
[1] "nome" "Idade" "Altura" "Notas_Ing" "sexo"
> dados[[6]]<-"Castanhos"           #Inclusão de novo objeto
> dados
$nome
[1] "Amanda"
$Idade
[1] 13
$Altura
[1] 1.6
```

```
$Notas_Ing
[1] 10 10 10
$sexo
[1] "F"
[[6]]
[1] "Castanhos"
> names(dados)[6]
[1] ""
>names(dados)[6]<-"Olhos" #Atribuindo nome ao novo objeto
> names(dados)
[1] "nome"    "Idade"  "Altura"    "Notas_Ing" "sexo"            "Olhos"
> length(dados)                          #Total de objetos da lista
[1] 6
> dados[7:8]<-c(10,9.8)
> dados<-c(dados,list("Comprido",28))
> names(dados)[7:10]<-c("Nota_Cie","Nota_Port","Cabelo","DiaNasc")
```

6.4 Excluindo Objetos de uma Lista

Seguindo o modelo da inclusão, há quatro alternativas para efetuar a exclusão de objetos em uma lista:

1) nome_lista$nome_objeto<-NULL

2) nome_lista[[i]]<-NULL (índice associado ao i-ésimo objeto da lista)

3) nome_lista[i:j] <-NULL – Exclui os objetos entre os índices i e j.

4) nome_lista["nome_objeto"]<-NULL

EXEMPLOS DE EXCLUSÃO DE OBJETOS DE UMA LISTA

```
#Informações sobre um aluno
> aluno<-list(idade=20,sexo="M",notas_mat=c(9,10),notas_port=c(8,9))
> aluno["sexo"]<-NULL
> aluno
$`idade`
[1] 20
$notas_mat
[1]  9 10
```

```
$notas_port
[1] 8 9
> aluno[[2]]<-NULL
> aluno
$`idade`
[1] 20
$notas_port
[1] 8 9
> aluno$idade<-NULL
> aluno
$`notas_port`
[1] 8 9
```

```
#Lista com vetores
>dados2<-list(v1=1:10,v2=20:11,v3=sample(20,10), v4=sample(c("A","B"),10,T),v5=runif(10))
>dados2$v1<-NULL
>dados2[[2]]<-NULL
>dados2["v4"]<-NULL
> dados2
$v2
 [1] 20 19 18 17 16 15 14 13 12 11
$v5
 [1] 0.4408308 0.6636457 0.7118543 0.2878842 0.5495971 0.5575012 0.9036381 0.1957675
0.1535497 0.7069297
```

OBSERVAÇÃO: A função **as.list** converte um conjunto de valores em uma lista e a função **unlist** efetua o processo inverso. Se, ao aplicar a função **as.list**, pelo menos um dos campos que será convertido for do tipo character, todos os campos da lista serão convertidos como tipo caracter. De igual forma, ao aplicar a função **unlist**, sendo um dos campos caracter, será produzido um vetor de caracteres.

OBSERVAÇÃO: A função **is.list** retorna o valor lógico TRUE se o objeto avaliado corresponde a uma lista.

EXEMPLO DE UTILIZAÇÃO DAS FUNÇÕES as.list, unlist e is.list

```
> x<-as.list(c(1,2,100))
> x
[[1]]
```

```
[1] 1
[[2]]
[1] 2
[[3]]
[1] 100
> is.list(x)
[1] TRUE
> y<-as.list(c("Maya",7,1:2))
> y
[[1]]
[1] "Maya"
[[2]]
[1] "7"
[[3]]
[1] "1"
[[4]]
[1] "2"
> z<-unlist(x)
> is.vector(z)
[1] TRUE
> unlist(y)
[1] "Maya" "7"    "1"    "2"
```

OBSERVAÇÃO: É possível produzir objetos do tipo lista a partir de outros objetos do tipo lista. Isto pode ser feito utilizando a função de concatenação **c** e a função **list**. Ainda neste sentido, se um dos objetos que será concatenado não for do tipo lista, tudo será transformado em uma lista.

```
> X<-c(list(a=1,b=2),list(4))
> X
> X
$`a`
[1] 1
$b
[1] 2
[[3]]
[1] 4
```

```
#Concatenação de uma lista com um vetor produzindo uma lista
> X<-c(list(a=1,b=2),2:4)
```

```
> X
$`a`
[1] 1
$b
[1] 2
[[3]]
[1] 2
[[4]]
[1] 3
[[5]]
[1] 4
> X<-c(list(a=1,b=2),matrix(1:4,2,2))
> X
$`a`
[1] 1
$b
[1] 2
[[3]]
[1] 1
[[4]]
[1] 2
[[5]]
[1] 3
[[6]]
[1] 4
```

6.5 As Funções lapply e sapply

Assim como a função **apply**, as funções **lapply** e **sapply** fazem parte da "família de funções" do R que foram concebidas, especificamente, para permitir a aplicação de funções em objetos do tipo lista de uma forma mais prática e eficiente. A partir da utilização dessas funções, podem ser realizadas várias operações em listas, sem a necessidade de utilizar uma estrutura de repetição do R.

Funcionam de forma equivalente à função **apply**, ou seja, quando combinadas com uma função específica, aplicam essa função em cada um dos componentes da lista.

Forma: **lapply(X,FUN,...).** O argumento **X** corresponde a uma lista ou vetor atômico e o argumento **FUN** corresponde à função que será aplicada (disponível em um dos pacotes do R ou desenvolvida pelo próprio usuário). O resultado da aplicação dessa função será um objeto do tipo lista, com o mesmo tamanho de **X**.

Forma: **sapply(X,FUN,...,simplify=TRUE).** Os argumentos **X e FUN** são equivalentes aos argumentos utilizados na função **lapply**. O argumento **simplify**, cujo default é TRUE, permite o retorno de valores em vetor ou matriz.

EXEMPLOS DE UTILIZAÇÃO DAS FUNÇÕES lapply e sapply

```
> notas_calculo<-sample(10,5)
> notas_algebra<-sample(10,5)
> nota<-list(notas_calculo,notas_algebra)
> nota
[[1]]
[1]  9  7  8 10  6
[[2]]
[1] 4 7 3 9 1
#Retorna a média das notas de Cálculo e Álgebra
>medias<-lapply(nota,mean)
>medias
[[1]]
[1] 8
[[2]]
[1] 4.8
#Retorna a nota máxima de Cálculo e de Álgebra
> lapply(nota,max)
[[1]]
[1] 10
[[2]]
[1] 9
> sapply(nota,max)        #Retorna em um vetor a nota máxima de cada disciplina
[1] 10  9
> sapply(nota,mean)       #Retorna a média de cada disciplina
[1] 8.0 4.8
```

```
#Lista com matriz e vetor
> X<-list(A=matrix(1:9,3,3),b=c(1:5))
> X
$A
     [,1] [,2] [,3]
[1,]    1    4    7
[2,]    2    5    8
[3,]    3    6    9
$b
[1] 1 2 3 4 5
> lapply(X,sum)           #Soma os elementos da matriz e do vetor
$A
[1] 45
$b
[1] 15
> lapply(X,is.matrix)  #Verifica se cada um dos objetos da lista é uma matriz
$A
[1] TRUE
$b
[1] FALSE
#Lista com duas matrizes
> u<-list(a=matrix(1:9,3,3),b=matrix(sample(20,9),3,3))
> u
$a
     [,1] [,2] [,3]
[1,]    1    4    7
[2,]    2    5    8
[3,]    3    6    9
$b
     [,1] [,2] [,3]
[1,]   12    4    2
[2,]    8   13   19
[3,]   14    1    9
```

```
> lapply(u,sum) #Soma as entradas de cada uma das matrizes na lista
$a
[1] 45
$b
[1] 82
> lapply(u,colSums)    #Retorna a soma por coluna de cada uma das matrizes
$a
[1]  6 15 24
$b
[1] 34 18 30
```

OBSERVAÇÃO: É possível combinar as funções **apply** e **lapply**. Conforme exemplo a seguir, **L** é uma lista composta por duas matrizes. Deve-ser determinar, para cada uma das linhas dessas matrizes, o valor mínimo. Ao aplicar a função **lapply**, cada uma das matrizes associada à lista **L** é copiada para o objeto **X**. Por sua vez, como **X** é referenciado como o primeiro argumento de **apply**, cada linha de **X** é utilizada para aplicação da função **min**.

```
> L<-list(matrix(sample(10,4),2),matrix((1:9)^2,3,3))
> L
[[1]]
     [,1] [,2]
[1,]    9   10
[2,]    5    2
[[2]]
     [,1] [,2] [,3]
[1,]    1   16   49
[2,]    4   25   64
[3,]    9   36   81
> lapply(L,function(X) apply(X,1,min))
[[1]]
[1] 9 2
[[2]]
[1] 1 4 9
```

6.6 Um pouco de Regressão Linear – Função lm

A regressão linear[1] é o método de previsão básico para os estatísticos e cientistas de dados. Se você está tentando, por exemplo, prever uma quantidade numérica, como lucro, custo ou volume de vendas, uma primeira alternativa a ser avaliada é a aplicação de uma regressão linear. A regressão linear modela o valor esperado de uma quantidade numérica, chamada de variável de resposta, em termos de uma ou mais variáveis independentes (ou explicativas).

[1] Maiores detalhes sobre este tópico podem ser encontrados na referência [9].

Dada uma coleção de dados amostrais, a equação de regressão (regressão linear simples) para uma variável independente x e uma variável dependente y é dada por:

$$\hat{y} = b_0 + b_1 x \,,$$

sendo b_0 o intercepto de y e b_1 a inclinação (coeficiente angular). No caso de p variáveis explicativas, a equação tem a seguinte forma:

$$\hat{y} = b_0 + b_1 x_1 + b_2 x_2 + \cdots + b_p x_p$$

Neste item, vamos apresentar dois exemplos da aplicação do modelo de regressão linear no R, considerando a utilização da função **lm** e operador de fórmula "~" que, nesse caso, expressa a relação entre a variável resposta e uma ou mais variáveis explicativas (respectivamente, regressão linear simples e múltipla). Essa função retorna as informações da aplicação do modelo de regressão em uma lista.

Exemplo1: Um economista quer determinar se existe uma relação linear entre o produto interno bruto (PIB) de um país (em trilhões de dólares) e as emissões de dióxido de carbono (CO2) (milhões de toneladas). Neste exemplo, CO2 está associado à variável y e PIB à variável x. Calculamos a correlação linear entre CO2 e PIB e aplicamos a função **lm**.

```
>PIB<-c(1.6,3.6,4.9,1.1,0.9,2.9,2.7,2.3,1.6,1.5)

>CO2<-(428.2,828.8,1214.2,444.6,264.0,415.3,571.8,454.9,358.7,573.5)

>cor(PIB,CO2)

[1] 0.8824691

#O operador ~ expressa a relação entre a variável resposta CO2 e variável explicativa PIB

>z=lm(CO2~PIB)

>z

Call:

lm(formula = CO2 ~ PIB)

Coefficients:

(Intercept)          PIB

      102.3        196.2
```

Temos a equação

$\hat{y} = 102.3 + 196.2\ x$

Aplicando as funções[2] **plot** e **abline** apresentamos os pontos associados às variáveis CO2 e PIB e a reta estimada de

[2] Estas funções serão apresentadas com detalhes no capítulo sobre gráficos.

regressão.

```
> plot(PIB,CO2)
> abline(z)
```

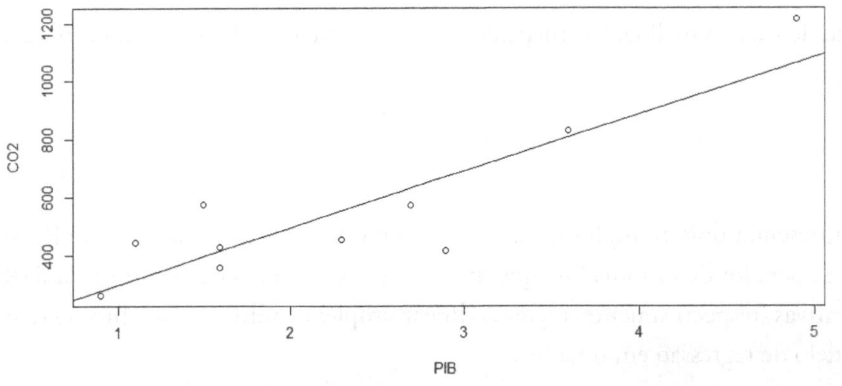

Figura 22 – Variáveis PIB e CO2 e a reta de regressão

Aplicando a função **summary** no objeto z, temos informações detalhadas em relação ao modelo regressão, quais sejam: estatísticas dos resíduos, coeficientes estimados com respectivos testes de significância, erro padrão dos resíduos, coeficiente de determinação R^2 e R^2-ajustado e teste F da tabela ANOVA, para testar a hipótese H_0:b_1=0.

Neste exemplo, o valor do coeficiente de determinação (R^2) é igual a 0.7788, representando o quanto a variação de CO2 pode ser explicada pela variação do PIB. Além disso, podemos verificar que o coeficiente b_1 é significativo (p-valor encontrado foi da ordem de 10^{-4}), ou seja, o PIB influencia significativamente CO2.

```
>resultados<-summary(z)
>resultados
Call:
  lm(formula = CO2 ~ PIB)


Residuals:
  Min        1Q   Median      3Q      Max
-255.830  -59.432  -1.379  99.999  176.983


Coefficients:
  Estimate Std. Error t value Pr(>|t|)
(Intercept)   102.29      95.93   1.066 0.317416
PIB           196.15      36.96   5.306 0.000723 ***
  ---
  Signif. codes:  0 '***' 0.001 '**' 0.01 '*' 0.05 '.' 0.1 ' ' 1
```

```
Residual standard error: 138.3 on 8 degrees of freedom
Multiple R-squared:  0.7788,     Adjusted R-squared:  0.7511
F-statistic: 28.16 on 1 and 8 DF,  p-value: 0.0007227
```

```
names(resultados)
 [1] "call"            "terms"           "residuals"      "coefficients"
 [5] "aliased"         "sigma"           "df"             "r.squared"
 [9] "adj.r.squared" "fstatistic"      "cov.unscaled"
```

Exemplo2: Um pesquisador deseja determinar como os salários de empregados de certa companhia estão associados com tempo no emprego (anos), tempo de experiência (anos) e anos de estudo. Para efetuar tal análise, ele utiliza uma amostra de 8 empregados e aplica o modelo de regressão linear.

```
>salario<-c(57310,57380,54135,56985,58715,60620,59200,60320)
>t_emprego<-c(10,5,3,6,8,20,8,14)
>t_experiencia<-c(2,6,1,5,8,0,4,6)
>t_educacao<-c(16,16,12,14,16,12,18,17)
#O símbolo + permite separar as variáveis explicativas
>z<-lm(salario~t_emprego+t_experiencia+t_educacao)
> z
Call:
lm(formula = salario ~ t_emprego + t_experiencia + t_educacao)
Coefficients:
  (Intercept)      t_emprego  t_experiencia     t_educacao
      49764.4          364.4          227.6          266.9
```

Temos a equação:

$$\hat{y} = 49764.4 + 364.4x_1 + 227.6x_2 + 266.9x_3$$

6.7 Exercícios Resolvidos

Exe-1: Construa uma lista que tenha uma matriz 2x2 e um vetor de 10 posições (valores à escolha do freguês).

```
>lista<-list(vetor=seq(2,20,2),
matriz=matrix(sample(10,4),2,2))
```

Exe-2: Construa uma lista L que tenha três objetos correspondentes a três matrizes 5 x 5 (utilize para cada matriz a função **sample**(10,25,T)). Em seguida, determine o menor elemento de cada matriz em L e o elemento que mais se repete (primeira ocorrência) em cada matriz.

```
> m1=matrix(sample(10,25,T),5,5)
> m2=matrix(sample(10,25,T),5,5)
> m3=matrix(sample(10,25,T),5,5)
>lista<-list(m1,m2,m3)
>menor<-lapply(lista,min)
>z=lapply(lista,table)
>y=lapply(z,which.max)
>numeros<-as.numeric(lapply(y,names))
```

Exe-3: Construa uma lista com o seu nome, a sua idade, o nome do seu time e o seu número de irmãos. Em seguida, adicione nessa lista os nomes das disciplinas que você está cursando.

```
>lista<-list(nome="Joao",idade=34,time="Barcelona",numero_irmaos=1)
>lista$disciplinas<-c("Documentária","Probabilidade","Cálculo II")
```

Exe-4: Seja L uma lista definida por:

`L<-list(a1=seq(2,20,2),a2=1:10,a3=sample(20,10))`

Construa uma matriz M cujas as colunas sejam formadas pelos elementos dessa lista.

```
>L<-list(a1=seq(2,20,2),a2=1:10,a3=sample(20,10))
>M<-cbind(L[[1]],L[[2]],L[[3]])
#Alternativamente
>M<-sapply(L,unlist)
```

Exe-5: Construa uma lista formada por dez elementos correspondentes às dez primeiras linhas do triângulo de Pascal. Sugestão: Utilize a função **choose**.

```
>pascal<-list(choose(1,0:1),choose(2,0:2),choose(3,0:3),choose(4,0:4),choose(5,0:5),
choose(6,0:6),choose(7,0:7),choose(8,0:8),choose(9,0:9),
choose(10,0:10))
alternativamente
>linhas<-as.matrix(1:10)
>pascal<-apply(linhas,1,function(l) choose(l,0:l))
```

Exe-6: Construa uma lista formada por cinco vetores de dimensão 5, utilizando runif(5). Em seguida, calcule o produto escalar entre todos os vetores da lista, tomados dois a dois.

```
> vetores<-apply(replicate(5,runif(5)),2,as.list)
> combs<-combn(5,2)
>apply(combs,2,function(index)unlist(vetores[[index[1]]])%*%unlist(vetores[[ind
ex[2]]]))
```

Exe-7: Considere

```
L<-list(BA=sample(4,80,T),TV=sample(5,80,T),CO=sample(3,80,T)).
```

Essa lista contém, para 80 domicílios de uma amostra, o número de banheiros (BA), o número de televisores (TV) e o número de computadores (CO). Utilize a função **lapply** (ou sapply) para obter as seguintes informações: número máximo de banheiros, de televisores e de computadores (variáveis) e o resumo dos cinco números para cada uma dessas variáveis.

```
>L<-list(BA=sample(4,80,T),TV=sample(5,80,T),CO=sample(3,80,T))
> maximos<-lapply(L,max)
> resumo<-lapply(L,summary)
```

Exe-8: Crie uma lista que contenha os quadrados dos números entre 0 e 9 no 1º componente, depois os quadrados entre 10 e 19 no 2º componente, até que a lista tenha 10 componentes.

```
> i<-as.matrix(1:10)
>apply(i,1,function(i) list((((i-1)*10) :(10*i-1))^2))
```

Exe-9: Construa uma lista que tenha três objetos n1, n2 e n3 (associados às notas obtidas por 50 alunos em três avaliações). Para definir os valores de cada um desses objetos, utilize o seguinte comando: **sample**(0:10,50,replace=TRUE). Uma vez construída a lista, determine, para cada um desses objetos, a média e o desvio padrão.

```
> n1<-sample(0:10,50,TRUE)
> n2<-sample(0:10,50,TRUE)
> n3<-sample(0:10,50,TRUE)
> M<-list(n1=n1,n2=n2,n3=n3)
> media_desvio<-cbind(unlist(lapply(M,mean)), unlist(lapply(M,sd)))
#Alternativamente
> media_desvio<-cbind(sapply(M,mean),sapply(M,sd))
```

Capítulo 7

Fatores

Este tipo de objeto está associado a muitas operações sofisticadas que são efetuadas no R como, por exemplo, operações feitas de forma tabular.

Fatores são um tipo especial de vetores concebidos para armazenar variáveis categóricas. São exemplos desse tipo de variável:

1) **Partido**: Democrata e Republicano;
2) **Qualidade do Produto**: Ótimo, Bom, Razoável, Ruim, Péssimo;
3) **Grau de Instrução**: Primeiro Grau, Segundo Grau, Terceiro Grau;
4) **Cor ou Raça**: Branca, Preta, Parda, Amarela, Indígena.

Internamente, um fator é armazenado como um conjunto de valores associados a um atributo denominado "levels", o qual contém os diferentes valores da variável categórica.

7.1 Criando um Fator

Um fator é criado através da função **factor** ou da função **gl**.
As formas de utilização dessas funções são:

```
nome_objeto_fator<-factor(lista_valores),
```

sendo o argumento **lista_valores** correspondente um vetor numérico ou de caracteres.

```
nome_objeto_fator<-gl(n,k,length=n*k,labels,ordered=FALSE)
```

n = número de níveis (levels), **k** = número de replicações do fator, **labels**=vetor com rótulos associados aos fatores, **ordered**=indica se o resultado é ordenado ou não.

EXEMPLOS DE CRIAÇÃO DE FATORES

```
#Partidos
> tipo_partido<-factor(c("Esq","Dir","Esq","Dir","Dir"))
> tipo_partido
[1] Esq Dir Esq Dir Dir
Levels: Dir Esq
> levels(tipo_partido)     #Retorna os nomes dos níveis (categorias) de um fator
[1] "Dir" "Esq"
```

```
> as.vector(tipo_partido)    #Converte um fator em um vetor de caracteres
[1] "Esq" "Dir" "Esq" "Dir" "Dir"
#Estudo
> gl(3,2,labels=c("1o","2o","3o"))
[1] 1o 1o 2o 2o 3o 3o
Levels: 1o 2o 3o
#Grupo de Tratamento e Controle
> gl(2,8,labels=c("Controle","Tratamento"))
 [1] Controle   Controle   Controle   Controle   Controle   Controle   Controle   Controle
Tratamento Tratamento Tratamento Tratamento Tratamento Tratamento Tratamento Tratamento
Levels: Controle Tratamento
#Sexo
> x<-sample(c("Masc","Femi"),8,replace=TRUE)
> x
[1] "Femi" "Masc" "Masc" "Femi" "Masc" "Masc" "Femi" "Femi"
> is.factor(x)  #Verifica se um objeto é do tipo fator
[1] FALSE
> fatsexo<-as.factor(x)  #Converte x para um fator
> fatsexo
[1] Femi Masc Masc Femi Masc Masc Femi Femi
Levels: Femi Masc
> is.factor(fatsexo)
[1] TRUE

#Notas
> notas<-factor(c(9,8,10,9,8))
> notas
[1] 9  8  10 9  8
Levels: 8 9 10
```

7.2 Alterando um Fator

Ao adicionar um novo elemento a um objeto do tipo fator, podemos considerar dois casos: (i) Já existe o nível (level) correspondente a esse elemento; (ii) Não existe o seu nível correspondente.

OBSERVAÇÃO: Mesmo sem atribuir, inicialmente, todos os valores correspondentes aos níveis, é possível definir previamente todos os níveis e atribuir esses valores a posteriori. O último exemplo ilustra esta observação.

EXEMPLOS DE ALTERAÇÃO DE UM FATOR

```
> classificacao<-factor(sample(c("A","B"),10,replace=TRUE))
> classificacao
 [1] A B B A A B A A B A
Levels: A B
#Adicionando novos elementos associados a um nível já existente
> classificacao[11]<-"A"
> classificacao[12:14]<-c("A","B","B")
> classificacao
 [1] A B B A A B A A B A A A B B
Levels: A B
> levels(classificacao)[3]<-"C"  #Adicionando novo nível
> classificacao
 [1] A B B A A B A A B A A A B B
Levels: A B C

> classificacao[15]<-c("C")  #Adicionando novo elemento
> classificacao[16:18]<-c("C","C","A")
> classificacao
 [1] A B B A A B A A B A A A B B C C C A
Levels: A B C
#Definindo um fator com os níveis A, B, C  e  D
> conceito<-factor(c("A","A","B","C","A"),levels=c("A","B","C","D"))
> conceito
[1] A A B C A
Levels: A B C D
> conceito[6:9]<-c("A","D","D","B")
> conceito
 [1] A A B C A A D D B
Levels: A B C D
```

7.3 Tabulação Simples e Cruzada, Totais e Proporções

Para realizar uma tabulação simples com um fator, ou uma tabulação cruzada, considerando dois ou mais fatores (ou vetores) de mesmo comprimento, pode-se utilizar a função **table**, já apresentada no capítulo três. No caso de utilização de três ou mais fatores, será produzido um array.

EXEMPLOS DE TABULAÇÃO

```
> sexo<-c("F","M","M","F","M")
> grau<-factor(c("1o","2o","1o","3o","2o"))
> sal<-factor(c("Alto","Baixo","Alto","Alto","Alto"))
> sal
[1] Alto  Baixo Alto  Alto  Alto
Levels: Alto Baixo
#Total de elementos em cada nível
> table(grau)
grau
1o 2o 3o
 2  2  1
#Retorna o resultado da tabulação de dois fatores em uma matriz
>table(grau,sexo)
    sexo
grau F M
  1o 1 1
  2o 0 2
  3o 1 0
> table(sexo,grau)
    grau
sexo 1o 2o 3o
   F  1  0  1
   M  1  2  0
> tb<-table(sexo,grau,sal)
> is.array(tb)
[1] TRUE
> tb
       , , sal = Alto
          grau
       sexo 1o 2o 3o
          F  1  0  1
          M  1  1  0
       , , sal = Baixo
          grau
       sexo 1o 2o 3o
          F  0  0  0
          M  0  1  0
```

Uma vez realizada a operação de tabulação, é possível obter totais ou proporções por linha ou coluna, utilizando, respectivamente, as funções **margin.table** e **prop.table**.

```
Forma: margin.table(x,margin) e prop.table(x,margin).
```

O argumento **x** corresponde ao objeto obtido a partir da aplicação da função **table** e o argumento **margin** indica se os totais ou proporções serão calculados por linha (valor 1) ou por coluna (valor 2).

EXEMPLOS COM AS FUNÇÕES margin.table e prop.table

```
> margin.table(table(grau,sexo),1)
grau
1o 2o 3o
 2  2  1
> margin.table(table(grau,sexo),2)
sexo
F M
2 3
> prop.table(table(grau,sexo),1)
    sexo
grau   F   M
  1o 0.5 0.5
  2o 0.0 1.0
  3o 1.0 0.0
> prop.table(table(grau,sexo),2)
    sexo
grau         F         M
  1o 0.5000000 0.3333333
  2o 0.0000000 0.6666667
  3o 0.5000000 0.0000000
> prop.table(table(sal,sexo),2)
       sexo
sal             F         M
  Alto  1.0000000 0.6666667
  Baixo 0.0000000 0.3333333
```

```
> prop.table(table(sal,sexo),1)
        sexo
sal         F    M
  Alto   0.5 0.5
  Baixo 0.00 1.00
```

7.4 A Função tapply

Para manipular fatores de forma similar àquela baseada na função **apply**, temos a função **tapply**.

Forma: **tapply(X, INDEX, FUN = NULL, ..., simplify = TRUE)**

O argumento **X** corresponde, tipicamente, a um vetor. O argumento **INDEX** contém um ou mais vetores ou fatores (combinados em uma lista) com mesmo comprimento que **X**. Assim como nas outras funções desta família, o argumento **FUN** está associado à função que será aplicada e o argumento **simplify**, se FALSE, retorna um array de lista. Se TRUE (default), retorna um array de escalar.

Basicamente, considerando a associação entre os elementos de **X** e o(s) elemento(s) definido(s), a partir do(s) vetor(es) ou fator(es) definido(s) em **INDEX**, são construídos grupos (categorias) e aplicada a função em **X**, considerando a distribuição das observações de **X** em cada uma dessas categorias.

O total de grupos obtidos a partir da aplicação dessa função corresponde ao total de elementos obtidos a partir do produto cartesiano entre as categorias de cada um dos vetores ou fatores.

Suponha que temos as rendas (em mil reais) de um conjunto de setores censitários, e que cada um desses setores seja classificado como urbano (U) ou rural (R). Desejamos determinar a renda média e a renda total por tipo de setor. Ou suponha que tenhamos, para um conjunto de alunos, informações sobre nota, sexo e escola de procedência (pública ou privada).

EXEMPLOS COM A FUNÇÃO tapply

```
> renda_setor<-c(18000,5000,4000,30,100)
> tipo_setor<-c("U","R","U","R","R")
#Cálculo da renda média por tipo de setor (tipo_setor é tratado como um fator)
> tapply(renda_setor,tipo_setor,mean)
   R     U
 1710 11000
#Cálculo da soma das rendas por tipo de setor (tipo_setor é tratado como fator)
> tapply(renda_setor,tipo_setor,sum)
   R     U
```

```
 5130 22000
#Exemplo considerando o sexo e as notas de dez alunos
> nota<-sample(5:10,10,replace=TRUE)
> sexo<-sample(c("F","M"),10,replace=TRUE)
> nota
 [1] 5 5 6 7 8 5 7 7 9 9
> sexo
 [1] "F" "F" "M" "M" "M" "F" "F" "M" "F" "F"
> tapply(nota,sexo,max)  #Nota máxima por sexo
F M
9 8
#Escola de procedência (Privada = Pa e Pública=Pu)
> estudo_<-sample(c("Pa","Pu"),10,replace=TRUE)
> estudo_
 [1] "Pu" "Pa" "Pu" "Pu" "Pu" "Pu" "Pu" "Pa" "Pu" "Pa"
> tapply(nota,estudo_,mean)
      Pa       Pu
7.000000 6.714286
#Com mais de um fator, considera todas as combinações  das categorias e aplica a função em
cada combinação (que corresponde a um grupo)
> tapply(nota,list(sexo,estudo_),max)
  Pa Pu
F   9  9
M  7 8

> classe<-c("A","A","B","A","B","A","B","B","A","B")
> tapply(nota,list(sexo,estudo_,classe),max)  #Cria um array
, , A
  Pa Pu
F  5  9
M NA  7
, , B
  Pa Pu
F  9  7
M  7  8
```

OBSERVAÇÃO: No último exemplo do quadro anterior, ao aplicar a função **tapply**, foi gerado um valor NA. Isso ocorreu porque nem todos os grupos possíveis definidos a partir do produto cartesiano das categorias têm, pelo menos, uma observação.

7.5 As Funções split, by e cut

Diferentemente da função **tapply**, que divide um vetor em grupos, e aplica uma função (FUN) em cada grupo, a função **split** apenas divide os dados armazenados em um vetor em grupos definidos por um fator ou vetor, sem aplicar uma função. O resultado da aplicação é uma lista.

```
Forma:  split(x,f,...)
```

O argumento **x** corresponde a um vetor ou data frame contendo os objetos que serão divididos em grupos. O argumento **f** é vetor ou lista de fator(es) que será(ão) utilizado(s) para definir os grupos. Os elementos associados a **x** e **f** devem ter igual comprimento, pois a função considera uma correspondência entre as suas posições de mesmo índice.

EXEMPLOS COM A FUNÇÃO split

```
# Siglas dos estados e códigos de regiões
> estados<-c("RJ","SP","MG","RS","ES","SC","PR")
> regiao<-c(1,1,1,2,1,2,2)
#Agrupa os estados de acordo com código da região
> split(estados,regiao)
$`1`
[1] "RJ" "SP" "MG" "ES"
$`2`
[1] "RS" "SC" "PR"
# Renda, sexo e grau
> renda<-c(1000,500,240,2400,700,800)
> sexo<-c("F","M","M","F","F","M")
> grau<-c(2,1,1,3,1,2)
#Agrupamento da renda por  sexo
> split(renda,sexo)
$F
[1] 1000 2400  700
$M
[1] 500 240 800
#Agrupamento da renda por  grau
```

```
> split(renda,grau)
$`1`
[1] 500 240 700
$`2`
[1] 1000  800
$`3`
[1] 2400
#Agrupamento da renda por sexo e grau
 > split(renda,list(sexo,grau))
$F.1
[1] 700
$M.1
[1] 500 240
$F.2
1] 1000
$M.2
[1] 800
$F.3
[1] 2400
$M.3    #Não há aluno do sexo masculino com 3° grau
numeric(0)
```

A função **by** é utilizada com a mesma finalidade do que a função **tapply**, porém, em geral, é aplicada em um data frame ou matriz. Forma: **by(data,INDICES,fun,...)**.

O argumento **data** corresponde a um data frame ou matriz sobre o qual será aplicada a função definida no argumento **fun**. O argumento **INDICES** contém um fator ou lista de fatores (que determina(m) a segmentação da base, ou seja, os grupos) com comprimento igual ao número de linhas do argumento **data**. No exemplo a seguir temos a aplicação da função **by**, considerando os dados do arquivo "3303302_VAR.csv", utilizado no capítulo 5.

Vamos criar um fator, considerando a variável DPP, que corresponde ao total de domicílios particulares permanentes por setor. O fator corresponde ao porte do setor.

```
> arq<-read.table("3303302_VAR.csv",sep=";",dec=".",header=TRUE)
> options(digits=15)
> names(arq)
[1] "Setor" "DPP" "PropDPPBanheiro" "RendNomTotal"
> arq[1:2,]
Setor   DPP   PropDPPBanheiro    RendNomTotal
```

```
1 330330205000001 343 1.000000000000000        394288
2 330330205000002 196 1.000000000000000        250834
#Cria fator correspondente ao porte do setor
> arq$tam<-as.factor(ifelse(arq$DPP>=200,"M","P"))
#Calcula a média do rendimento nominal pelo porte do setor
> options(digits=7)
> by(arq,arq$tam,function(x) mean(x$ RendNomTotal))
arq$tam: M
[1] 1325558
------------------------------------------------------------
arq$tam: P
[1] 512118.2
#Média em relação à proporção de banheiros de acordo com fator fB
> fB<-as.factor(ifelse(arq$PropDPPBanheiro>=0.98,"Satisf","Insatisf"))
> by(arq,fB,function(x) mean(x$PropDPPBanheiro))
fB: Insatisf
[1] 0.7634853
------------------------------------------------------------
fB: Safisf
[1] 0.9980613
```

Finalmente, a partir da aplicação da função **cut** é possível produzir fatores. Mais especificamente, dado um vetor **x**, ao aplicar essa função é produzido, inicialmente, um conjunto de "intervalos" ou "caixas", sendo determinado, em seguida, em qual dos intervalos ou caixas está cada um dos elementos de **x**.

Forma: **cut(x,breaks,labels,...)**

O argumento **x** corresponde a um vetor. O argumento **breaks** pode ser definido com um único valor, determinando o número de intervalos em que **x** será dividido, ou através de um vetor correspondente aos pontos de corte. O argumento **labels** define os rótulos associados às categorias.

EXEMPLOS COM A FUNÇÃO cut

```
> idades<-sample(7:18,20,T)
> idades
 [1]  8 13 14  8 15 18  7  7 13 16 12 15 18  9 11  8  9 10 10 13
> cut(idades,3)
```

```
 [1] (6.99,10.7] (10.7,14.3] (10.7,14.3] (6.99,10.7] (14.3,18]   (14.3,18]   (6.99,10.7]
(6.99,10.7] (10.7,14.3] (14.3,18]   (10.7,14.3] (14.3,18]   (14.3,18]   (6.99,10.7]
(10.7,14.3] (6.99,10.7] (6.99,10.7] (6.99,10.7] (6.99,10.7] (10.7,14.3]
Levels: (6.99,10.7] (10.7,14.3] (14.3,18]
> fatorid<-cut(idades,3,labels=c("1","2","3"))
> fatorid
 [1] 1 2 2 1 3 3 1 1 2 3 2 3 3 1 2 1 1 1 1 2
Levels: 1 2 3
> table(fatorid)
fatorid
 1 2 3
9  6  5
```

7.6 Exercícios Resolvidos

Exe-1: Construa um data frame com 40 registros e que tenha os seguintes campos: sexo, grau de instrução, estado civil e renda. Considere as seguintes atribuições para a construção do data frame:

```
para sexo (sample(c("F","M"),40,T))
para grau de instrução (sample(c(1,2,3),40,T))
para o estado civil (sample(c("S","C","D","V"),40,T)) e
para renda  (2000*runif(40,0,1))
```

Uma vez construído o data frame: (i) transforme os campos sexo, grau de instrução e estado civil em fatores; (ii) Faça a tabulação cruzada dos fatores sexo e grau de instrução e dos fatores sexo e estado civil; (iii) Utilize a função **split** combinando o sexo e a renda (diretamente do data.frame); (iv) utilize a função **tapply** para calcular a renda média, considerando o cruzamento de sexo e grau de instrução.

```
>dados<-data.frame(sexo=sample(c("F","M"),40,T),
grau=sample(c(1,2,3),40,T),
estado=sample(c("S","C","D","V"),40,T),renda=(2000*runif(40,0,1)))
>fator_sexo<-as.factor(dados[[1]])
>fator_grau<-as.factor(dados[[2]])
>fator_estado<-as.factor(dados[[3]])
>table(fator_sexo,fator_grau)
>table(fator_sexo,fator_estado)
>split(dados$renda, dados$sexo)
>tapply(dados$renda,list(fator_sexo,fator_grau),mean)
```

Exe-2: O arquivo POPBRASIL.xlsx contém, para cada município do Brasil, a população por área urbana e rural desagregada por sexo. As variáveis do arquivo são: MUNIC, REGIAO, TOTHU, TOTMU, TOTHR, TOTMR (Nome Município, Grande Região, Total de homens e mulheres em área urbana e em área rural). Utilizando a função **by**, determine a população total (variável derivada) por REGIAO e pelos cruzamentos de TOTHU e REGIAO e TOTMR e REGIAO.

```
>library(readxl)
>POPBRASIL <- read_excel("POPBRASIL.xlsx")
>POPBRASIL$TOTAL<-apply(POPBRASIL[,2:5],1,sum)
>attach(POPBRASIL)
>by(TOTAL,REGIAO,sum)
>by(TOTHU,REGIAO,sum)
>by(TOTMR,REGIAO,sum)
```

Exe-3: Foi realizada uma eleição em uma cidade onde haviam 3 candidatos, e 4000 eleitores compareceram às urnas. Os vetores a seguir trazem, respectivamente, o número de cada candidato (33, 44 ou 55) que cada um dos eleitores votou, o sexo ("M","F") de cada um dos eleitores e o seu grau de instrução ("1o","2o","3o"). Utilizando as funções **sample e factor**, defina esses vetores como fatores e efetue as seguintes tabulações cruzadas (proporções por linha e coluna): voto x sexo e voto x grau.

```
>voto<-factor(sample(c(33,44,55),4000,T))
>sexo<-factor(sample(c("M","F"),4000,T))
>grau<-factor(sample(c("1o", "2o", "3o"),4000,T))
>prop.table(table(voto,sexo),1)
>prop.table(table(voto,sexo),2)
>prop.table(table(voto,grau),1)
>prop.table(table(voto,grau),2)
```

Exe-4: Os vetores M, R e S definidos a seguir estão associados, respectivamente, à nota que 2000 candidatos obtiveram em um concurso, sua região de origem e sexo.

```
N<-sample(0:10,2000,T)
R<-sample(c("S","SE","N","NE","CO"),2000,T)
S<-sample(c("M","F"),2000,T)
```

Aplique a função **tapply** para obter a média das notas por região, por sexo e por região e sexo.

```
>tapply(N,R,mean)
>tapply(N,S,mean)
>tapply(N,list(R,S),mean)
```

Exe-5: Considere a lista e o fator abaixo:

```
L<-list(compras=sample(1000:2000,500),
              pessoas=sample(500:1000,500),
              valor=sample(100000:200000,500))

area=factor(sample(1:3,500,replace=TRUE))
```

Os campos compras, pessoas e valor correspondem, respectivamente, aos totais de itens comprados nas 500 filiais de uma loja de departamentos, ao total de pessoas que visitaram cada uma dessas filiais e ao valor total das compras. O fator area corresponde à área onde fica localizada cada uma das filiais. Utilizando essa lista e o fator, determine, para cada um dos elementos de **L**, por area, os valores médio, mediano e o máximo. **Sugestão:** Para obter tais resultados faça uma combinação das funções **lapply** e **tapply**.

```
>L<-list(compras=sample(1000:2000,500),pessoas=
sample(500:1000,500), valor=sample(100000:200000,500))

>area=factor(sample(1:3,500,replace=TRUE))
>media<-lapply(L,function(x) tapply(x,area,mean))
>mediana<-lapply(L,function(x) tapply(x,area,median))
>maximo<- lapply(L,function(x) tapply(x,area,max))
```

Capítulo 8

Estruturas de Seleção e Repetição

Assim como em outras linguagens de programação, o R possui as estruturas de seleção **if** e **if else** e as estruturas de repetição **for, while** e **repeat**[1]. A despeito da existência dessas estruturas, em função de vários exemplos apresentados nos capítulos anteriores, é possível concluir que, no caso do R, a sua utilização é necessária, de fato, em casos específicos.

Isto é explicado, tendo em vista que o R pode realizar muitas operações de forma vetorizada, pela disponibilização de um substancial número de funções (**ifelse**, **which**, **apply** etc), concebidas com o objetivo de produzir resultados que, a princípio, só poderiam ser produzidos mediante a utilização dessas estruturas de controle "tradicionais".

OBSERVAÇÃO: Nesses dois tipos de estruturas, caso haja mais de um comando (bloco de comandos), tais comandos serão delimitados por chaves "{" "}". Havendo apenas um comando subordinado à estrutura, a utilização desse delimitador é facultativa.

OBSERVAÇÃO: No caso do bloco de comandos, caso o usuário deseje colocar mais de um comando em uma mesma linha, basta utilizar o separador ";".

8.1 A Estrutura if

Esta estrutura, também conhecida como estrutura de seleção simples, condiciona a execução de um comando ou bloco de comandos do R de acordo com avaliação de uma condição. Tal condição corresponde a uma expressão que envolve, em geral, um vetor atômico e a utilização de um ou mais operadores relacionais e operadores lógicos. No caso do **if else**, também conhecida como estrutura de seleção composta, se a condição associada ao **if** não for satisfeita, é executado o comando ou bloco de comandos subordinado ao **else**.

A seguir, são apresentadas as alternativas quanto à utilização dessas estruturas.

```
1ªAlternativa:
             if (condição) comando1
2ªAlternativa:
             if (condição) comando1  else  comando2
#O comando2 deve ficar na mesma linha do else
3ªAlternativa:
             if (condição)
                    { comando1              #bloco de comandos
                      comando2
                      ...
                    }
```

[1] Por ser, em geral, a estrutura menos utilizada dentre as três estruturas de repetição, e poder ser substituída pela estrutura while, tal estrutura não será abordada neste livro.

```
4ªAlternativa:
          if (condição)
            {comando1                    #bloco de comandos
             comando2
             ...
             } else
             comando1'
         if (condição)
            {comando1                    #bloco de comandos
            comando2
            ...
            } else
           {comando1'                    #bloco de comandos
            comando2'
            ...
            }
```

OBSERVAÇÃO: Os parênteses após **if**, utilizados para especificar a condição, são obrigatórios.

OBSERVAÇÃO: O delimitador "}" e o **else** devem ficar na mesma linha.

EXEMPLOS COM AS ESTRUTURAS if e if else

#Calculando o valor de $\sqrt{x+10}$

```
> x<-8
> if (x>0) print(sqrt(x+10))  #Função print mostra resultado na tela
[1] 4.242641
```

#Calculando o valor de $\sqrt{x_2+2}\,/\sqrt{x_1^2-4}$

```
> x<-scan()
1: 4
2: 5
3:
Read 2 items
> if (x[2] >=-2 & (x[1]>2 | x[1]< -2)) print(sqrt(x[2]+2)/sqrt(x[1]^2-4))
[1] 0.7637626
#Avaliando as raízes de uma equação do 2° grau
> a<-1
> b=-7
> c<-12
> delta<-b^2-4*a*c
```

```
> if(delta>=0) print("Raízes Reais ") else print("Raízes Complexas")
[1] "Raízes Reais "
#Avaliando e imprimindo as raízes de uma equação do 2° grau
> delta<-b^2-4*a*c
> if(delta>=0)
   {print("Raízes Reais ")
    print((-b+sqrt(delta))/(2*a))
    print((-b-sqrt(delta))/(2*a))
   } else {print("Raízes Complexas")}
 [1] "Raízes Reais "
[1] 4
[1] 3
#Classifica um triângulo como equilátero, isósceles ou escaleno em função de seus lados.
Utilizando if else e ifelse.
>L<-c(3,4,5)
> if ((L[1]==L[2]) & (L[2]==L[3]))
    {print("EQUILATERO")
     }else
       {if((L[1]==L[2]) | (L[1]==L[3])  | (L[2]==L[3]))
          {print("ISOSCELES")
          }else {print("ESCALENO")}
       }
[1] "ESCALENO"
#2ª Alternativa com dois ifelse  encadeados
>tipo<-ifelse((L[1]==L[2]) & (L[2]==L[3]),"EQUILATERO",
  ifelse((L[1]==L[2]) | (L[1]==L[3])  | (L[2]==L[3]),"ISOSCELES","ESCALENO"))
```

Questão: O que ocorre ao utilizar um vetor (com mais de uma posição) combinando um operador relacional na **condição** implementada no **if**?

Resposta: Ocorre um "*warning*" e a condição é avaliada em relação à 1ª posição do vetor. O comando ou bloco de comandos associado ao cumprimento da condição é executado se a primeira posição do vetor satisfaz à condição. Vide exemplo abaixo:

```
> x<-1:5
> if(x>0) print(x^2)      #x[1]>0
[1]  1  4  9 16 25
Warning message:
In if (x > 0) print(x^2) :
  the condition has length > 1 and only the first element will be used
> x<-c(-2,1,5)
> if(x>0) print(x^2)     #x[1] < 0
Warning message:
In if (x > 0) print(x^2) :
  the condition has length > 1 and only the first element will be used
```

8.2 A Estrutura for

Em geral, utiliza-se a estrutura de repetição **for**, quando há a necessidade de repetir um comando ou bloco de comandos e há o conhecimento prévio do número total de repetições que deve ser realizado.

```
Forma:   for(var in sequencia) comando1

           for(var in sequencia)
              {comando1   #bloco de comandos
               comando2
               "...."
              }
```

Nessa estrutura, o argumento **var** corresponde ao nome da variável utilizada para controle do total de repetições (iterações). O argumento **sequencia** corresponde a uma expressão que determina o número total de repetições implementadas na estrutura; podendo ser definido, por exemplo, como uma sequência de valores utilizando o operador ":" , pela função **seq** ou até mesmo por um vetor.

EXEMPLOS COM A ESTRUTURA for

```
#Imprime os valores de i entre 1 e 5 elevados ao quadrado
> for(i in 1:5) print(i^2)
[1] 1
[1] 4
[1] 9
[1] 16
[1] 25
```

```
#Imprime os valores de i entre 2 e 10
> for(i in seq(2,10,2)) print(i)
[1] 2
[1] 4
[1] 6
[1] 8
[1] 10
#Imprime o fatorial entre 1 e 8
> x<-1:8
> for(i in x) print(factorial(i))
[1] 1
[1] 2
[1] 6
[1] 24
[1] 120
[1] 720
[1] 5040
[1] 40320
#Contrói uma matriz com três linhas
> m<-NULL
> for(i in 1:3) {m<-rbind(m,seq(2,10,2)*i);print(m)}
     [,1] [,2] [,3] [,4] [,5]
[1,]    2    4    6    8   10
     [,1] [,2] [,3] [,4] [,5]
[1,]    2    4    6    8   10
[2,]    4    8   12   16   20
     [,1] [,2] [,3] [,4] [,5]
[1,]    2    4    6    8   10
[2,]    4    8   12   16   20
[3,]    6   12   18   24   30

#Gera os seis primeiros termos da sequência de Fibonacci
>F<-c(1,1)
> n<-2
> for(n in 3:6)
  {cat(" n ",n-1," F[n] = ",F[n-1],"\n")
   F[n]<-F[n-1]+F[n-2]
   }
```

```
 n 2  F[n] =  1
 n 3  F[n] =  2
 n 4  F[n] =  3
n 5  F[n] =  5
n 6  F[n] =  8
```

#for encadeado - simulação do lançamento de 2 dados para gerar todos pares

```
>pares<-NULL
>for(f1 in 1:6)  {for(f2 in 1:6)  {pares<-rbind(pares,c(f1,f2))}}
> pares[1:5,]
     [,1] [,2]
[1,]    1    1
[2,]    1    2
[3,]    1    3
[4,]    1    4
[5,]    1    5
```

#OU

```
>pares<-matrix(0,36,2)
>cont<-0
>for(f1 in 1:6)
{for(f2 in 1:6)        {cont<-cont+1;pares[cont,]<-c(f1,f2) }}
```

#Seleciona 100 amostras de tamanho 10 de um conjunto X, calcula a média e a média das médias

```
>X<-runif(100)*1000
>n<-10
>soma<-0
>for(a in 1:100)
  { x<-sample(X,n)
    media<-mean(x)
    soma<-soma+media
  }
>media_das_medias<-soma/100
```

#for implementado com valores de caracteres e valores não consecutivos

```
> x<-c("a","b","c")
> for(i in x) {print(i)}
>y<-c(-1,4,8,10)
>for (i in y) cat("Valor de i = ",i,"ao quadradro =",i^2,"\n")
```

OBSERVAÇÃO: A função **cat** permite apresentar na tela um conjunto de valores concatenados (textos, valores numéricos etc.). O "\n" indica que a função imprimirá a informação na tela, mudando de linha em seguida.

8.3 A Estrutura while

A estrutura de repetição **while** é utilizada quando a repetição de um comando ou bloco de comandos estiver condicionada à satisfação de uma ou mais condições, ou seja, enquanto essa(s) condição(ões) for(em) satisfeita(s) ou até deixar(em) de ser satisfeita(s). Cada condição corresponde a uma expressão lógica que é utilizada no início (ou "entrada") da estrutura **while**. Forma:

```
while (cond) comando1

while (cond)
  { comando1                    #bloco de comandos
    comando2
    "..."
  }
```

Nessa estrutura, o argumento **cond** corresponde à expressão lógica que será avaliada a cada repetição do comando ou do bloco de comandos. O resultado dessa avaliação corresponde a um valor lógico (TRUE ou FALSE). Enquanto o resultado da expressão for verdadeiro (TRUE), o comando ou bloco de comandos será repetido.

OBSERVAÇÃO: De forma a garantir que um comando ou um bloco de comandos sejam executados, pelo menos, uma vez, a expressão avaliada deve ser inicialmente TRUE. Ainda neste sentido, de forma a garantir que um comando ou um bloco de comandos sejam repetidos um número finito de vezes, ou seja, que o programa não entre em um "loop infinito", em algum momento a expressão avaliada deve ficar falsa.

EXEMPLOS COM A ESTRUTURA while

```
#Imprime valores de x menores que 7
> x<-2
> while(x<6) {x<-x+1; print(x)}
[1] 3
[1] 4
[1] 5
[1] 6

#Imprime o total de meses para dívida ultrapassar o montante de 10000, considerando uma taxa de 15% ao mês
>divida<-1000
>taxa<-1.15
>total_meses<-0
```

```
>while (divida<10000)
    {total_meses<-total_meses+1
     divida<-divida*taxa
    }
>print(total_meses)
#Determinando o zero da máquina
> epsilon<-1
> while(epsilon>0)
  {epsilon<-epsilon/2
   print(epsilon)
  }
#Imprime a soma de um conjunto de n valores (cada valor entre 1 e 50) até que soma≥10000
> soma<- sample(50,1)
>ns<-0
>while(soma<10000)
  { print(soma)
    ns<-ns+1
    soma<-soma+sample(50,1)
  }
 > cat("Total de Valores ",ns)
```

8.4 Vetorização e Velocidade de Execução

Quando escrevemos programas em linguagens como C, Pascal e FORTRAN, por exemplo, para que o programa seja executado, deve-se, em um primeiro passo, compilar o código-fonte (programa). Essa compilação, por sua vez, otimiza a forma como as estruturas de repetição utilizam a memória do computador, o que implica tornar mais rápida a execução dos "loops" e, consequentemente, do programa com um todo.

No que diz respeito ao R, por conta de não haver essa etapa para a execução do código-fonte (programa), partes do programa que fazem o uso de estruturas de repetição tendem a ser executadas mais lentamente. Assim sendo, em várias situações, de forma a acelerar o processamento, é possível utilizar certos recursos do R que remetem ao que chamamos vetorização, em detrimento à utilização de estruturas de repetição e seleção.

Essa observação é importante, tendo em vista que, em alguns programas implementados em R, como aqueles que remetem, por exemplo, às simulações e a algoritmos que demandam muitas iterações, se o usuário não estiver atento a esse aspecto; dispensando a utilização desses recursos, isso pode impactar seriamente a performance do programa, ou seja, demandar um substancial tempo computacional.

Em geral, o usuário pode escrever um conjunto de comandos de várias maneiras. Todavia, pensando no R e na questão da eficiência (tempo computacional), deve-se levar em conta: (i) a forma de aplicar os testes lógicos, (ii) a ideia de subconjunto, (iii) que os operadores aritméticos e o operador de atribuição são vetorizados, (iv) que boa parte das funções em R são vetorizadas.

Um programa do R implementado à luz desses aspectos tem, geralmente, certa qualidade; mais especificamente, é um código vetorizado e, consequentemente, mais rápido.

Os exemplos que serão apresentados a seguir mostram, a partir da avaliação do tempo computacional (em segundos), esse ganho de eficiência, medido com as funções **system.time** e **proc.time**.

A função **system.time** pode ser aplicada em uma expressão que corresponde a um único comando ou bloco de comandos subordinado a uma estrutura de repetição, por exemplo. Já a função **proc.time** tem efeito ao ser utilizada antes (marcando o tempo inicial) e depois (tempo final) da chamada de um comando ou bloco de comandos.

Essas duas funções retornam um vetor cuja as duas primeiras componentes dizem respeito ao tempo que o computador leva para executar a chamada ao(s) comando(s) e o tempo de comunicação do sistema em relação à chamada. A terceira componente, a que de fato interessa, agrega o tempo total de processamento consumido pelo R para executar o comando ou bloco de comandos.

Todos os exemplos reportados a seguir foram executados em um computador dotado de um processador I7 de 3.4 GHz e 24 GB de RAM.

O primeiro exemplo traz três alternativas quanto ao cálculo do valor absoluto para cada entrada de um vetor: (i) uma forma não vetorizada, baseada na estrutura **for**, combinada com a estrutura **if** para manipular cada elemento do vetor; (ii) combinando o conceito de subconjunto e o teste lógico, sem utilizar as estruturas **for** e **if**, ou seja, uma forma vetorizada e (iii) utilizando a função **abs**.

EXEMPLOS DE VETORIZAÇÃO

```
#Constrói vetor aleatório de 1s e -1s 10.000.000 de posições e calcula módulo
> v<-sample(c(-1,1),10000000,T);vc<-v
#1ª Alternativa
> tempo<-system.time(for(i in 1:length(v))   { if(v[i]<0) {v[i]<--v[i]}})
> print(tempo)
  usuário   sistema decorrido
     0.84      0.00      0.84
#2ª Alternativa
> v<-vc
> tempo<-proc.time()
> negs<-v<0
> v[negs]<-v[negs]*-1
> tempo<-proc.time()-tempo #Diferença entre tempos para o tempo decorrido
> print(tempo)
```

```
  usuário   sistema decorrido
     0.08      0.03      0.19
#3ª Alternativa
> v<vc
> system.time(v<-abs(v))
  usuário   sistema decorrido
     0.03      0.00      0.04

#Realizar a operação z<-x+y, sendo x e y dois vetores de mesmo tamanho
>x<-runif(5000000)
>y<-runif(5000000)
>system.time(z<-x+y)
usuário   sistema decorrido
     0.00      0.02      0.02
>z<-rep(0,length(x))
>system.time(for(i in 1:5000000) {z[i]<-x[i]+y[i]})
usuário   sistema decorrido
     0.53      0.00      0.51
# Verifica se todos os elementos de um vetor satisfazem uma condição
>x<-sample(10000000,50000000,T)
>system.time(all(x<5))
  usuário   sistema decorrido
     0.14      0.05      0.21
> todos<-TRUE
> system.time(for(i in 1:50000000) if(x[i]>=5) {todos<-FALSE})
  usuário   sistema decorrido
     3.81      0.00      3.57
# Encontra o máximo de cada linha de uma matriz
> X<-matrix(runif(5000^2),5000,5000)
> M<-NULL
> tempo<-proc.time()
> for(i in 1:dim(X)[1])
   {maximo<-X[i,1]
    for(j in 2:dim(X)[2]) {if(X[i,j]>maximo) {maximo<-X[i,j]}}
    M<-c(M,maximo)
   }
> tempo<-proc.time()-tempo
> print(tempo)
  usuário   sistema decorrido
```

```
    2.04       0.00       2.05
> system.time(M<-apply(X,1,max))
  usuário   sistema decorrido
    0.31       0.12       0.44
```

Os exemplos apresentados indicam que, sempre que for possível, o usuário deve procurar escrever seu código de forma vetorizada; tentando evitar o uso de estruturas de repetição e/ou seleção combinadas. Ou seja, ao ter que implementar o código, o usuário deve buscar as várias funções disponíveis no R, em particular, as funções da família **apply**, que são funções intrinsecamente vetorizadas. Ainda neste sentido, também é possível melhorar a performance dos programas utilizando os recursos de paralelismo disponíveis no R, conforme será apresentado no capítulo 11.

8.5 Exercícios Resolvidos

Exe-1: Considere que um vetor v seja construído a partir da seguinte atribuição: v<-runif(100). Calcule a norma de v utilizando: **(i)** conceitos de vetorização e **(ii)** a estrutura de repetição **for**.

```
>v<-runif(100)
>norma<-sqrt(v%*%v)
#Ou
>soma<-0
>for(i in 1:length(v)) {soma<-soma+v[i]^2}
>norma<-sqrt(soma)
```

Exe-2: Considere a sequência definida por x_n=1/n (n inteiro ≥1). Gere os 200 primeiros termos dessa sequência utilizando a estrutura de repetição **while** e determine a soma desses termos.

```
>soma_xn<-0
>n<-0
>while(n<200)
   {n<-n+1
    print(1/n)
    soma_xn<-soma_xn+1/n
  }
>print(soma_xn)
#Ou
>print(1/1:200)
>sum(1/1:200)
```

Exe-3: Construa uma lista (com for) formada por 5 matrizes de tamanho 3x3. Em seguida, calcule o determinante dessas matrizes, utilizando: **(i)** a estrutura **for** e **(ii)** a função **lapply**.

```
> la<-NULL
> for(i in 1:5){ la<-c(la,list(matrix(sample(20,9),3,3)))}
> lapply(la,det)
#Ou
> for(i in 1:5) print(det(la[[i]]))
```

Exe-4: Considere a função $f(x)=x^2+5x$. Utilize a estrutura **for** para armazenar os valores de f(xo) em um vetor F, considerando xo=1,1.1,1.2,1.3,...,10. Apresente, também, uma solução sem utilizar a estrutura **for**.

```
>F<-rep(0,91)
>for(i in 0:90) {xo<-(1+0.1*i); F[i+1]<- xo^2+5*xo}
#Ou
> xo<-1+(0:90)*0.1
> F<-xo^2+5*xo
```

Exe-5: Utilizando a estrutura **while**, escreva um conjunto de comandos que possibilite gerar n valores reais utilizando a função **runif**, e que imprima: a soma desses valores e o total de valores, quando for gerado um valor inferior a 0.1.

```
>valor<-runif(1)
>soma<-0
>n<-0
>while(valor>=0.1)
  { soma<-soma+valor
    n<-n+1
    valor<-runif(1)
  }
>cat("soma ",soma," Total de valores ",n,"\n")
```

Exe-6: Considere as matrizes:

```
A<-matrix(sample(1000,250000,T),500,500) e
```

```
B<-matrix(sample(1000,250000,T),500,500)
```

Efetue o produto matricial entre A e B utilizando o operador de produto matricial e efetue o mesmo produto utilizando a estrutura de repetição **for**. Apresente os tempos de processamento.

```
>A<-matrix(sample(1000,250000,T),500,500)
>B<-matrix(sample(1000,250000,T),500,500)
>tempo<-proc.time()
>M<-A%*%B
>tempo<-proc.time()-tempo
>cat("Tempo em segundos do produto com o operador ",tempo[3],"\n")
#Ou
>M<-matrix(0,500,500)
>tempo<-proc.time()
>for(i in 1:500)
 {for(j in 1:500)
   { soma<-0
     for(k in 1:500)
       {soma<-soma+A[i][k]*B[k][j]
       }
     M[i,j]<-soma
   }
 }
>tempo<-proc.time()-tempo
>cat("Tempo em segundos do produto com o for ",tempo[3],"\n")
#Ou
>tempo<-proc.time()
>M<-matrix(0,500,500)
>for(i in 1:500)
  {for(j in 1:500)
    { soma<-sum(A[i,]*B[,j])
      M[i,j]<-soma
    }
  }
>tempo<-proc.time()-tempo
>cat("Tempo em segundos do produto com o for ",tempo[3],"\n")
```

Exe-7: Dado um número inteiro n, utilize a estrutura **for** para armazenar todos os seus divisores em um vetor. Em seguida, considerando o conceito de vetorização, resolva sem o **for**?

```
>divisores<-1
>n<-28 #Exemplo
>for(i in 2:(n%/%2)) {if(n%%i==0) {divisores<-c(divisores,i)}}
>divisores<-c(divisores,n)
#Ou
>n<-28
>x<-1:n
>divisores<-x[n%%x==0]
```

Exe-8: Defina dois números inteiros positivos n1 e n2 e utilize a estrutura **for** para armazenar todos os números primos entre n1 e n2. Proponha uma segunda solução sem o **for.**

```
>n1<-5
>n2<-180
>primos<-NULL
>for(i in n1:n2)
  { td<-0 #Total divisores
    for(j in 1:i) {if (i%%j==0) {td<-td+1}}
    if (td==2) {primos<-c(primos,i)}
  }
#Ou
>n1<-5
>n2<-180
>u<-n1:n2
>primos<-u[apply(as.matrix(n1:n2),1,function(n)sum(ifelse(n%%1:n==0,1,0)))==2]
```

Capítulo 9

Criando Funções no R

Assim como em outras linguagens de programação, na linguagem R, uma função (function) pode ser definida como um subprograma que recebe um ou mais argumentos, e que retorna um valor, ou uma lista de valores, após realizar um conjunto de operações.

A ideia, a partir de agora, é "quebrar" os comandos escritos na área do Console do R em subprogramas, isto é, funções escritas pelo usuário. Uma das vantagens de se trabalhar com funções é tornar o código mais fácil de ler e entender e, consequentemente, de ser alterado, depurado e ter os seus erros corrigidos.

Além disso, a utilização de funções permite a reutilização do código, mais especificamente, há certos programas em que um conjunto de comandos é utilizado várias vezes. Neste caso, é interessante que esses comandos sejam associados a funções. Com isso, o usuário torna o seu código de programação menor e mais organizado.

9.1 Elementos de uma Função

Uma função tem três elementos principais, a saber: **(1)** o seu cabeçalho e uma lista de argumentos; **(2)** o corpo da função e **(3)** o ambiente onde ela é definida.

O cabeçalho corresponde ao nome da função + palavra "**function**" + lista de argumentos (entre parênteses). A lista de argumentos, por sua vez, corresponde a um conjunto de objetos cujos nomes são separados por vírgulas e utilizados no interior da função, isto é, vetores atômicos, vetores, matrizes, arrays, data frames, listas, fatores e outras funções.

Conforme será observado através de exemplos, na chamada a uma função, os valores ou objetos são copiados (associados) aos nomes dos argumentos definidos no seu cabeçalho.

```
                                   #Cabeçalho da função
nome_funcao<-function(argumento_1, argumento_2,...,argumento_n)
    {comandos
      return(lista_valores)
     }
```

ou

```
                                   #Cabeçalho da função
nome_funcao<-function(argumento_1, argumento_2,...,argumento_n)
     {comandos
      nome_funcao<-lista_valores
     }
```

Neste ponto, pode-se observar que a forma de definir os argumentos é mais simples do que em outras linguagens, mais especificamente, em linguagens como C e JAVA, por exemplo, o usuário precisa especificar, para cada argumento no cabeçalho da função, qual é o tipo considerado (inteiro, real, caracter etc.). No caso do R, o que determina o tipo é como o argumento é utilizado dentro da função, ou seja, se é manipulado como um vetor, matriz etc.

O corpo de uma função é formado por um bloco de comandos, isto é, contempla quaisquer funções do R, estruturas de seleção e repetição etc. O ambiente da função é o ambiente ativo onde ela foi implementada. Isso determina que tipo de objetos são visíveis pela função; tópico que será abordado mais à frente.

OBSERVAÇÃO: Na linguagem R, um nome de função "sintaticamente" válido consiste em letras, números e os caracteres de ponto ou sublinhado e começa com uma letra ou o ponto não seguido por um número.

Embora haja a possibilidade de escrever as funções diretamente no console do R, ou utilizando um editor de texto qualquer, recomenda-se utilizar o RStudio. Ainda neste sentido, uma função pode ser escrita abrindo-se uma janela destinada a códigos, e pode ser avaliada/executada na janela "Console".

No exemplo a seguir temos uma função que recebe um número inteiro n e retorna uma string informando se esse número é primo ou não.

```
primo<-function(n)
{ divisores<-which(n%%(1:n)==0)
   resultado<-ifelse(length(divisores)==2,"Primo","Não Primo")
 return(resultado)
}
```

A Figura 23 ilustra a utilização do ambiente do RStudio para a escrita da function **primo**. A aba "**Untitled1**" pode ser utilizada para escrever os comandos no R considerando, inclusive, a escrita de uma ou mais funções. Caso essa aba esteja fechada ou o usuário deseje abrir uma nova aba, para digitar outra função, pode selecionar a opção **File** no menu principal, seguida de **NewFile>R Script**.

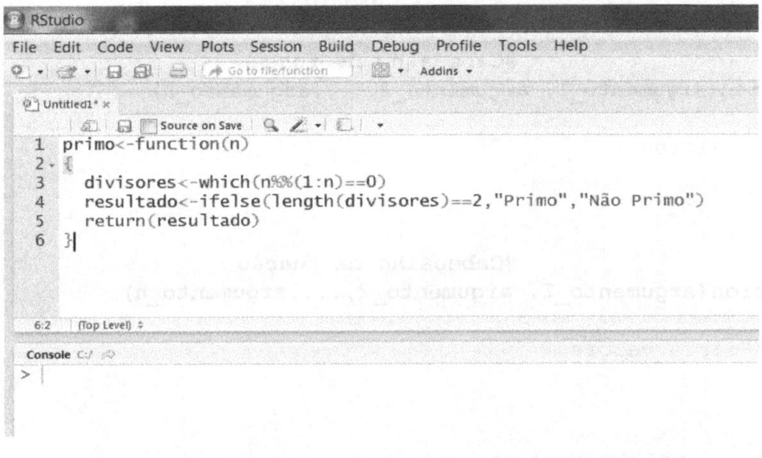

Figura 23- Escrita de uma função no ambiente do RStudio

Uma vez digitada a função ou conjunto de funções, o usuário pode salvar esse arquivo com extensão ".R" (Figura 24), bastando selecionar a opção **File** no menu principal, seguida de **Save As**.

A função definida pode ser avaliada e executada na aba **Console** (Figura 25). Para isso, o usuário pode selecionar todo o código da função e copiar e colar o código nesta aba (após o prompt ">" no Console) ou selecionar a opção "**Source**" assinalada com círculo (Figura 24).

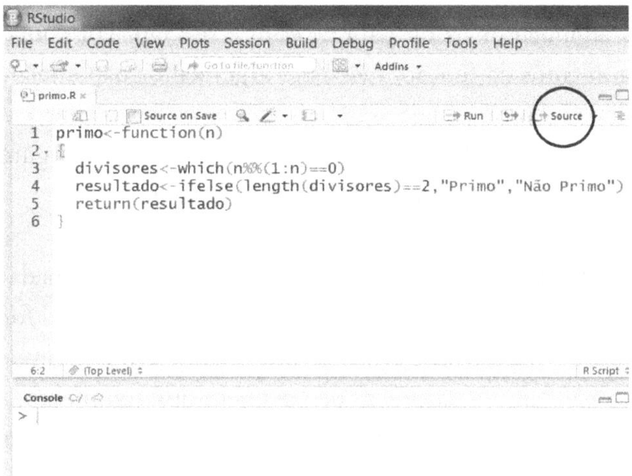

Figura 24 - Escrita de uma função no ambiente do RStudio

Se, após carregar a função no Console, o usuário digitar apenas o seu nome depois do prompt (">"), poderá ver todo o código da função (Figura 25). Além disso, uma vez carregada no Console, a função pode ser executada digitando o seu nome após ">" e passando os seus argumentos, conforme a chamada "primo(8)" ou "primo(17") na Figura 25.

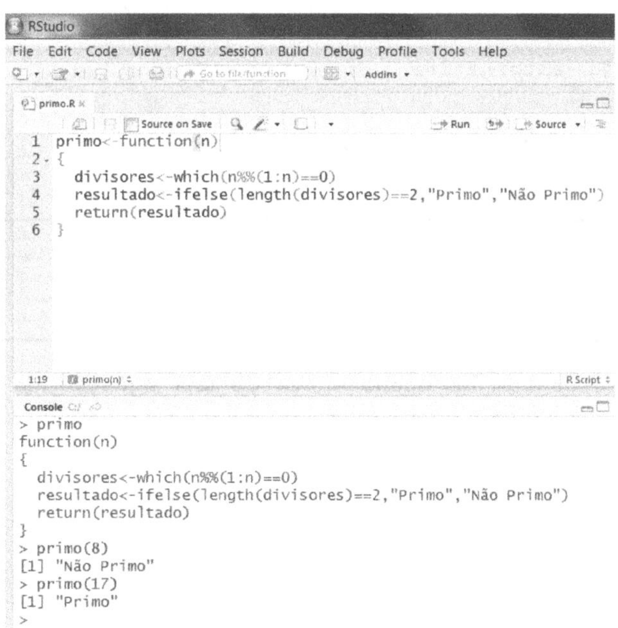

Figura 25 - Chamada da função no Console

OBSERVAÇÃO: Ao efetuar a chamada a uma função, a passagem de seus argumentos pode ser feita, diretamente, através de valores ou de objetos cujos valores tenham sido definidos a priori.

Nos dois casos, é estabelecida uma correspondência entre cada valor passado e o nome do argumento definido no cabeçalho da função. Isto implica que cada valor passado é copiado para um objeto que tem o nome definido na lista de argumentos da **function**, sendo esse(s) objeto(s) utilizado(s) no interior da função.

Os valores são associados aos argumentos na ordem que esses aparecem. Por conta disso, caso o usuário deseje passar, apenas, alguns dos argumentos da função, mas esses argumentos não estejam em sequência, em relação à ordem especificada no cabeçalho da função, é necessário especificar os seus nomes. Ainda neste sentido, se alguns argumentos podem ser omitidos na chamada a uma função, significa que esses argumentos têm valores definidos a priori (default) no seu cabeçalho. Tal questão será abordada mais à frente.

Considere o exemplo da função **Teste** com quatro argumentos. Ao efetuar a chamada a essa função (1ª alternativa), os objetos **X** e **M** são associados, respectivamente, aos argumentos **A** e **C**. De igual forma, os valores 3 e TRUE são associados, respectivamente, aos argumentos **B** e **D**. A **2ª alternativa** tem o mesmo efeito da primeira, sendo útil e necessária, quando o usuário não lembra da ordem de passagem dos argumentos, mas sabe os seus nomes (em relação ao cabeçalho da função). Com isso, se o usuário especificar os nomes dos argumentos, pode fazer a chamada à função passando-os em qualquer ordem, conforme a última linha do exemplo.

```
>Teste<-function(A,B,C,D)
   {#Lista de comandos
   }
> X<-1:10
> M<-matrix(1:4,2,2)
> Teste(X,3,M,TRUE)      #1ª alternativa
> Teste(A=X,B=3,C=M,D=TRUE)
> Teste(B=3,A=X,D=TRUE,C=M)  #2ª alternativa
```

EXEMPLOS DE FUNÇÕES

```
#Função que recebe um vetor com os coeficientes de uma equação do 2° grau e retorna suas raízes e o tipo de raiz
equacao<-function(coefs)
{#coefs - Vetor com os coeficientes da equação do 2° grau
a<-coefs[1]
b<-coefs[2]
cc<-coefs[3]
delta<-b^2-4*a*cc
```

```
if (delta>0)
  {x<-c((-b+sqrt(delta))/(2*a),(-b-sqrt(delta))/(2*a))
   tipo<-"Reais e Diferentes"
  } else {if (delta==0)
          {x<-c((-b+sqrt(delta))/(2*a),(-b-sqrt(delta))/(2*a))
          tipo<-"Reais e Iguais"
          } else
             {x<-complex(0,-b/(2*a),sqrt(abs(delta))/(2*a))
              x<-c(x,Conj(x))
              tipo<-"complexas"
             }
         }
return(list(raizes=x,tipo_raiz=tipo))
}
```

#Função que recebe um vetor ou uma matriz e que retorna os seus valores padronizados (z--escore)

```
padroniza<-function(x)
{#x = um vetor ou uma matriz
if (is.matrix(x)==FALSE) {x=as.matrix(x)}
  {z=NULL
   medias=apply(x,2,mean)
   desvios=apply(x,2,sd)
   numero_variaveis=dim(x)[2]
   for(p in 1:numero_variaveis)
        {z=cbind(z,(x[,p]-medias[p])/desvios[p])}
  }
return(z)
}
```

#Função que recebe um vetor X e dois valores m, n associados, respectivamente, ao número e ao tamanho das amostras que serão selecionadas de X. A função retorna as amostras selecionadas, as médias e os desvios padrão amostrais

```
seleciona_amostras_v1<-function(X,m,n)
{#m número de amostras
 #n tamanho de amostra
amostras<-t(replicate(m,sample(X,n)))
medias<-apply(amostras,1,mean)
desvios<-apply(amostras,1,sd)
```

```
return(list(amostras=amostras,medias=medias,desvios=desvios))
}
seleciona_amostras_v2<-function(X,m,n)
{amostras<-NULL
for(i in 1:m)  {amostras<-rbind(amostras,sample(X,n)) }
medias<-apply(amostras,1,mean)
desvios<-apply(amostras,1,sd)
return(list(amostras=amostras,medias=medias,desvios=desvios))
}
#Função que retorna os divisores de um número inteiro n
divisores<-function(n)
{p<-which(n%%(1:(n%/%2))==0)
return(c(p,n))
}
#Alternativamente
divisores2<-function(n)
{divs<-NULL
 for(i in 1:(n%/%2)) {if (n%%i==0){divs<-c(divs,i)}}
 divs<-c(divs,n)
 return(divs)
}

#Função que retorna, a partir de um vetor numérico X, os candidatos a outliers
outlier<-function(X,range=1.5)
{
medidas<-quantile(X,probs=seq(0,1,0.25))
q1<-medidas[2]
q3<-medidas[4]
aiq<-(q3-q1)
linf<-q1-aiq*range
lsup<-q3+aiq*range
outs<-X[X<linf | X>lsup]
return(list(outs=outs,linf=linf,lsup=lsup))
}

#Função que recebe valores  de um conjunto X (vetor numérico) e que retorna o diâmetro de X
e os pontos associados a esse diâmetro. Obs: Diâmetro corresponde à máxima distância entre
todos os pontos do conjunto X, tomados dois a dois
```

```
diametro<-function(X)
{
N<-length(X)
max_dist<--Inf
for(i in 1:(N-1))
  {for(j in (i+1):N)
    {d<-abs(X[i]-X[j])
     if (d>max_dist) {max_dist<-d; Xi<-X[i];Xj<-X[j]}
     }
   }
return(c(max_dist,Xi,Xj))
}
#Alternativamente
diametrov2<-function(X)
{
cb<-combn(X,2)
D<-apply(cb,2,function(x) abs(x[1]-x[2]))
p<-which.max(D)
return(c(D[p],cb[1,p],cb[2,p]))
}

#Função que recebe um valor n correspondente ao número de lançamentos de um dado de seis faces, e simula o lançamento desse dado, através da estrutura for, retornando as frequências relativas de cada uma das faces
simula_dados_v1<-function(n)
{faces<-rep(0,6)
  for(i in 1:n)
    {valor<-sample(6,1)
     faces[valor]<-faces[valor]+1
    }
return(faces/n)
}

#Alternativamente
simula_dados_v2<-function(n)
{faces<-sample(6,n,T)
return(as.vector(table(faces)/n))
```

```
}
#Função que recebe uma matriz (quadrada) como argumento e que retorna o seu traço e as en-
tradas que estão na triangular superior
matrizcalc<-function(A)
{
traco<-sum(diag(A))
entradas<-A[upper.tri(A)]
return(list(traco=traco,entradas=entradas))
}
#Função que determina o zero da função da forma  f(x)=x²-k, utilizando o método da bissec-
ção. Os argumentos a e b correspondem  aos limites do intervalo [a,b] tal que f(a).f(b)<0
e epsilon corresponde à tolerância
bissecao<-function(a,b,k,epsilon)
{ak<-a;  bk<-b;  it<-0
 xmedio<-(ak+bk)/2
 while(abs(xmedio^2-k)>=epsilon)
   {it<-it+1
    cat("Iteração ",it," xo = ",xmedio,"\n")
    fa<-ak^2-k
    fxm<-xmedio^2-k
    if (fa*fxm <0)   {bk<-xmedio} else  {ak<-xmedio}
    xmedio<-(ak+bk)/2
   }
return(xmedio)
}
```

OBSERVAÇÃO: Uma função escrita no R também pode ser carregada diretamente no Console digitando-se **source(file)**, sendo **file** uma string com nome do diretório + nome da função. Supondo que a função acima tenha sido salva com o nome **bissecao.R** e que a função **setwd** tenha sido utilizada para definir o diretório de trabalho, essa função pode ser carregada no Console, digitando-se na linha de comado do Console (Figura 26): source("bissecao.R").

```
> source("bissecao.R")
> bissecao(1,3,7,0.01)
Iteracao  1  xo =  2
Iteracao  2  xo =  2.5
Iteracao  3  xo =  2.75
Iteracao  4  xo =  2.625
Iteracao  5  xo =  2.6875
Iteracao  6  xo =  2.65625
Iteracao  7  xo =  2.640625
Iteracao  8  xo =  2.648438
[1] 2.644531
>
```

Figura 26 – Carregando uma função no Console

9.2 Variáveis Locais *versus* Globais

Nesta seção será abordado um conceito importante da área de programação, qual seja, o conceito de variável local e variável global. No caso do R, estamos interessados em saber a forma como as variáveis (objetos) definidas no Console, ou dentro de uma função, podem ser referenciadas e utilizadas. Mais especificamente, variáveis definidas dentro de uma função, não são utilizáveis fora da função, sendo definidas como **variáveis locais**.

No exemplo a seguir, **x** corresponde a uma variável local. Caso o usuário tente referenciar **x** logo após a chamada da função **mult** (já carregada no Console), aparecerá uma mensagem de erro, indicando que o objeto não foi encontrado.

```
mult<-function(v)
{#Função que recebe um vetor e multiplica pelo escalar 2
 x<-2
 return(v*x)
 }
> mult(c(1,2,3))
[1] 2 4 6
> x
Error: object 'x' not found
```

Pensando no sentido oposto, caso o usuário tente utilizar, em uma função, uma variável definida na área do Console, não ocorre um erro, uma vez que variáveis definidas fora de uma função são tratadas como **globais**.

No exemplo a seguir, a variável **k** foi definida no Console do R. Em seguida, ao fazer a chamada à função **poli**, passando valor 2, internamente a função calcula o valor do polinômio utilizando o argumento **x** e o valor de **k**, definido exteriormente à função **poli**.

```
poli<-function(x)
{valor<-x^2+2*x+k
 return(valor)
}
> k<-6  #Variável global
> poli(2)
[1] 14
```

Finalmente, se há uma variável com o mesmo nome dentro e fora de uma função, e essa variável tiver o valor alterado dentro da função, tal alteração não terá efeito no ambiente exterior à função. No exemplo a seguir **w** é definida com valor igual 14 no Console. Ao fazer a chamada à função **calcula**, passando o valor 10, internamente **w** é incrementada de 1, passando para 15 e retorno da função será 10*15.

Não obstante, se após a chamada da função o usuário verificar o valor de **w**, vai observar que esse valor continua inalterado.

```
calcula<-function(x)
{ w<-w+1
 return(x*w)
 }
> w<-14
> calcula(10)
[1] 150
> w
[1] 14
```

Questão: Considerando esses conceitos, o que ocorre quando temos uma função que possui outras funções declaradas dentro do seu escopo, mais especificamente, como são tratadas as variáveis?

A função **geral**, apresentada a seguir, tem duas funções declaradas dentro do seu escopo, sejam elas: **escalar** e **escalar2**. Neste caso, as variáveis **x** (passada como argumento) e **a** (declarada no interior da função **geral**) são globais em relação às funções **escalar** e **escalar2**. Já a variável **u** é local em relação à função **escalar2**.

Na chamada "**geral**(c(10,20,30))" o vetor definido por c(10,20,30) é associado à variável **x**. Na chamada v1<--escalar(c(2:4)) o vetor (2,3,4) é associado à variável **y** (declarada como argumento na function **escalar**) e o valor de **x** utilizado nessa função corresponderá ao vetor (10,20,30), passado como argumento para a function **geral**, sendo calculado (10,20,30).(2,3,4) = 20 + 60 + 120 = 200

Na chamada v2<-escalar2(c(2:4)) o vetor (2,3,4) é associado à variável **y** (declarada como argumento na function **escalar2**).

```
geral<-function(x)
 {
 escalar<-function(y)  { return(x%*%y)}
 escalar2<-function(y)  {u<-3; return(a%*%y+u)}
#Corpo principal da função geral
a<-c(1:3)
v1<-escalar(c(2:4))        #Chamada da função escalar dentro da função geral
v2<-escalar2(c(2:4))  #Chamada da função escalar2 dentro da função geral
return(c(v1,v2))
}
> geral(c(10,20,30))
[1] 200 23
```

OBSERVAÇÃO: É possível definir uma **variável global** dentro de uma **função**, mediante a utilização do comando de atribuição "<<-". Ou seja, qualquer variável criada no interior de uma função, considerando essa forma de atribuição, também será visível no Console do R.

```
fg<-function(x)
  {a<<-x+1
  return(0)
   }
> fg(9)
[1] 0
> a
[1] 10
```

OBSERVAÇÃO: Pensando em outras linguagens como C, JAVA etc., o usuário normalmente escreve o seu programa, considerando a inclusão de várias funções que podem ser utilizadas (chamadas) em qualquer parte desse programa.

Trazendo esse raciocínio para o âmbito do R, o usuário pode escrever uma função "maior" que tem um conjunto de argumentos que são utilizados em funções que estão definidas (escritas) dentro dessa função (**func_maior**), conforme exemplo a seguir:

```
func_maior<-function(a1,a2,a3)
{ funcao1<-function(x)   {#comandos}
  funcao2<-function(x,y) {#comandos}
  resultado1<-funcao1(a1)
  resultado2<-funcao2(a2,a3)
  return(list(r1=resultado1,r2=resultado2))
}
```

Isso implica que, após carregar a função **func_maior** para o Console, o usuário pode efetuar a sua chamada e, no seu ambiente, a chamada às funções **funcao1** e **funcao2.** Tal modularização permite deixar a função maior (função que agrega as demais funções) mais organizada e fácil de analisar e corrigir.

9.3 Argumentos Default

Conforme observado desde os primeiros capítulos deste livro, muitas das funções que foram apresentadas têm vários argumentos que podem ser considerados na sua chamada. Todavia, em muitos casos, o usuário acaba utilizando, apenas, um subconjunto desses argumentos na chamada à função.

Ao escrever uma função, o usuário pode definir alguns de seus argumentos (no seu cabeçalho) considerando, o que denominamos, **argumentos default**. Isso implica definir, a priori, os valores de alguns desses argumentos. Assim sendo, mesmo que, na chamada à função, o usuário desconsidere alguns argumentos (sendo esses do tipo default), são adotados os seus valores default.

Na função **calculos**, apresentada a seguir, o segundo argumento tem um valor default. Assim sendo, caso seja efetuada a chamada, passando o vetor **y** como o único argumento, **y** é associado ao argumento **x**, sendo efetuado o produto k*x com o valor default de **k** (k=3). Ao especificar o segundo argumento na chamada "calculos(y,2)", o valor de k será 2.

```
calculos<-function(x,k=3)
 {return(k*x)
 }
> y<-c(1:6)
> calculos(y)
 [1]  3  6  9 12 15 18
> calculos(y,2)
[1]  2  4  6  8 10 12
```

OBSERVAÇÃO: É possível especificar qual (is) argumento(s) receberá(ão) valor(es) diferente(s) do default, bastando, para isso, especificar o(s) seu(s) nome(s), conforme exemplificado na seção 9.1, na função **Teste**, ou conforme o exemplo a seguir que apresenta uma função que tem os seus 3 argumentos do tipo default.

EXEMPLO DE ESPECIFICAÇÃO DE ARGUMENTOS

```
avalia<- function(x = 1, y = 1, z = 1)
 { return(x * 100 + y * 10 + z)
 }
> avalia(2,2)                #Valores são associados a x e y e z fica com valor default
[1] 221
> avalia(y=10)               #x e z ficam com os valores default
[1] 201
> avalia(x=2,y=10)    #z fica com o valor default
[1] 301
> avalia(z=10)               #x e y ficam com os valores default
[1] 120
```

9.4 Recursividade

Uma função recursiva é uma função que faz referência (chamada) a si própria. A recursividade é uma estratégia que pode ser utilizada sempre que o cálculo de uma função para um valor n, pode ser descrito a partir do cálculo dessa mesma função para o termo anterior (n-1).

Toda função recursiva tem um passo básico cujo resultado é imediatamente conhecido e um passo definido como recursivo, no qual é resolvido um subproblema subordinado ao problema inicial.

Em geral, para uma função recursiva há uma versão iterativa correspondente, ou seja, a mesma função implementada com uma estrutura de repetição. Todavia, em muitos casos, pode ser bem complicado estabelecer essa correspondência.

As funções recursivas são, geralmente, mais compactas e de mais fácil entendimento. Mas, por trabalharem com uma pilha (seção da memória), necessitam de alocações e desalocações de memória, o que implica, por sua vez, que podem ser mais lentas quando comparadas com a sua versão iterativa.

Além disso, dependendo do número de chamadas recursivas da função e do número de variáveis (objetos) declarados no seu interior, a capacidade de armazenamento da pilha pode ser ultrapassada (tenta alocar mais memória na pilha de chamadas do que está disponível), implicando em estouro de memória e interrupção prematura da execução do programa (função); antes de a função recursiva retornar o resultado.

Finalmente, de forma a garantir a convergência, ou seja, um número finito de chamadas para a função, deve-se introduzir alguma condição (teste com estrutura de seleção, por exemplo) que seja satisfeita em algum momento; evitando uma "recursividade infinita" e, novamente, o estouro da pilha de memória.

EXEMPLOS DE RECURSIVIDADE

```
#Calcula o fatorial de n n! = n.(n-1).(n-2)...1  (0!=1, 1!=1)
#Sem recursividade
fatorial1<-function(n)
 {fat<-1
   if (n<2) {return(fat)} else {for(k in 1:n) {fat<-fat*k}; return(fat)}
}
#Com recursividade
fatorial2<-function(n)
{ if (n<2) {return(1)} else {return(n*fatorial2(n-1)) }
}
#Calcula a soma de 1²+2²+3²+...+n²
#Sem recursividade
soma1<-function(n)
{soma<-0
for(k in 1:n) {soma<-soma+k^2}
return(soma)
}
#Com recursividade
soma2<-function(n)
{if (n==0)  {soma2<-0} else {return(n^2+soma2(n-1)) }
}
# Calcula o zero da máquina
#Sem recursividade
epsilon1<-function(x=1)
{y<-x
while(y>0)
  {y<-y/2
   print(y)
  }
return(2*y)
}
#Com recursividade
epsilon2<-function(x=1)
{if (x==0)
  {return(x)}
else
```

```
  {print(x)
   epsilon2(x/2)
  }
}
#Calcula o MDC entre dois números inteiros
#Com recursividade
mdc<-function(a,b)
{ if (a==b) {return(a)} else  {if (a>b) {mdc(a-b,b)} else {mdc(b,a)}}}
>mdc(24,18)
[1] 6
#Função que recebe um número n inteiro e retorna o  n-ésimo termo da sequência de Fibonacci
(n=0,1,2,3,...), sendo essa sequência definida pela seguinte relação: fn=fn-1+fn-2   para n≥2
e f0=1 e f1=1; f2=f1+f0=2, f3=f2+f1=2+1=3
fib<-function(n)
{if (n<2) return(1) else return(fib(n-1)+fib(n-2))
}
```

9.5 Passando uma Função como Argumento

Tendo em vista que, no R, uma função também é um tipo de objeto, o usuário pode escrever funções ou utilizar algumas funções implementadas em pacotes do R que utilizarão, como um de seus argumentos, um objeto do tipo **function**. Mais especificamente, na chamada à função, da mesma forma que passamos um vetor, matriz, data frame, lista ou fator como argumentos, podemos passar uma função.

Dentro da função que recebeu outra função como um argumento, podemos fazer referência pelo nome do argumento (da função).

EXEMPLOS DE PASSAGEM DE FUNÇÕES COMO ARGUMENTO

```
#Define  função que recebe uma função g(x) e um ponto xo e calcula f(g(xo)), sendo
f(x)=8x^3+4x^2+5x+10
 >calc<-function(g,xo)
{funcao<-8*g(xo)^3+4*g(xo)^2+5*g(xo)+10
 return(funcao)
 }
> g1<-function(x) {return(sqrt(x))}
> g2<-function(x) {return(x^2+4)}
> calc(g1,1)  #g1 é associada ao argumento g na função calc
```

```
[1] 27
> calc(g2,1)  #g2 é associada ao argumento g na função calc
[1] 1135
# Recebe uma função f(x) e os limites de um intervalo [a,b]. A função deve retornar o valor
da integral definida de f entre a e b
>  f<-function(x) {return(x^2)}
>  integra<-function(fx,a,b)  { return(integrate(fx,a,b)) }
> integra(f,0,1)
0.3333333 with absolute error < 3.7e-15
> integra(f,1,2)
2.333333 with absolute error < 2.6e-14
# Define  uma função que recebe uma matriz A com n colunas correspondentes a n variáveis e
que retorna os valores das colunas de A padronizadas a partir da utilização da função vpad
>pad<-function(X) {return((X-mean(X))/sd(X)) }
> vpad<-function(pd,A)
   {colunas<-dim(A)[2]
    Ap<-NULL
    for(i in 1:colunas)  {Ap<-cbind(Ap,pd(A[,i]))}
    return(Ap)
   }
>A<-matrix(sample(1000,50),ncol=5)
>AP<-vpad(pad,A)  #pad é associada ao argumento pd da função vpad

# Função que recebe um vetor X com 100 valores reais (uniforme entre 0 e 1) e que retorna
os seus quartis e decis a partir da utilização da função qd
>qd<-function(X)
   {quartis<-quantile(X,probs=seq(0,1,0.25))
     decis<-quantile(X,probs=seq(0,1,0.1))
     return(list(quartis=quartis,decis=decis))
   }
>calcula<-function(fqd,X){return(fqd(X))}
>vx<-runif(100)
>resultado<-calcula(qd,vx) #Associa função qd ao argumento fqd
```

OBSERVAÇÃO: Se o usuário desenvolver um código composto por uma ou mais funções, e desejar avaliar quanto tempo computacional cada parte do código está demandando, em particular, descobrir "gargalos", ou seja, quais funções ou trechos de código estão demandando mais tempo, pode utilizar a função **Rprof** (pacote *utils*). Além disso, para comparar as performances de duas ou mais funções, pode ser utilizada a função **microbenchmark**, disponível no pacote *microbenchmark*.

O exemplo a seguir ilustra a forma de utilização da função **Rprof**, considerando a função **calcmat** que recebe a dimensão de duas matrizes quadradas e realiza um conjunto de operações.

A chamada à **calcmat** ocorre entre duas chamadas de **Rprof()**[1]. O comando **invisible** suprime a apresentação do resultado da execução da função na tela. A função **summaryRprof** retorna os tempos de execução (em valor absoluto (total.time) e percentual (total.pct), considerando o tempo total) em relação às operações e funções utilizadas na chamada à função **calcmat**. Pode-se observar que as funções **eigen** e **dist** demandam os maiores tempos computacionais em relação às demais funções e às operações realizadas em **calcmat**.

EXEMPLO COM A FUNÇÃO Rprof

```
>calcmat<-function(n)  #Faz cálculos com duas matrizes A e B
{  A<-matrix(runif(n^2),n,n); B<-matrix(runif(n^2),n,n)
   C<-eigen(A)
   D<-dist(B)
   E<-solve(A+B)
   F<-A%*%B
   return(list(C=C,D=D,E=E,F=F))
}
>Rprof(filename= "Execucao.out")    #Arquivo com resultados
>invisible(calcmat(500))
>Rprof(NULL)
>resultados<-summaryRprof( filename = "Execucao.out")
> resultados$by.total
total.time total.pct self.time self.pct

"calcmat"          1.62      100.00    0.00    0.00    #Tempo total na execução
"eigen"            0.98       60.49    0.96   59.26
"dist"             0.44       27.16    0.44   27.16
"solve.default"    0.10        6.17    0.10    6.17
"solve"            0.10        6.17    0.00    0.00
"%*%"              0.08        4.94    0.08    4.94
"runif"            0.02        1.23    0.02    1.23
"structure"        0.02        1.23    0.02    1.23
"matrix"           0.02        1.23    0.00    0.00
```

[1] Nesta função, o usuário pode alterar o valor default do argumento interval, mais especificamente, utilizar tempos inferiores a 0.02; caso o tempo total de execução da função seja inferior 0.02.

9.6 Exercícios Resolvidos

Exe-1: Escreva uma função que receba um valor n e que gere, internamente, o vetor X definido por X<--rnorm[2](500,100,5). A função deve selecionar, a partir de X, 100 amostras de tamanho n, calcular e retornar a média e o desvio padrão de cada uma dessas amostras.

```
simula<-function(n)
{ X<-rnorm(500,100,5)
amostras<-t(replicate(100,sample(X,n)))
mds<-apply(amostras,1,mean)     #ou colMeans(amostras)
sds<-apply(amostras,1,sd)
return(list(medias=mds,desvios=sds))
}
```

Exe-2: Escreva uma função que receba uma matriz A qualquer e que retorne essa matriz com as entradas ordenadas. Vide exemplo abaixo:

$$A=\begin{bmatrix}7 & -2 & 1\\ 0 & 4 & 9\\ 9 & 3 & 8\end{bmatrix} A(\text{ordenada})=\begin{bmatrix}-2 & 0 & 1\\ 3 & 4 & 7\\ 8 & 9 & 9\end{bmatrix}$$

```
ordena<-function(m)
{
vetor<-sort(as.vector(m))
return(matrix(vetor,dim(m)[1],dim(m)[2],byrow=TRUE))
}
```

Exe-3: Escreva uma função que receba uma matriz (retangular) com todas as entradas **não nulas** e que retorne um valor TRUE ou FALSE. O valor TRUE indica que a matriz tem pelo menos duas linhas LD. **Obs:** Duas linhas são LD se uma linha é múltipla da outra.

```
teste_dependencia<-function(m)
{linhas<-dim(m)[1]
comb_linhas<-combn(linhas,2)
ELD<-FALSE
```

[2] Esta função será apresentada no capítulo que apresenta algumas funções de probabilidade.

```
for(i in 1:dim(comb_linhas)[2])
 {li<-comb_linhas[1,i]
  lj<-comb_linhas[2,i]
  constante<-m[li,1]/m[lj,1]
  if (all(m[li,]/m[lj,]==constante)==TRUE) {ELD<-TRUE}
 }
return(ELD)
}
```

Exe-4: Considere a seguinte sequência $x_n=2x_{n-1}+5x_{n-2}$ ($x_1=3$ e $x_2=4$). Escreva uma função que retorne os n primeiros termos desta sequência e a soma desses termos.

```
sequencia<-function(n)
{xn<-rep(0,n)
 xn[1]<-3
 xn[2]<-4
for(i in 3:n) {xn[i]<-2*xn[i-1]+5*xn[i-2]}
return(list(xn=xn,soma=sum(xn)))
}
```

Exe-5: Escreva uma função que receba um vetor x de tamanho n e que retorne $x_{m1},x_{m2},x_{mk},\ldots,x_{mn}$ (x_{mk} é a média dos k primeiros termos de x).

```
medias<-function(x)
{mds<-NULL
for(i in 1:length(x)) {mds<-c(mds,mean(x[1:i]))}
return(mds)
}
#Alternativamente
medias2<-function(x)
{mds<-cumsum(x)/1:length(x)
return(mds)
}
```

Exe-6: Escreva uma função que receba os data frames associados aos arquivos **base1.csv** e **base2.csv**. Cada um desses data frames tem dois campos denominados, respectivamente, por **codigo** e **valor**. A função deve retornar, em uma lista, os códigos comuns a esses dois arquivos e os totais associados ao campo valor.

```
>d1<-read.table("base1.csv",sep=";",header=TRUE)
>d2<-read.table("base2.csv",sep=";",header=TRUE)
codifica<-function(d1,d2)
 {d1_d2<-sort(intersect(d1$Codigo,d2$Codigo))
  cds<-as.matrix(d1_d2)
  t1<-apply(cds,1,function(cds) sum(d1$Valor[which(d1$Codigo==cds)]))
  t2<-apply(cds,1,function(cds) sum(d2$Valor[which(d2$Codigo==cds)]))
  return(list(cds_comuns=d1_d2,t1=t1,t2=t2))
 }
```

Exe-7: Considere a matriz M<-cbind(runif(100),runif(100)). Cada linha de M contém valores que correspondem aos limites a e b de um intervalo [a,b]. Escreva uma função que receba M e um ponto x gerado por x<-runif(1) e que retorne uma lista com: o número de intervalos e as linhas de M que contêm x.

```
>M<-cbind(runif(100),runif(100))
>x<-runif(1)
intervalo<-function(M,x)
{nint<-0
 nlinhas<-NULL
M<-t(apply(M,1,function(x) sort(x)))
for(i in 1:100)
  {if(x>=M[i,1] & x<=M[i,2])
    {nint<-nint+1;nlinhas<-c(nlinhas,i)}
    }
   return(list(nint=nint,nlinhas=nlinhas))
}
#Alternativamente
intervalo2<-function(M,x)
{ M<-t(apply(M,1,function(x) sort(x)))
 w<-which(apply(M,1,function(it) ifelse((x>=it[1] & x<=it[2]),1,0))==1)
  return(list(nint=length(w),nlinhas=w))
}
```

Exe-8: Escreva uma function que receba um número **n** inteiro positivo e que retorne a seguinte soma 1 + 8 + 27 + 125 +...+n^3. A função deve ser escrita com e sem recursividade.

```
soma_cubos<-function(n)
 {if (n>1) {return(n^3+soma_cubos(n-1))} else {return(1)}}
```

Alternativamente

```
somas_cubos<-function(n){return(sum((1:n)^3))}
```

Exe-9: Escreva uma function que receba dois números inteiros positivos **a** e **b** e que retorne o código 1 se esses números forem relativamente primos e o código 0 caso isso não ocorra. Dizemos que **a** e **b** são relativamente primos se o seu único divisor comum é a unidade.

Ex: 5 e 8 são relativamente primos

```
rel_primos<-function(a,b)
{divisores_a<-which((a%%(1:a))==0)
 divisores_b<-which((b%%(1:b))==0)
 dv_comuns<-intersect(divisores_a,divisores_b)
 if (length(dv_comuns)==1) {return(1)} else {return(0)}
}
```

Exe-10: Escreva uma função que receba uma matriz F_{100x2} com valores reais e um valor inteiro **nd** . Cada uma das linhas de **F** tem os limites **a** e **b** de um intervalo da forma **[a,b]** e **nd** corresponde ao número de divisões dos intervalos (igual para todos os intervalos). Por exemplo, para 1ª linha de F tal que [a,b]=[1.5,3.5] e **nd**=4, teríamos os seguintes pontos: 1.5 2.0 2.5 3.0 3.5. A função deve retornar, para cada um dos intervalos, a média dos valores de $f(x)=x^3+4x+2$, considerando que f(x) é calculada em cada um dos pontos desse intervalo.
Para o 1º intervalo do exemplo acima, média seria [f(1.5)+f(2.0)+f(2.5)+f(3.0)+f(3.5)]/5

```
> F<-cbind(runif(100,0,1),runif(100,0,1))
> media<-function(F,nd)
  {fx<-function(x) {return(x^3+4*x+2)}
   pontos<-t(apply(F,1,function(F) seq(min(F),max(F),(max(F)- min(F))/nd)))
   fxs<-t(apply(pontos,1,function(pontos) fx(pontos)))
   media_fxs<-apply(fxs,1,mean)
  return(media_fxs)
  }
```

Capítulo 10

Manipulação de Strings

O R tem várias aplicações no que diz respeito à manipulação de strings; aplicações essas que vão desde manipulação de datas de nascimento disponíveis, por exemplo, em arquivos de dados associados às pesquisas médicas até aplicações de web scraping[1].

A ideia deste capítulo é apresentar as funções mais importantes para a manipulação de strings (disponíveis no pacote *base* do R) e algumas funções do pacote *stringr*.

Conforme visto no início desse livro, uma string ou um vetor de strings pode ser criado utilizando o caracter ".

EXEMPLOS DE STRINGS

```
> Texto1<-"a"
> Texto1
[1] "a"
> is.character(Texto1)
[1] TRUE
> Texto2<-"AMANDA"
> Texto2
[1] "AMANDA"
> Nomes<-c("AMANDA","LUCIANA","MAYA","ANDRE") #Vetor de strings
> Nomes
[1] "AMANDA"  "LUCIANA" "MAYA"    "ANDRE"
> Nomes[1]
[1] "AMANDA"
```

10.1 Funções de manipulação de string do pacote *base*

O quadro a seguir traz algumas das funções para manipulação de strings disponíveis no pacote *base*.

Quadro 12 – Funções de manipulação	
Função	Finalidade
abbreviate(names.arg, minlength = 4,...)	Abrevia uma string ou vetor de strings (associado ao argumento **names.arg**) considerando o comprimento mínimo (**minlength**) das abreviações, isto é, o número de caracteres

[1] Em linhas gerais, diz respeito à extração de informações incorporadas em uma página da web.

grep(pattern,x,...,value=FALSE) **Obs:** Se value=TRUE, em vez de retornar a(s) posição (ões), retorna a(s) string(s)	Procura uma substring (**pattern**) em uma string (**x**) ou em um vetor de strings. A função retorna código 1 se a substring for encontrada na string. No caso de um vetor de strings, retorna em qual(is) posição (**ões**) do vetor a substring foi encontrada
nchar(x,...)	Retorna o comprimento (número de caracteres) de uma string (**x**) ou os comprimentos das strings em um vetor
substr(x,start,stop)	Retorna a substring (**x**) associada a um conjunto de caracteres entre **start** e **stop**
strsplit(x,split,...)	Separa uma string (**x**) em substrings de acordo com caracter especificado no argumento **split**
regexpr(pattern,text,...) **Obs:** Para encontrar todas as ocorrências, utilizar a função **gregexpr**	Encontra a posição inicial associada à primeira ocorrência de uma substring (**pattern**) em uma string (**text**)
toupper(x), **tolower**(x)	Converte os caracteres associados a uma string (**x**) para maiúsculo e minúsculo, respectivamente

EXEMPLOS DE MANIPULAÇÃO DE STRINGS

```
#Exemplo1
> Nomes<-c("AMANDA","LUCIANA","MAYA","ANDRE")
#Abrevia as strings do vetor Nomes
> Nome2<-abbreviate(Nomes,3)
> Nome2
 AMANDA LUCIANA    MAYA   ANDRE
  "AMA"   "LUC"   "MAY"   "AND"
> Nome3<-abbreviate(Nomes,3,named=FALSE)
> Nome3
[1] "AMA" "LUC" "MAY" "AND"
> grep("AN",Nomes)  #Procura "AN" no vetor Nomes
[1] 1 2 4  #Encontrou na 1ª, 2ª e 4ª strings
> grep("AN",Nomes,value=TRUE)
[1] "AMANDA"  "LUCIANA" "ANDRE"
> grep("y",Nomes)
integer(0)
> grep("Y",Nomes) #Encontra o caracter "Y" na 3ª string
[1] 3
> Livros<-c("Linguagem R","Algebra","Calculo")
> grep("a",Livros) #Procura caracter "a" em Livros
[1] 1 2 3
```

```
> length(Nomes)  #Retorna número de elementos (strings) do vetor
[1] 4
> nchar(Nomes) # Retorna o número de caracteres de cada uma das strings
[1] 6 7 4 5
> nchar(Nomes[1])
[1] 6

> Nomes
[1] "AMANDA"  "LUCIANA" "MAYA"    "ANDRE"
#Extrai uma substring da string
> substr(Nomes[1],1,3)
[1] "AMA"
> substr(Nomes[1],2,4)
[1] "MAN"
> substr(Nomes[1],2,6)
[1] "MANDA"
> substr(Nomes,1,3)
[1] "AMA" "LUC" "MAY" "AND"

#Exemplo2
> paises<-c("Brasil-Espanha-Itália-Uruguai")
> nchar(paises)
[1] 29
#Separa uma string em substrings em uma lista
> paises<-strsplit(paises,split="-")
> paises
[[1]]
[1] "Brasil"  "Espanha" "Itália"  "Uruguai"
> nchar(paises[[1]])
[1] 6 7 6 7
> paises[[1]][1]
[1] "Brasil"

#Exemplo3
> Livros<-c("Linguagem R","Algebra","Calculo")
> regexpr("gu",Livros[1])
[1] 4   #Posição que foi encontrado na string Livros[1]
attr(,"match.length")
[1] 2   #Comprimento da substring
```

```
attr(,"index.type")
[1] "chars"
attr(,"useBytes")
[1] TRUE
> posicao<-regexpr("gu",Livros[1])[1]
> posicao
[1] 4
> unlist(lapply(gregexpr("ge",Livros),function(x) x[1]))
[1]  7  3 -1  #Retorna em quais posições iniciais de cada uma das strings no vetor de strings Livros  foi encontrada a substring "ge". O Valor -1 indica que não foi encontrado em Livros[3].
> toupper(Livros) #Converte tudo para maiúsculo
[1] "LINGUAGEM R" "ALGEBRA"     "CALCULO"
> tolower(Livros)  #Converte tudo para minúsculo
[1] "linguagem r" "algebra"     "calculo"
```

#Exemplo4 - Separa os caracteres e inverte a string

```
> X<-"COMPUTACAO"
> Y<-strsplit(X,split="")
> Y
[[1]]
 [1] "C" "O" "M" "P" "U" "T" "A" "C" "A" "O"
> Y<-unlist(strsplit(X,split=""))
> Y
 [1] "C" "O" "M" "P" "U" "T" "A" "C" "A" "O"
> Y[1]
[1] "C"
> Y[1:3]
[1] "C" "O" "M"
> Y[c(2,4)]
[1] "O" "P"
> YR<-rev(Y)
> YR
 [1] "O" "A" "C" "A" "T" "U" "P" "M" "O" "C"
```

10.2 Funções de manipulação do pacote *stringr*

As funções do pacote *stringr* têm nomes mais intuitivos (todas iniciam com **str_**), sendo mais fáceis de utilizar.

Quadro 13 – Funções de manipulação	
Função	Finalidade
str_c(...,sep="")	Combina duas ou mais strings em uma única string com ou sem um separador definido no argumento **sep**
str_count(string,pattern="")	Conta o número de vezes que determinado padrão (conjunto de caracteres) ocorre em uma string
str_detect(string,pattern)	Detecta a presença ou ausência de determinado padrão (**pattern**) em uma **string** e retorna TRUE, caso tal padrão ocorra.
str_dup(string,times)	Replica determinado número de vezes (**times**) uma **string** e concatena em um vetor de caracteres
str_sub(string,start=1L,end=-1L) **Obs:** Os valores default em **start** e **end** indicam o 1º e o último caracteres da string	Extrai parte de uma **string** entre as posições definidas por **start** e **end**
str_replace(string,pattern, replacement) **Obs: str_replace_all** substitui todas as ocorrências	Substitui a primeira ocorrência de um padrão (**pattern**) existente em uma **string** por um novo padrão armazenado em **replacement**
str_locate(string,pattern)	Procura em uma **string** um padrão (**pattern**) e retorna a sua posição inicial e final (1ª ocorrência) em relação a essa string
str_locate_all(string,pattern)	Procura em uma **string** um padrão (**pattern**) e retorna a sua posição inicial e final (todas as ocorrências) em relação a esta string
str_length(string)	Retorna o comprimento (nº de caracteres) de uma **string**. Quando aplicado em um vetor de strings, retorna um vetor com os valores correspondentes aos comprimentos das strings
str_remove(string,pattern) **Obs:** Para remover o mesmo padrão em várias posições da string, deve-se utilizar a função **str_remove_all**(string,pattern)	Remove um padrão (**pattern**) de uma **string** (1ª ocorrência) e retorna a string sem esse padrão

EXEMPLOS DE MANIPULAÇÃO DE STRINGS

```
> library(stringr)
#Exemplo1
> str_c("Luciana","Amanda","Maya")
[1] "LucianaAmandaMaya"
> str_c("Amanda","Luciana","Maya",sep=",")
[1] "Amanda,Luciana,Maya"
#Exemplo2
> nome<-"Escola Nacional de Ciências Estatísticas"
> str_count(nome,"a")
[1] 6
> str_count(nome,"e")
[1] 1
> str_count(nome,"ê")
[1] 1
> str_count(nome,"E")
[1] 2
> str_sub(nome,1,4)  #Caracteres entre a 1ª e 4ª posições
[1] "Esco"
> str_sub(nome,14)   #Todos os caracteres a partir da 14ª posição
[1] "al de Ciências Estatísticas"
> str_replace(nome,"a","*")
[1] "Escol* Nacional de Ciências Estatísticas"
> str_replace_all(nome,"a","*")
[1] "Escol* N*cion*l de Ciênci*s Est*tístic*s"
> str_locate(nome,"as")
     start end
[1,]    26  27
> str_locate_all(nome,"as")
[[1]]
     start end
[1,]    26  27
[2,]    39  40
> str_length(nome)
[1] 40
```

```
> str_remove(nome,"a")
[1] "Escol Nacional de Ciências Estatísticas"
#Exemplo3
> nomes<-c("Inferencia","Computacao","Calculo","Inferencia II")
> str_detect(nomes,"a")
[1] TRUE TRUE TRUE TRUE
> str_detect(nomes,"en")
[1]  TRUE FALSE FALSE  TRUE
> str_sub(nomes,1,2)
[1] "In" "Co" "Ca" "In"
> str_sub(nomes,2,4)
[1] "nfe" "omp" "alc" "nfe"
> str_replace(nomes,"a","*")
[1] "Inferenci*"    "Comput*cao"    "C*lculo"       "Inferenci* II"
#Exemplo4
> str_dup("Otimização",4)
[1] "OtimizaçãoOtimizaçãoOtimizaçãoOtimização"
```

10.3 Tratando Vetores de Strings como Conjuntos

No capítulo três foi apresentado um conjunto de funções como **union**, **intersect** etc., que permitem realizar operações em vetores numéricos, como se esses objetos fossem conjuntos. Conforme apresentado nos próximos exemplos, tais funções também podem ser aplicadas em vetores de strings.

EXEMPLOS DE OPERAÇÕES EM VETORES DE STRINGS

```
> Selecoes_Futebol<-c("Brasil","EUA","Argentina","México")
> Selecoes_Futebol
[1] "Brasil"    "EUA"       "Argentina" "México"
> Selecoes_Volei<-c("EUA","Rússia","Brasil","Holanda")
> Selecoes_Volei
[1] "EUA"    "Rússia"  "Brasil"  "Holanda"
> SelecoesU<-union(Selecoes_Futebol,Selecoes_Volei)       #União
> SelecoesU
[1] "Brasil"    "EUA"       "Argentina" "México"    "Rússia"    "Holanda"
> SelecoesI<-intersect(Selecoes_Futebol,Selecoes_Volei) #Interseção
```

```
> SelecoesI
[1] "Brasil" "EUA"
> SelecoesD<-setdiff(SelecoesU,SelecoesI)        #Diferença
> SelecoesD
[1] "Argentina" "México"      "Rússia"      "Holanda"
> is.element("EUA",SelecoesU)
[1] TRUE
> SelecoesM<-c("EUA","Brasil")
> setequal(SelecoesI,Selecoes_M)
[1] TRUE
```

10.4 Classes de Caracteres

Uma classe ou conjunto de caracteres corresponde a uma lista de caracteres entre colchetes. Pensando na utilização de funções como **regexpr**, **gregexpr** e **str_count** esse tipo de lista pode ser utilizado para verificar se uma string ou vetor de strings tem ou não tais caracteres definidos na lista.

Por exemplo, [aA] define a lista composta pelos caracteres "a" e "A". O Quadro 14 traz alguns exemplos dessas classes de caracteres.

Quadro 14 – Classes de Caracteres

Classe	Descrição
[aeiou]	Vogais em letras minúsculas
[AEIOU]	Vogais em letras maiúsculas
[0123456789]	Números de 0 até 9
[0-9], [1-5]	Números de 0 até 9 e de 1 até 5
[a-z]	Alfabeto em letras minúsculas
[A-Z]	Alfabeto em letras maiúsculas
[a-zA-Z0-9]	Combinação de classes anteriores
[^aeiou]	Qualquer outro caracter a menos das vogais em letras minúsculas

EXEMPLOS DE UTILIZAÇÃO DAS CLASSES

```
> Livro<-"Biblia Sagrada"
> unlist(gregexpr("[a]",Livro)) #Encontra as posições da vogal a
[1]  6  9 12 14
> unlist(gregexpr("[^a]",Livro))
 [1]  1  2  3  4  5  7  8 10 11 13
```

```
> Livro<-"Otimizacao Combinatoria"
> unlist(gregexpr("[a-g]",Livro))  #Caracteres minúsculos de a até g
[1]  7  8  9 15 18 23
> unlist(gregexpr("[a-g]",tolower(Livro)))
[1]  7  8  9 12 15 18 23
> unlist(gregexpr("[a-p]",tolower(Livro)))
 [1]  1  3  4  5  7  8  9 10 12 13 14 15 16 17 18 20 22 23
> Livro<-"Inferencia Bayesiana"
> str_count(Livro,"[ioy]")
[1] 3
> unlist(gregexpr("[ioy]",tolower(Livro)))
[1]  1  9 14 17
```

OBSERVAÇÃO: No início deste capítulo, falamos sobre o wepscraping, que diz respeito ao processo no qual o usuário extrai informações incorporadas em uma página web, disponível na internet, e salva essas informações em estruturas do R para posterior utilização e análise. A tarefa fundamental no webscapring é definir uma maneira de extrair os dados (elementos) que você deseja de uma página da web que tenha outros dados.

Uma forma de efetuar isto é fazer a leitura da página usando a função **readLines()** (pacote *base*) e, em seguida, manipular os dados obtidos a partir dessa função utilizando as funções apresentadas neste capítulo. Ainda neste sentido, para extrair informações de páginas web complexas, podem ser utilizados os pacotes *RCurl*, *XML* e *rvest*.

Para tarefas básicas a função **readLines()** será suficiente, pois permitirá o acesso simples para páginas web. Na sua forma mais simples, esta função necessita, apenas, de um argumento correspondente a URL da página a ser lida.

Maiores detalhes sobre webscraping podem ser encontrados em:

www.programmingr.com/content/webscraping-using-readlines-and-rcurl/

10.5 Exercícios Resolvidos

Exe-1: Determine o total de cada uma das vogais no objeto texto1.
texto1<-"Calculo Vetorial, Analise Combinatoria e Inferencia"

```
>texto1<-"Calculo Vetorial, Analise Combinatoria e Inferencia"
>vogais<-c("a","e","i","o","u")
>tv<-rep(0,5)
>for(v in 1:length(vogais))
  { tv[v]<-length(unlist(gregexpr(vogais[v],tolower(texto1))))}
```

Exe-2: Considerando a string em texto1, determine o número de letras maiúsculas nesse objeto.

```
>texto1<-"Calculo Vetorial, Analise Combinatoria e Inferencia"
>total<-length(unlist(gregexpr("[A-Z]",texto1)))
```

Exe-3: O arquivo "INF_PNAD.txt" tem algumas informações (descrição da pesquisa) sobre a PNAD Contínua – Pequisa Nacional por Amostras de Domicílio Contínua.

Utilizando **texto<-readLines("INF_PNAD.txt",encoding = "ASCII")** para efetuar a leitura, determine, a partir do objeto texto: (i) O número de linhas do arquivo; (ii) O número de vogais e número de letras maiúsculas e (iii) Quantas vezes as palavras "amostra", "pesquisa", "trabalho" e "PNAD" aparecem nesse arquivo.

```
> library(stringr)
> texto<-readLines("INF_PNAD.txt",encoding = "ASCII")
> tlinhas<-length(texto)
> tvogais<-sum(str_count(toupper(texto),"[AEIOU]"))
> tmaiusculas<-sum(str_count(texto,"[A-Z]"))
> tamostra<-sum(str_count(texto,"amostra"))
> tpesquisa<-sum(str_count(texto,"pesquisa"))
> ttrabalho<-sum(str_count(texto,"trabalho"))
> tpnad<-sum(str_count(toupper(texto),"PNAD"))
```

Capítulo 11

Introdução ao Paralelismo

A execução de muitos dos programas implementados e utilizados nas áreas de Estatística, Engenharias, Computação, Pesquisa Operacional etc., com objetivo de realizar simulações, e resolver problemas complexos, demandam, com frequência, a utilização de computadores dotados de processadores mais adequados à computação intensiva, em termos de velocidade e memória, de forma a produzir resultados em um tempo computacional viável.

Por conta de todo progresso experimentado nas últimas décadas, no que diz respeito ao desenvolvimento de processadores, em particular de processadores *multicore*, atualmente, a execução desses programas pode ser realizada de forma mais eficiente, demandando um menor tempo computacional. Há processadores multicore com até 18 núcleos e alta frequência de processamento (acima de 4.0 GHz), como o i9-9980XE (vide site da intel).

Em geral, os programas são escritos para serem executados sequencialmente:

- Para executar em um único processador.
- O problema é "quebrado" em uma série de instruções.
- As instruções são executadas uma após a outra.
- Apenas uma instrução é executada por vez.

Não obstante, na computação paralela, em linhas gerais, o programa é "quebrado" em várias partes que podem ser executadas em diferentes núcleos (cores) do processador.
Processadores *multicore* oferecem algumas vantagens: podem executar duas ou mais tarefas ao mesmo tempo e um núcleo pode trabalhar com uma velocidade menor que o outro, reduzindo a emissão de calor. Ainda neste sentido, é interessante observar que os núcleos de um processador não precisam ser utilizados todos ao mesmo tempo.

Dependendo da quantidade de operações (comandos) que devem ser realizadas em uma função ou em um programa (que incorpora várias funções), ou do número de vezes que um programa ou uma função serão executados, a utilização do paralelismo torna-se vantajosa, de forma a distribuir as várias chamadas dos programas ou das funções entre os núcleos.

Considerando este breve preâmbulo, a ideia deste capítulo é fazer uma introdução ao estudo do paralelismo no R, utilizando o pacote *parallel*, que está disponível no conjunto de pacotes básicos do R e do RStudio.

11.1 Uso do Pacote parallel

Esse pacote[1] permite ao usuário paralelizar seus programas de uma forma simples e rápida, com poucas linhas de comando, utilizando um desktop que tenha um processador multicore; algo normalmente observado nos dias de hoje. Para isso, basta que o usuário tenha implementado o seu programa ou função utilizando, por exemplo, as funções do tipo **apply** ou **lapply**.

Um primeiro passo à implementação do paralelismo diz respeito à inicialização do cluster (criar um objeto do tipo cluster), após carregar o pacote *parallel* na área de comando do R Studio.

Para isso, deve-se utilizar a função **detectCores** combinada com a função **makeCluster.** Ao final do processamento, o cluster é desativo utilizando a função **stopCluster.**

A função **detectCores** permite detectar o número de núcleos no processador que podem ser utilizados. Há duas formas de utilizar essa função: **detectCores()** ou **detectCores(logical=FALSE).**

No primeiro caso, a função retorna o número total de núcleos (físicos e lógicos) e, no segundo caso, retorna o número de núcleos físicos. O total de núcleos é utilizado como um dos argumentos na chamada à função **makeCluster**, que define o ambiente do cluster para a realização do processamento em paralelo. A forma de utilização básica dessa função é:

```
nome_cluster<-makeCluster(numero_nucleos)
```

sendo numero_nucleos o objeto definido a partir da utilização da função **detectCores.**

Uma vez inicializado o cluster, o usuário poderá utilizar, por exemplo, as funções **parApply**, **parLapply**, **clusterApply**, **clusterApplyLB**, **parLApplyLB**, **clusterExport** e **clusterEvalQ**, para paralelizar a execução dos seus programas. Neste sentido, o Quadro a seguir traz a descrição de cada uma dessas funções.

Em todas essas funções o argumento **cl** corresponde ao nome do cluster (objeto criado usando a função **makeCluster**) e o argumento **FUN** corresponde à função[2] que será paralelizada.

Quadro 15– Funções para o Paralelismo
parApply(cl,X,margin,FUN,...): Essa função é uma versão paralela da função **apply**. O argumento **X** corresponde a uma matriz (ou array); o argumento **margin** é utilizado de forma análoga ao argumento **margin** da função **apply**
parLapply(cl,X,FUN,...): Versão paralela da função **lapply**. O argumento **X** corresponde a um vetor atômico ou a uma lista. Retorna uma lista
parSapply(cl,X,FUN,...): Versão paralela da função **sapply**. O argumento **X** corresponde a um vetor atômico ou a uma lista. Pode retornar um vetor, uma matriz ou um array

[1] Maiores detalhes sobre o paralelismo no R podem ser encontrados na referência de número [8], no final do livro.

[2] Pode ser uma função disponível um dos pacotes do R ou uma função escrita pelo usuário.

clusterApply(cl,x,FUN,...): Versão paralela da função **apply**. O argumento **x** corresponde a um vetor
clusterApplyLB(cl,x,FUN,...): Esta função permite o balanceamento do processamento, ou seja, a distribuição da execução de **p** chamadas da função utilizada no argumento **FUN** entre os **n** núcleos detectados no processador, definidos a partir da função **makeCluster** A utilização dessa função é pertinente quando **p>n** e se, para seguidas execuções da função utilizada em **FUN**, há um conhecimento, a priori, que podem ser observados tempos de processamento diferentes em relação às chamadas dessa função. Neste caso, em linhas gerais, as **n'** (n'=p-n) primeiras chamadas são alocadas aos **n** núcleos, e quando a primeira chamada é concluída, a próxima chamada é alocada ao núcleo que ficou livre, e assim sucessivamente, até que todas as **p** chamadas à função tenham sido realizadas. Usar **clusterApplyLB** em detrimento à função **clusterApply** pode, em certos casos, implicar menor consumo de tempo de processamento. O argumento **x** é do mesmo tipo da função **clusterApply**.
parLapplyLB(cl,X,FUN,...): Versão paralela de **lapply** com balanceamento de processamento. O argumento **X** pode ser um vetor ou uma lista.
clusterEvalQ(cl,expr): Carrega, para o cluster definido a partir do objeto **cl**, os pacotes que serão utilizados no processamento paralelo. Ou seja, toda vez que há a necessidade de utilizar uma função que está em algum pacote que não faz parte dos pacotes básicos, há necessidade de utilizar a função **clusterEvalQ**. O argumento **expr** contém a lista dos pacotes utilizados pela função definida no argumento **FUN**
clusterExport(cl,varlist,...): Carrega para o cluster definido em **cl** o(s) objeto(s) (vetor, matriz, data frame etc) e a(s) função(ões) definida(s) pelo usuário (script .r). O(s) objeto(s) carregado(s) é (são) utilizado(s) como argumento(s) da(s) função(ões), definida(s) pelo usuário ou dos pacotes carregados via **clusterEvalQ**

De forma a ilustrar algumas das funcionalidades desse pacote, apresentaremos, a seguir, alguns exemplos que foram implementados e executados sequencialmente e em paralelo, utilizando algumas das funções apresentadas no Quadro 15.

Assim como na seção 8.4, todos os exemplos a seguir foram executados em um computador dotado de um processador I7 de 3.4 GHz (com 4 núcleos físicos) e 24 GB de RAM.

EXEMPLOS DE PARALELISMO

Exemplo 1: Considere o problema de gerar todos os números primos entre dois inteiros N1 e N2.

A seguir, são apresentadas três versões, sendo a última uma versão paralelizada.

Em uma execução com N1=2 e N2=1.000.000, os tempos das versões 1, 2 e 3 foram, respectivamente, de 131, 14 e 8 segundos. No caso de N2=10.000.000, as versões 2 e 3 (paralelizada) demandaram, respectivamente, tempos de 332 e 150 segundos.

Ainda em relação à versão 3, o paralelismo tem a função de distribuir a verificação de cada um dos números (se é primo), entre N1 e N2, em cada um dos núcleos.

```
#Versão 1 - Sequencial
primo_1<-function(M1,M2)
{ numeros_primos<-NULL
 tempo<-proc.time()
 for(i in M1:M2)
  {cont<-0
    for(j in 1:floor(sqrt(i))) if(i%%j==0) {cont<-cont+1}
    if (cont==1) {numeros_primos<-c(numeros_primos,i)}
    }
tempo<-(proc.time()-tempo)[3]
return(list(numeros_primos=numeros_primos,tempo=tempo))
}
#Versão 2 - Sequencial com tudo vetorizado
primo_2<-function(M1,M2)
{tempo<-proc.time()
 N<-as.matrix(M1:M2)
  numeros_primos<-apply(N,1,function(N)  ifelse(length(which(N%%(1:floor(sqrt(N)))==0))==1
,N,0))
numeros_primos<-numeros_primos[which(numeros_primos>0)]
tempo<-(proc.time()-tempo)[3]
return(list(numeros_primos=numeros_primos,tempo=tempo))
}
#Versão3 - Parelelizada
primo_3<-function(N1,N2)
{library(parallel)
 cores<-detectCores(logical=FALSE)
 clust<-makeCluster(cores)
 tempo<-proc.time()
 N<-as.matrix(N1:N2)
numeros_primos<-parApply(cl=clust,N,1,function(x)  ifelse(length(which(x%%(1:floor(sqrt(x))
)==0))==1,x,0))
stopCluster(clust)
numeros_primos<-numeros_primos[which(numeros_primos>0)]
tempo<-(proc.time()-tempo)[3]
return(list(numeros_primos=numeros_primos,tempo=tempo))
}
```

Exemplo 2: Ler os dados do arquivo "3303302_rend_niteroi.txt" para um vetor **X**. Esse arquivo contém o rendimento nominal total de 885 setores censitários de Niterói.

Após a leitura, deve-se aplicar o algoritmo de agrupamento dos k-medoids[3]. Em linhas gerais, esse algoritmo distribui os n objetos de uma base de dados em k grupos (clusters), considerando os seus atributos (variáveis). No R, a função que implementa este algoritmo é denominada **pam** e está disponível no pacote *cluster*.
Esse pacote tem um conjunto de funções que podem ser utilizadas para análise de agrupamentos. A função **pam**, necessita, basicamente, de dois argumentos: (i) os dados, isto, é, uma matriz com n linhas e p variáveis correspondentes, respectivamente, ao número de objetos e ao número de variáveis ou uma matriz nxn com as distâncias entre os objetos; (ii) o número de grupos (k).

Vamos considerar que este algoritmo será aplicado para k variando entre kmin e kmax. Neste exemplo, o paralelismo foi efetuado, alocando cada chamada da função **pam** (com um valor de k diferente) para cada núcleo. Após a aplicação, deseja-se determinar qual é o número ideal de grupos para essa base de dados, mediante a avaliação do valor da silhueta média (um dos objetos retornados a partir da aplicação da função **pam**).

Considerando k variando entre 2 e 25, os tempos (tempo1, tempo2 e tempo3) de execução das versões 1, 2 e 3 foram de, respectivamente, 121, 51 e 41 segundos.

A despeito das versões 2 e 3 serem paralelizadas, a versão 3, que considera a utilização da função **clusterApplyLB**, teve uma performance um pouco superior à versão 2. Isso é explicado pelo algoritmo ter o seu tempo de processamento impactado, diretamente, pelo número de objetos (n) e o número de grupos (k). Assim, à medida que k aumenta, os tempos de processamento associados à execução do algoritmo com diferentes k's (distribuídos) em cada núcleo, tendem a ser mais heterogêneos, motivando o emprego dessa alternativa.

```
agrupa<-function(X,kmin,kmax)
{#Distâncias entre os 885 setores tomados dois a dois, segundo os atributos
distancias<-as.matrix(dist(X))
#Versão sequencial com for
library(cluster)
tempo1<-proc.time()
sm<-NULL  #Silhueta Média
for(k in kmin:kmax)
  {solucao<-pam(distancias,k)
    sm<-c(sm,solucao$silinfo$avg.width)
   }
tempo1<-(proc.time()-tempo1)[3]
s1<-cbind(sm,kmin:kmax)

#Versão paralelizada com parApply
 library(parallel)
 cores<-detectCores(logical=FALSE)
```

[3] Maiores detalhes sobre este e outros algoritmos de agrupamento podem ser encontrados na referência de número [5], no final do livro.

```
 clust<-makeCluster(cores)
 clusterExport(clust,varlist=c("distancias"), envir=environment())
 clusterEvalQ(clust, library(cluster))
tempo2<-proc.time()
 k<-as.matrix(kmin:kmax)
 sm<-parApply(cl=clust,k,1,function(x)pam(distancias,x) $silinfo$avg.width)
tempo2<-(proc.time()-tempo2)[3]
s2<-cbind(sm,kmin:kmax)

#Versão paralelizada com clusterApplyLB
tempo3<-proc.time()
k<-kmin:kmax
sm<-clusterApplyLB(cl=clust,k,function(x) pam(distancias,x) $silinfo$avg.width)
stopCluster(clust)
tempo3<-(proc.time()-tempo3)[3]
s3=cbind(sm,kmin:kmax)
#s1, s2 e s3 correspondem aos valores das silhuetas médias associadas a cada solução para um diferente valor de k
return(list(tempo1=tempo1,tempo2=tempo2,tempo3=tempo3,s1=s1))
}
>X<-scan("3303302_rend_niteroi.txt")
>G<-agrupa(X,2,25)
```

Exemplo 3: O comando abaixo produz uma lista com 5000 matrizes $M_{100x100}$.

```
M<-lapply(as.list(1:5000),function(x)
matrix(sample(1000,10000,T),100,100))
```

Estamos interessados em calcular os autovalores e autovetores dessas matrizes.

```
>library(parallel)
>cores<-detectCores(,logical=FALSE)
>clust<-makeCluster(cores)
>system.time(lapply(M,eigen)) #Versão1 não paralelizada
>system.time(parLapply(clust,M,eigen)) #Versão2 paralelizada
>system.time(parLapplyLB(clust,M,eigen)) #Versão3 paralelizada
>stopCluster(clust)
```

As versões 1, 2 e 3 demandaram, respectivamente, tempos de 39.1, 18.5 e 16.8 segundos.

Exemplo 4: Considere a aplicação de um modelo de regressão linear nos dados do arquivo "RS_PAM_2017.csv", que tem 489 registros com valores relativos às variáveis área plantada (AP) (em hectares) e quantidade produzida (QP) (em toneladas) para os municípios do Rio Grande do Sul (Produção Agrícola Municipal – 2017). Vamos selecionar 10.000 amostras de tamanho 100 e aplicar o modelo de regressão linear simples[4], utilizando a função **lm**, e considerando a relação entre as variáveis supracitadas.

[4] Vide referências [1] e [9].

Nesse exemplo, foram avaliadas quatro versões, sendo a primeira com a estrutura **for**, a segunda com a função **lapply** e duas paralelizadas sem e com o balanceamento. Os tempos de processamento dessas quatro versões foram, respectivamente, de 8.5, 7.8, 4.4 e 3.8 segundos.

```
>X<-read.table("RS_PAM_2017.csv",sep=";",header=TRUE)
>library(parallel)
>cores<-detectCores(logical=FALSE)
>clust<-makeCluster(cores)
>clusterExport(cl=clust,"X")
>m=10000
>amostras<-t(replicate(m,list(sample(dim(X)[1],100))))
#Versão1
>re<-NULL
>system.time(
for(i in 1:m) {re<-c(re,list(lm(X$AP[amostras[[i]]]~X$QP[amostras[[i]]])))})
#Versão2
>system.time(re<-lapply(amostras,function(i) lm(X$AP[i]~X$QP [i])))
#Versão3
>system.time(re<-parLapply(cl=clust,amostras,function(i) lm(X$AP[i]~X$QP[i])))

#Versão4
>system.time(re<-parSapplyLB(cl=clust,amostras,function(i) lm(X$AP[i]~X$QP[i])))
>stopCluster(clust)
```

Exemplo 5: Vamos considerar a aplicação do paralelismo para resolver um conhecido problema da área de Otimização, qual seja, o Problema do Caixeiro Viajante[5].

Suponha que um caixeiro viajante tenha que visitar um conjunto de n cidades, passando por cada uma dessas cidades uma única vez, antes de retornar para sua casa. Em qual ordem o caixeiro deve visitar as cidades, de forma a minimizar a distância total percorrida, supondo que as distâncias (em km) entre todas as cidades são conhecidas?

Face às inúmeras aplicações desse problema e à sua complexidade computacional, existem diversos algoritmos disponíveis na literatura; dentre esses, um algoritmo bem simples, conhecido como "Algoritmo do Vizinho Mais Próximo". Tal algoritmo funciona, basicamente, da seguinte forma: Dada a matriz de distâncias entre as n cidades, **no passo 1**, o algoritmo seleciona, aleatoriamente, uma das n cidades (valor entre 1 e n). No **passo 2**, a segunda cidade a ser selecionada para compor a rota é a cidade que está mais próxima (segundo a matriz de distâncias) da primeira cidade selecionada (aleatoriamente). De igual forma, a terceira cidade selecionada será aquela que estiver mais próxima da segunda cidade selecionada, e assim sucessivamente, sendo **o passo 2** repetido (n-1) vezes.

A despeito da simplicidade desse algoritmo, observa-se que a solução produzida pelo mesmo (distância total percorrida e a sequência de visitação das cidades) é impactada, diretamente, pela escolha da primeira cidade, isto é, pelo **passo 1** do algoritmo.

---

[5] Mais detalhes podem ser encontrados na referência [3].

Assim sendo, uma possível melhoria corresponde à aplicação de uma pequena modificação no algoritmo, mais especificamente, executar o algoritmo n vezes, considerando, em cada vez, a escolha de cada uma das n cidades como a cidade de partida (**passo 1**) e considerar o **passo 2** para determinar da ordem de escolha das demais cidades que comporão o caminho. Isso implicará a produção de n soluções distintas, sendo escolhida aquela com a menor distância total percorrida.

Neste exemplo foi utilizado o algoritmo do vizinho mais próximo disponível no pacote *TSP* do R. Vamos considerar a aplicação desse algoritmo utilizando a função **solve_TSP** e fazer uso dos argumentos **x, method e start**. O argumento **x** corresponde a um data frame (com as coordenadas das cidades, por exemplo) que é convertido em um objeto da classe TSP. O argumento **method** é do tipo caracter e tem o nome do algoritmo que será aplicado, no caso desse exemplo, o algoritmo do vizinho mais próximo ("nearest_insertion"). O argumento **start** indica qual a cidade será escolhida como cidade de partida. Quando não é especificado um valor para esse argumento, a cidade de partida (primeira cidade) é selecionada aleatoriamente.

Se essa função for executada n vezes e for utilizado, em cada execução, um valor diferente para **start** (uma cidade diferente como ponto de partida), temos o algoritmo modificado descrito na página anterior.

Foram implementadas duas versões no R com esse algoritmo, sendo uma com a função **apply** (versão 1) e outra paralelizada (versão 2) com a função **parApply**. O paralelismo foi efetuado considerando n chamadas à função **solve_TSP**, sendo passado, em cada chamada, um valor diferente para o argumento **start**.

Neste experimento foram consideradas 300 cidades, cujas coordenadas x e y foram geradas aleatoriamente com a função **runif**.

A versão 1 demandou tempo aproximado de 59 segundos e a versão 2 demandou um tempo aproximado de 18 segundos.

```
#Gera as coordenadas das 300 cidades e converte em um objeto do tipo ETSP que pertence à classe TSP
>library(TSP)
>etsp <- ETSP(data.frame(x = runif(300), y = runif(300)))
>tempo<-proc.time()
>cidade<-as.matrix(1:300)
#Versão 1
>ltours<-apply(cidade,1,function(cidade)
tour_length(solve_TSP(etsp,method="nearest_insertion",start=cidade)))
>tempo1<-(proc.time()-tempo)[3]
#Versão 2
>library(parallel)
>cores<-detectCores(logical=FALSE)
>clust<-makeCluster(cores)
>clusterExport(clust,varlist=c("etsp","cidade"), envir=environment())
>clusterEvalQ(clust, library(TSP))
```

```
>tempo<-proc.time()
>ltours<-parApply(cl=clust,cidade,1,function(no)
tour_length(solve_TSP(etsp,method="nearest_insertion",start=no)))
>qual_cidade<-which.min(ltours)
>tempo2<-(proc.time()-tempo)[3]
> stopCluster(clust)
```

Capítulo 12

Gráficos

Gráficos possibilitam a análise de uma grande variedade de dados e informações de forma rápida, sem a necessidade de tabelas ou de medidas de resumo. Neste sentido, o R tem uma variada gama de funções, que permitem gerar diversos tipos de gráficos de alta qualidade e totalmente configuráveis; mais especificamente, é possível trabalhar desde configurações de cores e tipos de linhas, até legendas e textos adicionais.

Neste capítulo, além das funções básicas para construção de gráficos, disponíveis no pacote *graphics* (faz parte dos pacotes básicos do R), serão apresentadas algumas funções dos pacotes *lattice* e *scatterplot3d*, além de uma introdução ao pacote *ggplot2*.

12.1 Tipos de Dados

Antes da apresentação dos vários tipos de gráficos disponíveis no R, com as suas respectivas funções, faremos uma breve exposição sobre tipos de dados. É importante ter essa questão em mente, pois os tipos de variáveis disponíveis na base de dados que será objeto de análise, determinam o uso de diferentes tipos gráficos.

Podemos definir dados como coleções de números ou informações aos quais se atribui significado. Dividimos os dados em dois grandes grupos, a saber: dados associados às variáveis quantitativas e dados associados às variáveis qualitativas (categóricas).

Uma variável quantitativa pode ser classificada como discreta ou contínua e uma variável qualitativa pode ser classificada como nominal ou ordinal. As variáveis quantitativas provêm de contagem, mensuração de algo ou de algum tipo de operação matemática.

Exemplos: (i) Número de sinistros em seguros de automóveis solicitados em determinado mês; (ii) Vendas no último trimestre (iii) Porcentagem de candidatos a empréstimos hipotecários que são aposentados; (iv) Proporção de domicílios com banheiros em determinado setor censitário etc.

Uma variável quantitativa que assume um número contável de possíveis valores e cujos valores podem ser representados por um número inteiro é denominada variável discreta. **Exemplos:** (i) número de pacientes do programa de *home care*; (ii) número de crianças nascidas em um município em determinado mês; (iii) número de escolas, por município, com acesso à internet.

Uma variável quantitativa que pode assumir qualquer valor em dado intervalo real e para qual valores fracionários fazem sentido, é denominada variável contínua. **Exemplos:** (i) valor dos ativos e variação dos índices de preços; (ii) altura de uma população.

No caso de uma variável qualitativa, temos diferentes categorias que se distinguem por alguma característica não numérica.

Em uma variável qualitativa nominal não existe ordenação dentre as categorias. **Exemplos:** (i) sexo; (ii) cor dos olhos; (iii) doente/sadio.

Em relação a uma variável qualitativa ordinal, existe uma ordenação entre as categorias. **Exemplos:** (i) escolaridade (1º, 2º e 3º graus); (ii) prioridade de um procedimento médico (baixa, média e alta)

No que concerne às variáveis quantitativas, podemos utilizar, por exemplo, histogramas, boxplots, diagrama de ramos e folhas e gráfico de pontos. Em relação às variáveis categóricas, temos, por exemplo, os gráficos de barras e de pizza (setores).

12.2 Gráficos com o Pacote Básico do R

12.2.1 Função plot

A função **plot** permite criar um gráfico com pontos e linhas, a partir de um conjunto de coordenadas (x,y).

Forma de uso: plot(x,y,...)
Alguns dos argumentos:
x = Vetor com os pontos X ou, alternativamente, uma função;
y = Vetor com os pontos Y;
type= tipo de ponto ou linha que será desenhado (opções: "**p**" para pontos (default), "**l**" para linhas, "**b**" pontos e linhas , "**c**" linhas excluindo os pontos, "**o**" com sobreposição, "**h**" Linhas verticais (altura corresponde a Y);
col = define a cor do ponto e da linha;
xlab,ylab = nomes para os eixos;
f = uma função que pode ser plotada;
main = Título para o gráfico;
xlim,ylim = limites para os eixos;
cex=tamanho dos pontos;
pch=padrão dos pontos;
lwd = espessura dos pontos;

Vamos exemplificar a utilização dessa função considerando o data frame denominado **cars**, disponível no pacote básico *datasets*, que é carregado quando o usuário inicia o RStudio.

Esse data frame contém 50 linhas e duas variáveis; a primeira (speed) corresponde à velocidade percorrida pelo carro e a segunda (dist) à distância percorrida, antes de o carro parar.

EXEMPLOS COM A FUNÇÃO plot

#Gráficos apresentados no Rstudio, aparecem na Aba plots (no canto inferior direito da tela do RStudio). Supondo que fosse utilizada a função na forma abaixo no Console, teríamos:

```
> X<-cars$speed
> Y<-cars$dist
>plot(X,Y,col="BLUE",xlab="Velocidade",ylab="Distância",
main="Gráfico 1",xlim=range(X),ylim=range(Y))
```

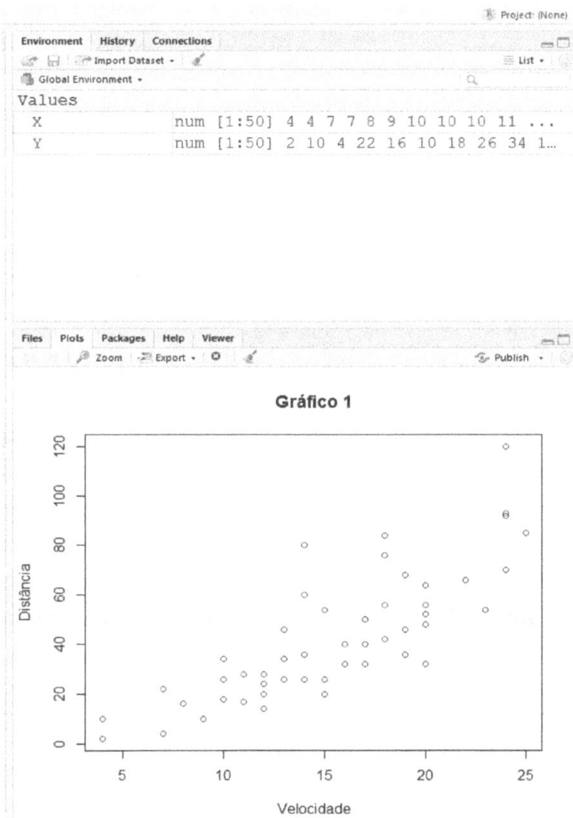

#Ao selecionar a opção Export o usuário tem a possibilidade de salvar o gráfico construído como PDF, imagem (JPEG, BMP etc) ou copiar o gráfico para a área de transferência

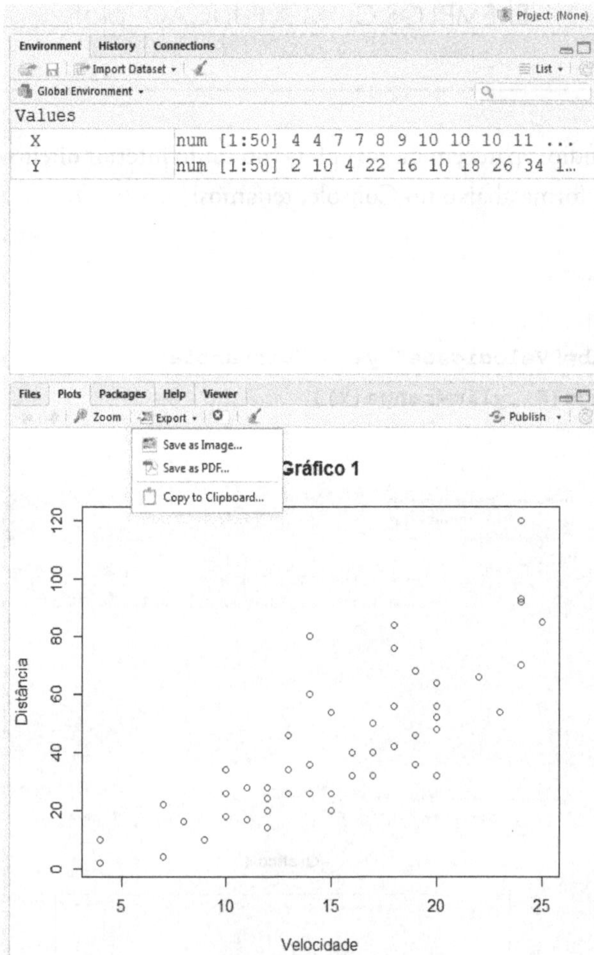

#Gráficos com linhas verticais (tipo de linha) e espessuras diferentes

```
>plot(X,Y,col="DARKBLUE",xlab="Velocidade",ylab="Distância",main="Cars",  xlim=range(X),y
lim=range(Y),type="h")
```

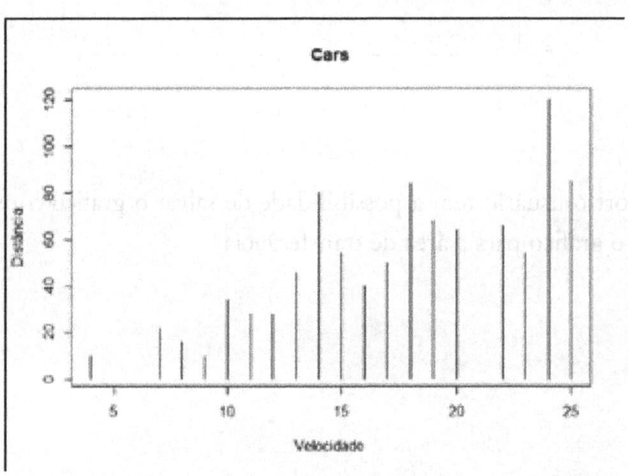

#Gráfico com linhas

```
>plot(X,Y,col="GRAY",xlab="Velocidade",ylab="Distância",main="Cars", xlim=range(X),ylim=r
ange(Y),type="l")
```

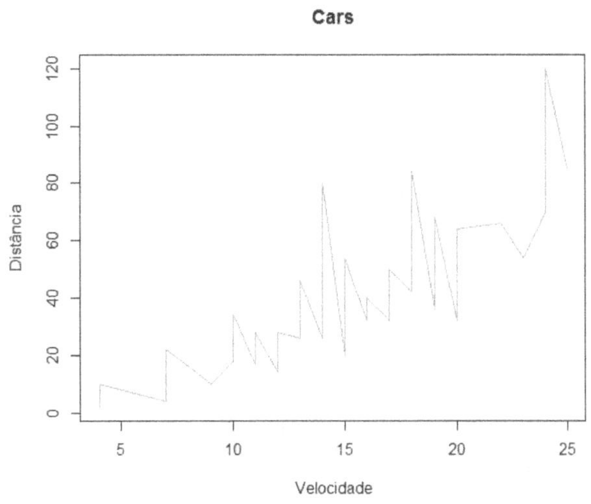

#Argumento lwd aumenta a espessura das linhas verticais

```
>plot(X,Y,col="DARKRED",xlab="Velocidade",ylab="Distância",main="Cars", xlim=range(X),yl
im=range(Y),type="h",lwd=4)
```

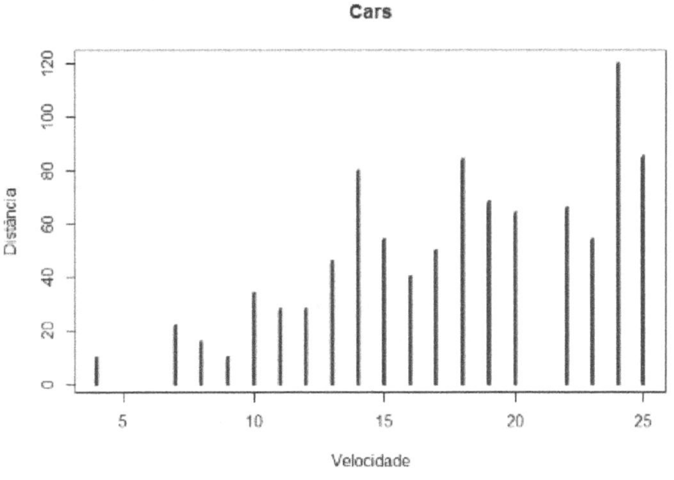

#Argumento lty produz o efeito de pontilhado nas linhas verticais

```
>plot(X,Y,col="DARKRED",xlab="Velocidade",ylab="Distância",main="Cars",  xlim=range(X),yl
im=range(Y),type="h",lwd=3,lty=3)
```

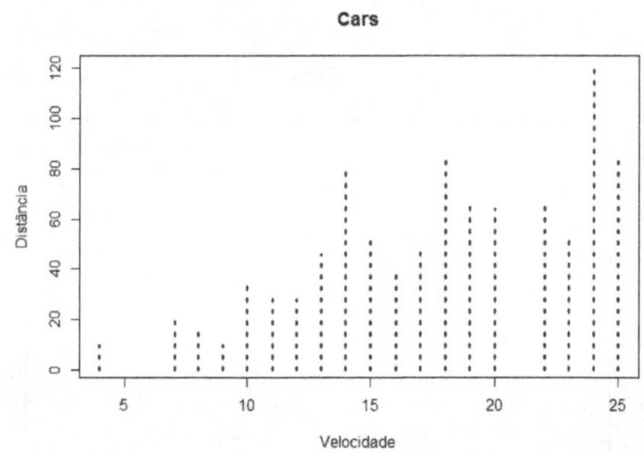

#Gráficos com diferentes tipos de padrões (pch) e de tamanhos (cex) de pontos

```
>plot(X,Y,xlab="Velocidade",ylab="Distância",main="Gráfico1",
xlim=range(X),ylim=range(Y),cex=1,pch=0:3)
>plot(X,Y,xlab="Velocidade",ylab="Distância",main="Gráfico 1",
xlim=range(X),ylim=range(Y),cex=2,pch=0:3)
```

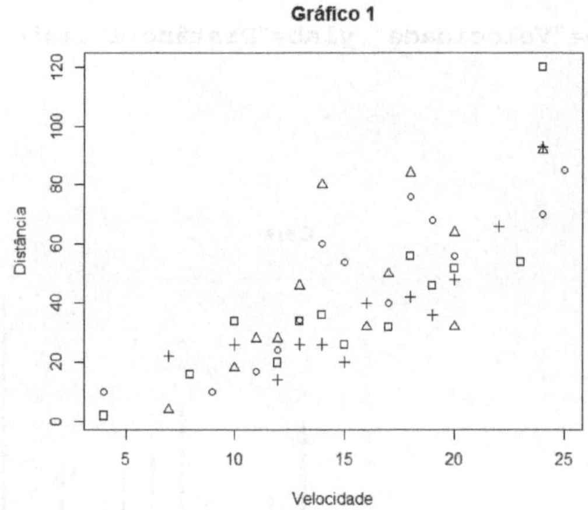

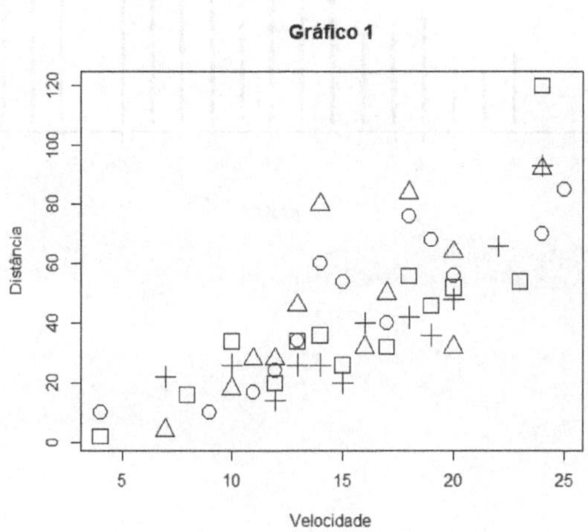

#Plotando funções univariadas definidas previamente. Primeiro argumento da função plot corresponde à função univariada e o argumento xlim contém o intervalo que será utilizado como referência para plotar a função

```
>quadratica<-function(x) {return(x^2-4*x+2)}
>linear<-function(x) {return(2*x-1)}
>plot(linear,main="Função Linear",xlim=c(-5,5))
>plot(quadratica,main="Função Quadrática",xlim=c(-5,10))

> seno<-function(x) {return(sin(1/x))}
> plot(seno,xlim=c(-pi,pi))
```

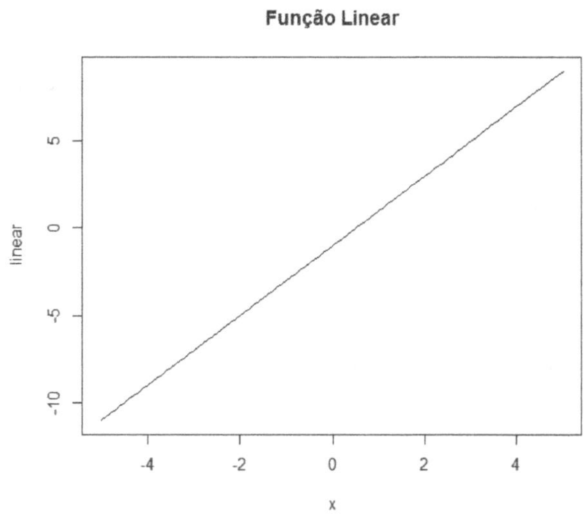

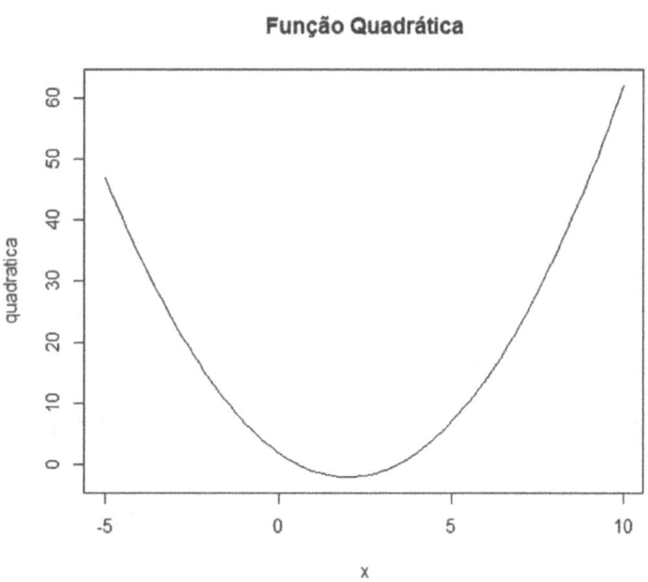

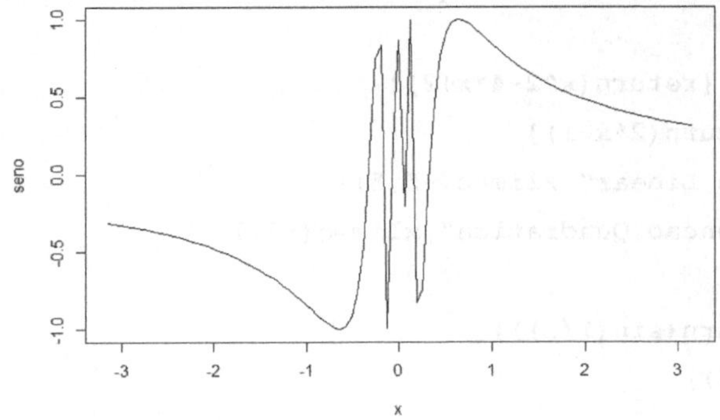

#É possível plotar várias funções em um mesmo gráfico, mediante a utilização do argumento ad=TRUE, após plotar o gráfico da primeira função

```
>f1<-function(x){return(x^3-6*x^2+11*x-6)}
>f2<-function(x){exp(x+1)}
>f3<-function(x){return(2*x+4)}
>plot(f1,xlim=c(-5,5),ylim=c(-3,3),col="BLUE",lwd=3)
>plot(f2,xlim=c(-5,5),col="RED",lwd=3,ad=TRUE)
>plot(f3,xlim=c(-5,5),col="DARKCYAN",lwd=2,ad=TRUE)
```

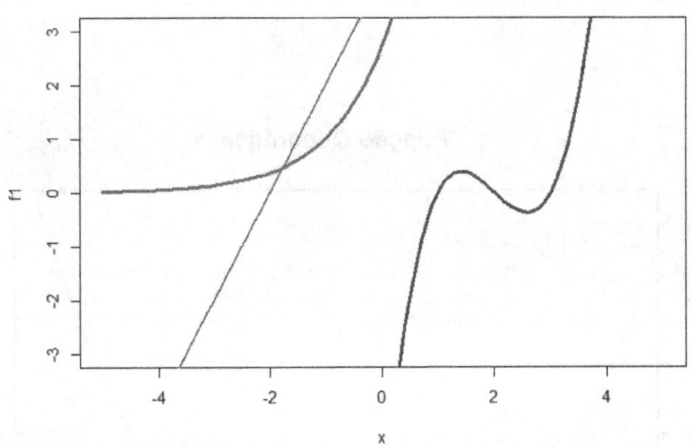

12.2.2 Visualizando vários gráficos na mesma janela gráfica

Cada vez que o usuário utiliza a função **plot** é criada uma janela gráfica para apresentação do gráfico.

Uma forma de apresentar dois ou mais gráficos em uma mesma janela, consiste na utilização do comando **par**, que define um "grid" na janela onde serão apresentados os gráficos.

Assim sendo, antes de utilizar, por exemplo, a função **plot** para cada um dos gráficos desejados, o usuário deve especificar em quantas linhas e colunas a janela será dividida, ou seja, a forma do grid.

Há duas forma de utilizar esse comando: **par**(mfrow = c(nr, nc)) ou
par(mfcol = c(nr, nc)), sendo
nr = número de linhas e **nc** = número de colunas.
O produto dos valores associados aos argumentos **nr** e **nc** deve corresponder ao número de gráficos que serão exibidos em uma mesma janela gráfica.
Para ilustrar a utilização desse comando, vamos considerar dois exemplos, sendo um com o arquivo "IDHM.csv" que contém, para cada um dos muncípios brasileiros, os IDHs de Renda, Longevidade e Educação; e outro com o data frame cars

EXEMPLO DE UTILIZAÇÃO DO COMANDO par

```
>IDHM <- read.table("IDHM.csv", sep=";", dec=",",header=TRUE)
> par(mfrow = c(3, 1))
> attach(IDHM)
> xe<-"Renda"
> ye<-"Longevidade"
> tit<-"IDH Municípios"
>plot(Renda, Longevidade,col="BLUE",xlab=xe, ylab=ye,main=tit)
>plot(Renda,Educacao,col="GREEN",xlab=xe,ylab="Educação",main=tit)
>plot(Longevidade, Educacao,col="RED",xlab=ye, ylab="Educação",main=tit)
```

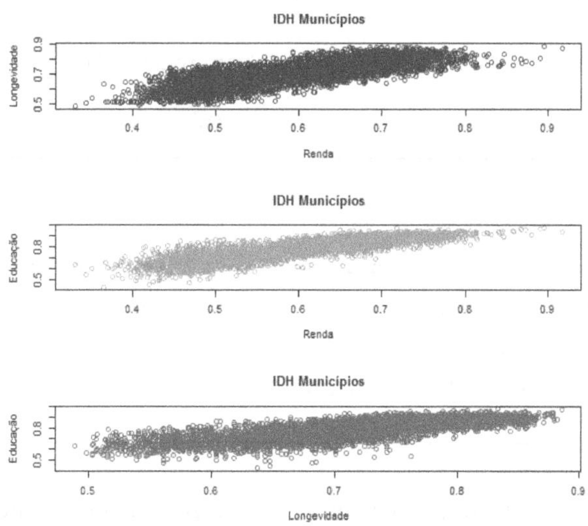


```
#Exemplos com data frame cars
> par(mfrow = c(2, 2))
> X<-cars$speed
> Y<-cars$dist
```

```
> plot(X,Y,xlab="Velocidade",ylab="Distância",main="Gráfico1",
xlim=range(X),ylim=range(Y),pch=4)
> plot(X,Y,xlab="Velocidade",ylab="Distância",main="Gráfico 2",
xlim=range(X),ylim=range(Y),pch=5)
> plot(X,Y,xlab="Velocidade",ylab="Distância",main="Gráfico 3",
xlim=range(X),ylim=range(Y),pch=6)
> plot(X,Y,xlab="Velocidade",ylab="Distância",main="Gráfico 4",
xlim=range(X),ylim=range(Y),pch=7)
```

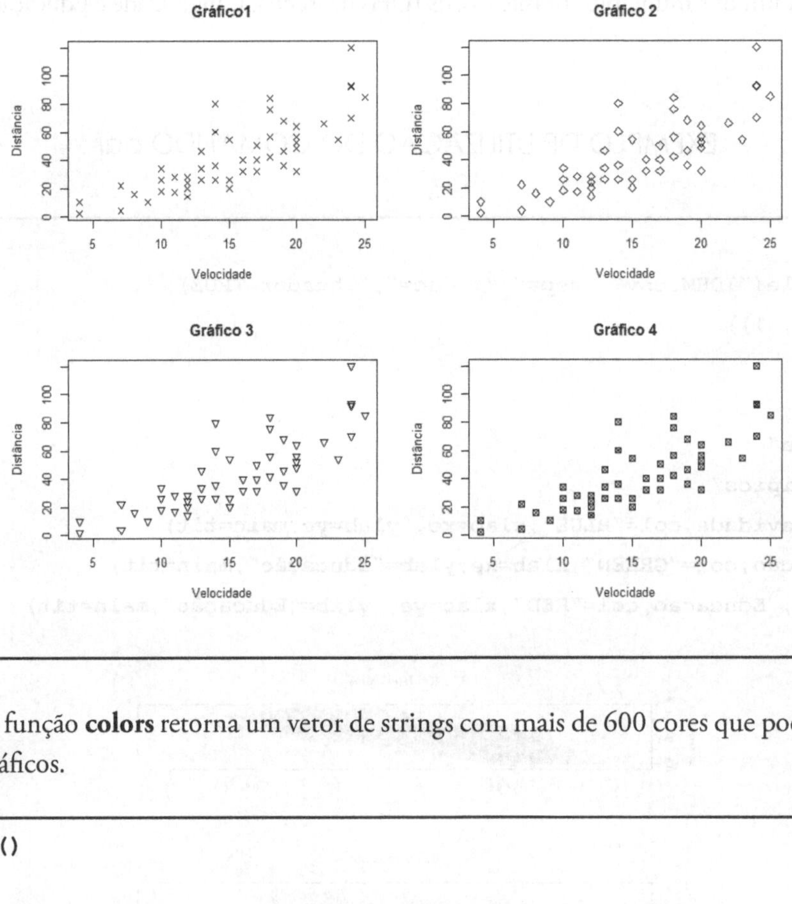

OBSERVAÇÃO: A função **colors** retorna um vetor de strings com mais de 600 cores que podem ser utilizadas para apresentação dos gráficos.

```
> cores<-colors()
> cores[1:10]
 [1] "white"          "aliceblue"      "antiquewhite"   "antiquewhite1" "antiquewhite2" "an-
tiquewhite3" "antiquewhite4" "aquamarine"     "aquamarine1"    "aquamarine2"
> cores[grep("blue",cores)][1:4]
[1] "aliceblue" "blue"       "blue1"      "blue2"
```

OBSERVAÇÃO: Após a construção de um gráfico com a função **plot**, pode-se adicionar novos pontos ao gráfico utilizando a função **points** que trabalha, basicamente, com quatro argumentos: um ponto (**x,y**), o tamanho do ponto (**cex**) e o tipo de ponto (**pch**).

Vamos considerar o data frame definido a seguir, com as notas obtidas por dez alunos nas disciplinas de Matemática e Português.

```
> alunos<-data.frame(MA=sample(10,10,T),PO=sample(10,10,T))
> plot(alunos,main="Notas dos Alunos",xlab="Matemática",ylab="Português")
#pch = indica o tipo de character que aparece no lugar do ponto
>points(7,8,pch="+",cex=2)
>points(4,5,cex=2)
```

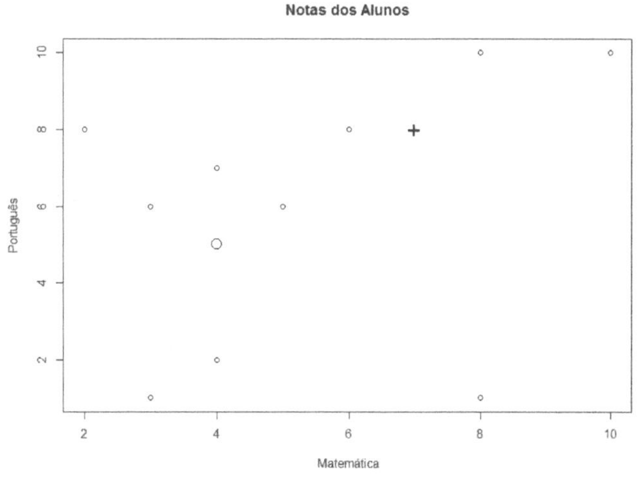

O exemplo a seguir ilustra a aplicação do algoritmo de agrupamento *k-means*[1], considerando a construção de dois grupos a partir dos IDHs de Renda e Educação. O objeto **cluster** contém códigos 1 e 2 correspondentes aos grupos que cada um dos municípios foram alocados e o objeto **centers** contém os centroides de cada um dos grupos.

EXEMPLO DE UTILIZAÇÃO DA FUNÇÃO points COM A SOLUÇÃO PRODUZIDA PELO ALGORITMO DE AGRUPAMENTO k-means

---

```
> attach(IDHM)
>s<-kmeans(cbind(Renda,Educacao),2)
>g1<-which(s$cluster==1)
>g2<-which(s$cluster==2)
>plot(Renda,Educacao,main="Grupos produzidos pelo algoritmo k-means")
>points(Renda[g1],Educacao[g1],col= "DARKGRAY")
>points(Renda[g2],Educacao[g2],col= "GRAY")
#Plota coordenadas dos centroides dos grupos 1 e 2 usando caracteres "+" e "#"
>points(s$centers[1,1],s$centers[1,2],pch="+",cex=3)
>points(s$centers[2,1],s$centers[2,2],pch="#",cex=3)
```

[1] Detalhes sobre o algoritmo podem ser encontrados na referência [5].

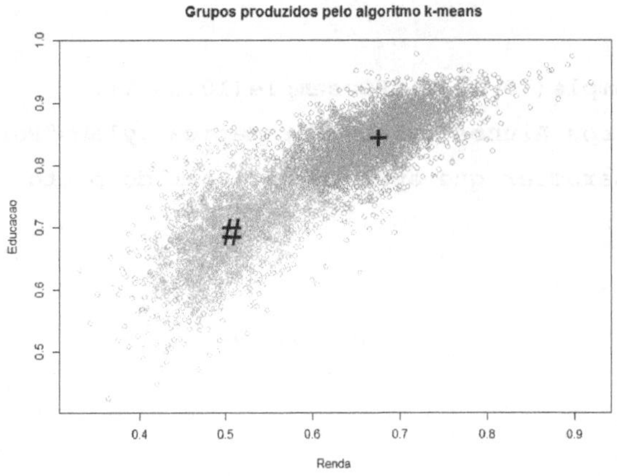

OBSERVAÇÃO: Também é possível adicionar um texto ao gráfico em uma coordenada (x,y), mediante a utilização da função **text**.

Forma de utilização: **text**(x,y,texto,col,....).
Os argumentos **x** e **y** correspondem às coordenadas do gráfico onde o argumento **texto** será inserido e o argumento **col** corresponde à cor do texto.

```
> text(0.75,0.75,"Centro Cluster 1",cex=2)
> text(0.5,0.6,"Centro Cluster 2",cex=2)
```

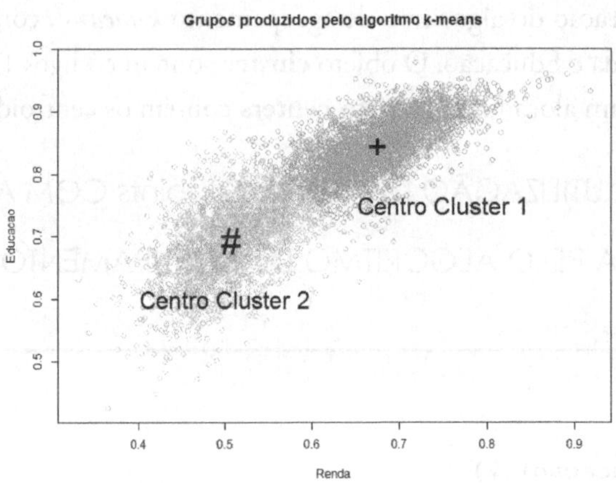

OBSERVAÇÃO: Também é possível adicionar linhas a um gráfico construído previamente através da função **plot**, mediante a utilização, em sequência, da função **lines**.

Para exemplificar, vamos considerar a utilização do data frame Orange, disponível no pacote *datasets*. Esse data frame contém 35 linhas e as variáveis Tree, age, circumference que estão associadas, respectivamente, à árvore na qual a medida foi feita e a sua idade e circunferência (tronco).

```
> attach(Orange)
> cores<-c("ORANGE","GREEN","DARKBLUE","RED","CYAN")
> tipo_linha<-1:5
```

```
> p<-apply(as.matrix(1:5),1,function(i) which(Tree==i))
#Desenha o primeiro gráfico com linha de cor laranja
>plot(age[p[,1]],circumference[p[,1]],col=cores[1],pch=1,type="b",
lty=tipo_linha[1],lwd=2,main="Gráficos",ylim=c(0,200),xlab="age",
ylab="circumference")
#Desenha os demais gráficos
> for(i in 2:5)
{lines(age[p[,i]],circumference[p[,i]],col=cores[i],type="b",lty=tipo_
linha[i],lwd=2,pch=i)}
> legend(1200,100,1:5,cex=1.1,col=cores,lty=tipo_linha,pch=1:5,
title="Tree")
```

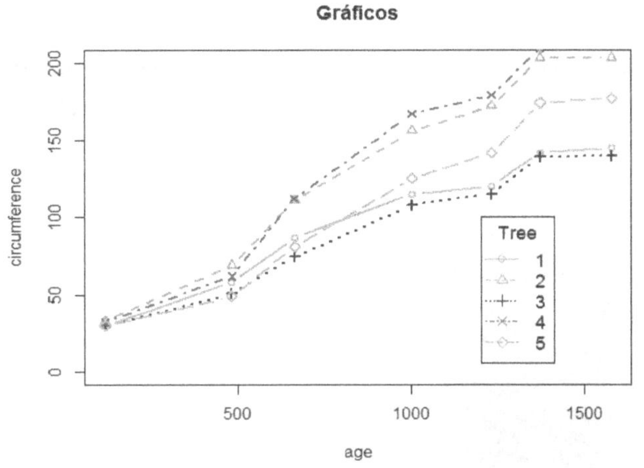

12.2.3 Gráfico de Barras – Função barplot

É um dos tipos de gráfico mais utilizados para visualização de dados qualitativos. Em geral, temos no eixo x as categorias e no eixo y os valores associados a essas categorias.

Forma de uso: barplot(height,...)
Alguns dos argumentos:
height = vetor ou matriz dos valores que descrevem as barras do gráfico;
width = vetor opcional com as larguras das barras;
names.arg = vetor de nomes a serem apresentados abaixo de cada barra ou grupo de barras;
legend.text = vetor de texto usado na construção de legenda para o gráfico;
horiz = valor lógico. Se FALSE, as barras são desenhadas verticalmente com a primeira barra mais à esquerda (ordem de preenchimento de **height**) . Se TRUE, as barras são desenhadas horizontalmente, de baixo para cima.
density = vetor que define as densidades das linhas que serão utilizadas (hachurados) para preencher as barras;
angle= inclinação das linhas utilizadas no preenchimento das barras;
col = vetor com as cores das barras. Para escolher uma tonalidade de cor mais clara ou escura, deve-se utilizar os prefixos ***light*** ou ***dark***, respectivamente combinados com o nome da cor;

main = título principal;
sub = título secundário;
xlab = nome para eixo x;
ylab = nome para eixo y.

EXEMPLOS DE UTILIZAÇÃO DA FUNÇÃO barplot

#Exemplo1 – Taxa de Analfabetismo no Brasil nos anos de 1991, 2000 e 2010. Dados do Atlas do Desenvolvimento Humano.

```
>taxas<-c(16.08,6.26,3.24)
>barplot(taxas,main="Taxa de Analfabetismo no Brasil \n Dados do Atlas do Desenvolvimento
Humano", xlab="Anos",ylab="Taxa", col="DARKRED", names.arg=c("1991","2000","2010"))
```

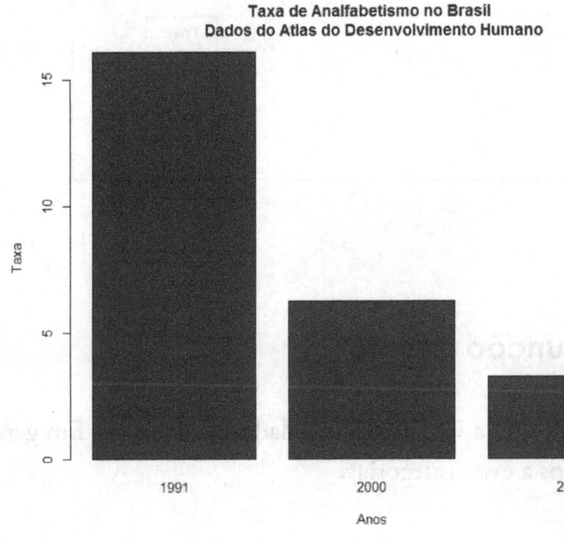

#Desenha as barras redefinindo o mínimo e o máximo em relação ao eixo y

```
> barplot(taxas, main="Taxa de Analfabetismo no Brasil \n Dados do Atlas do Desenvol-
vimento  Humano",xlab="Anos",ylab="Taxa", col="cyan",names.arg=c("1991","2000","2010"),
ylim=c(0,20))
```

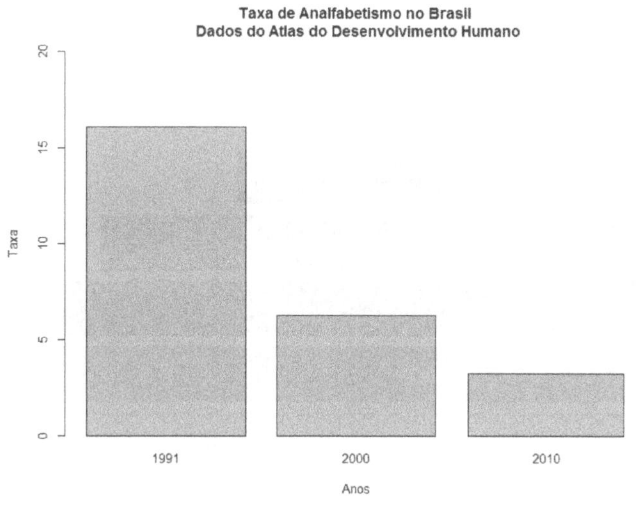

#Barra com três cores diferentes utilizando a função rainbow

```
>barplot(taxas, main="Taxa de Analfabetismo no Brasil \n Dados do Atlas do Desenvolvi-
mento Humano",xlab="Anos",ylab="Taxa", col=rainbow(3), names.arg=c("1991","2000","2010"),
ylim=c(0,20))
```

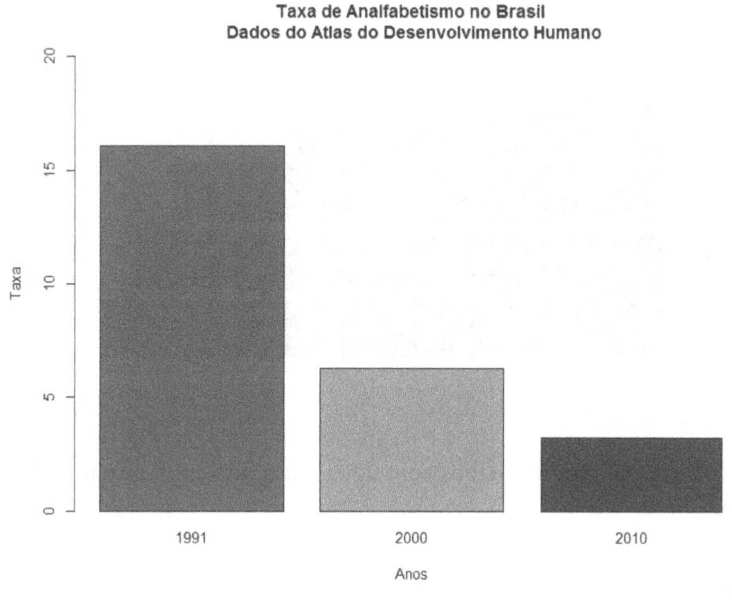

#Exemplo2 – % Participação das Operadoras de Celular no Brasil (1ºTrim 2013)
#Desenha barras horizontais definindo o argumento horiz=TRUE

```
> perc<-c(28.78,26.98,25.11,18.74,0.39)
> nomes<-c("Vivo","Tim","Claro","Oi","Outras")
> barplot(perc,main="Participação das Operadoras - 1oTrim 2013", ylab="Operadoras",
xlab="Percentuais",names.arg=nomes,col="darkred",horiz=T,xlim=c(0,30))
```

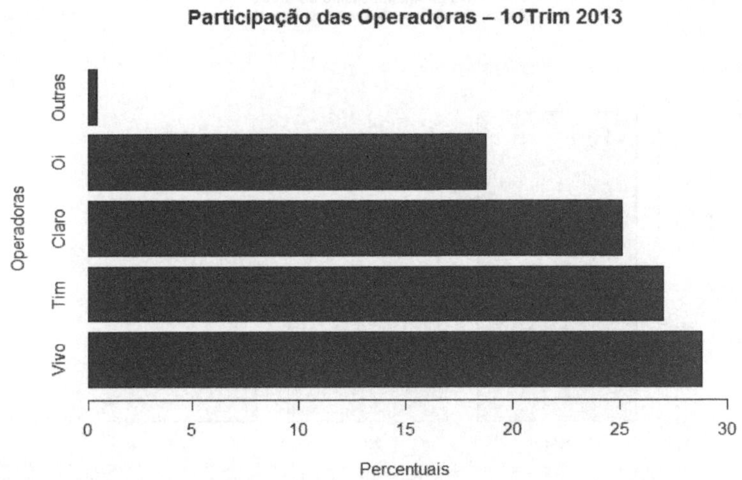


```
> par(las=2) #Utilizar esse comando antes da função barplot, para definir que os nomes das barras serão apresentados na horizontal
> barplot(perc,main="Participação das Operadoras - 1oTrim 2013", ylab="Operadoras", xlab="Percentuais",names.arg=nomes,col="darkred", horiz=TRUE,xlim=c(0,30))
```

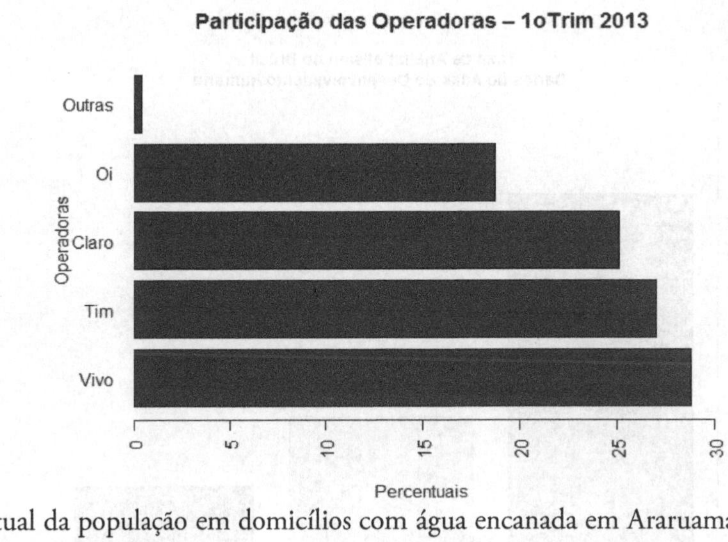

#Exemplo3 – Percentual da população em domicílios com água encanada em Araruama (RJ), Nilópolis (RJ) e São Gonçalo (RJ) (censo 1991)

```
>agua<-c(71.3,96.8,87.8)
>densi<-c(10,20,30)
>cores<-c("grey","black","grey60")
>barplot(agua,main="Percentual da População em Domicílios com Água Encanada \n Dados do Censo 1991",col=cores, ylab="Percentuais",
names.arg=c("Araruama","Nilópolis","São Gonçalo"),density=densi,
angle=c(30,45,60),ylim=c(0,100))
```

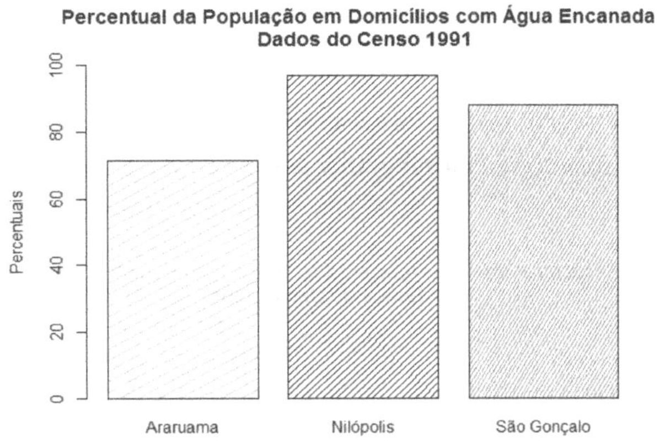

OBSERVAÇÃO: É possível alterar o número de divisões do eixo Y, mediante a utilização da função **axis** e do argumento **yaxt** (com valor "n")[2] na função **barplot.** Na chamada à função **axis** a seguir, o primeiro argumento (**side**) com valor **2** indica que as divisões serão aplicadas no eixo y, o segundo argumento (**at**) determina as divisões do eixo y e o terceiro (**las=1**) determina que os valores aparecerão à esquerda do eixo na posição horizontal.

```
>barplot(agua, main="Percentual da População em Domicílios com Água Encanada \n Dados do Censo 1991",col=cores, yaxt="n", density=densi, angle=c(30,45,60), names.arg=c("Araruama" ,"Nilópolis","São Gonçalo"), ylim=c(0,100))
> axis(side=2, at = seq(0, 100,5), las = 1)
```

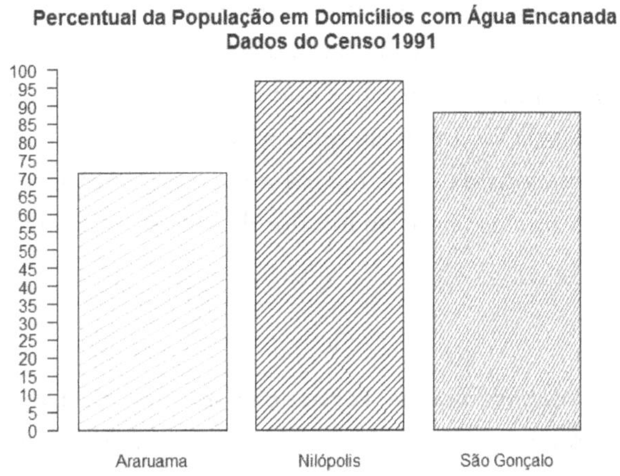

OBSERVAÇÃO: Uma alternativa para o usuário adicionar textos ou números ao interior de cada uma das barras é utilizando a função **text**, mais especificamente:

```
>text(locator(n=3),paste(agua),col=rep("black",3),cex=rep(2,3))
```

O argumento **n** corresponde ao número de barras, **o segundo** argumento (vetor de strings) define o que será atribuído (conteúdo) às barras, o terceiro argumento (**col**) a cor que será atribuída a cada texto e o argumento **cex** define o tamanho dos textos.

---

[2] Implica omitir a apresentação do eixo y ao utilizar a função barplot.

A função opera da seguinte maneira: após o usário desenhar o gráfico de barras utilizando **barplot**, deve digitar o comando da página anterior e clicar na região interna de cada uma das barras (considerando a correspondência entre as barras e os valores do vetor de strings), de forma a especificar o posicionamento dos conteúdos. Após clicar na n-ésima barra, aqui no caso, a terceira, teremos o gráfico a seguir.

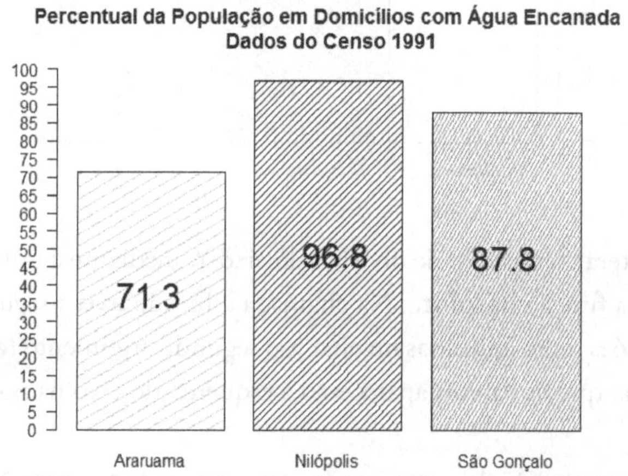

Alternativamente a combinar a função **text** com o comando **locator**, pode-se utilizar a função **text** da seguinte forma: **text**(objeto_grafico, y, labels, pos,col,cex).

O argumento **objeto_grafico** armazena o gráfico construído no passo anterior, o argumento **y** indica a altura que cada um labels (textos) aparecerá no interior de cada barra, o argumento **labels** é um vetor de strings (com número de elementos igual ao número de barras) com os textos que serão escritos no interior de cada barra. O argumento **pos** pode ter valores entre 1 e 4 associados à posição que os labels aparecerão em relação às coordenadas especificadas em **y**, sendo 1 = abaixo, 2= à esquerda, 3=acima e 4 = à direita. Adicionalmente, os argumentos **col** e **cex** determinam, respectivamente, as cores dos textos no interior de cada barra e o tamanho dos textos.

```
> agua<-c(71.3,96.8,87.8)
> densi<-c(10,20,30)
> nb<- barplot(agua, main="Percentual da População em Domicílios com Água Encanada \n Dados do Censo 1991", yaxt="n", density=densi, angle=c(30,45,60), names.arg=c("Araruama","Nilópolis","São Gonçalo"),ylim=c(0,100))
> axis(side=2, at = seq(0, 100,5), las = 1)
> text(nb,y=rep(50,3),paste(agua),pos=3,col="BLUE",cex=3)
```

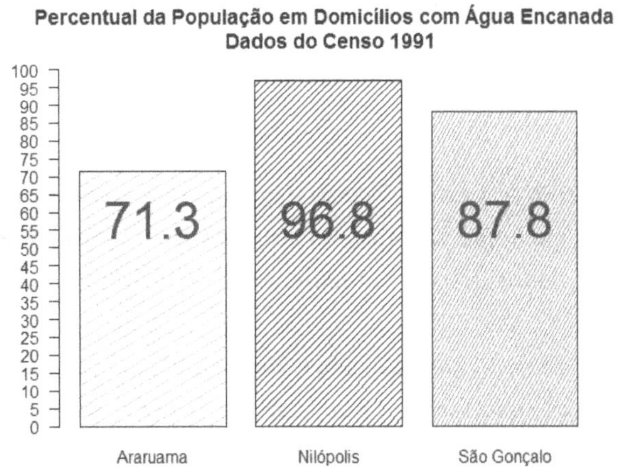

#Exemplo4 – População residente, por cor ou raça, segundo a situação do domicílio (percentual) (dados do censo demográfico 2010)

Situção\cor ou raça	Branca	Preta	Amarela	Parda	Indígena	Sem Decl.
Urbano	56,15	6,05	0,50	36,36	0,29	0,67
Rural	43,38	6,90	0,23	47,50	1,10	0,89

```
> Urbano<-c(56.15,6.05,0.50,36.36,0.29,0.67)
> Rural<-c(43.38,6.90,0.23,47.50,1.10,0.89)
> matriz<-cbind(Urbano,Rural)
> legenda<- c("Urbano","Rural")
>cr<-rep(c("Branca","Preta","Amarela","Parda","Indígena","ND"),2)
#beside=TRUE   (constrói barras lado a lado)
> barplot(matriz,col=c(rep("darkblue",6),rep("darkred",6)),yaxt="n",
beside=TRUE, main="População residente, por cor ou raça, segundo a situação do domicílio
(percentual) \n Dados do Censo Demográfico de 2010", names.arg=cr, legend.text=legenda,
ylim=c(0,60), args.legend=list(fill=c("darkblue","darkred")),xlim=c(0,14))
> axis(side=2, at = seq(0, 60,5), las = 1)
```

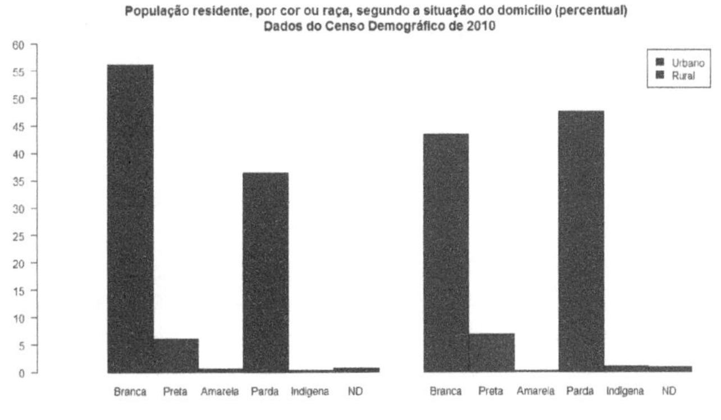

OBSERVAÇÃO: Para adicionar linhas horizontais ou verticais ao gráfico pode-se utilizar a função **abline**. A forma de utilização:

```
abline(h,v,col,lty,lw ,...).
```

O argumento **h** contém um vetor com os pontos do eixo y que terão as linhas horizontais e o argumento **v** contém um vetor com os pontos do eixo x que terão as linhas verticais. O argumento **col** está associado às cores das linhas e os argumentos **lty** e **lw** estão associados, respectivamente, ao tipo de linha e à espessura da linha.

```
> barplot(matriz,col=c(rep("darkblue",6),rep("darkred",6)),yaxt="n",
beside=TRUE, main="População residente, por cor ou raça, segundo a situação do domicílio
(percentual) \n Dados do Censo Demográfico de 2010", names.arg=cr, legend.text=legenda,
ylim=c(0,60), args.legend=list(fill=c("darkblue","darkred"),x=15,y=60))
> axis(side=2, at = seq(0, 60,5), las = 1)
> abline(h=c(25,40),col=c("BLACK","GRAY40"),lty=1,lw=3)
```

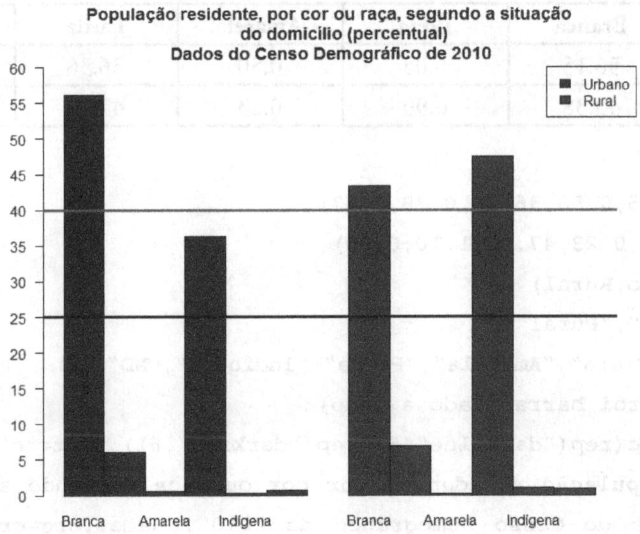

#Repetindo as 2 primeiras linhas utilizadas para construir o gráfico anterior +

```
> abline(h=c(25,40),col=c("BLACK","GRAY40"),lty=2,lw=1)
```

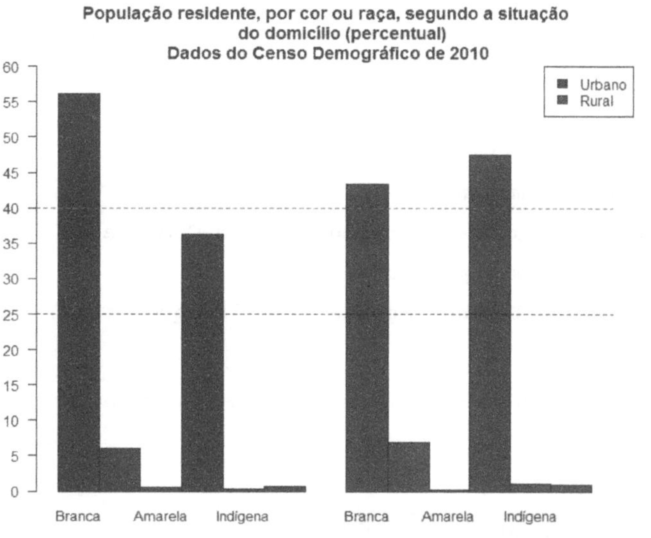

#Exemplo5 – Modalidades de Bolsa no País, por Sexo – Ano de 2017 (CNPq)

```
>Masculino<-c(190494,131118,78479,52428,132556)
>Masculino<-100*Masculino/sum(Masculino)
>Feminino<-c(99469,131952,85984,73230,142756)
>Feminino<-100*Feminino/sum(Feminino)
>dados<-cbind(Masculino,Feminino)
>titulo<-"Modalidade de Bolsa no País, por Sexo - Ano de 2017 - CNPq"
> modalidades<-c("Produtividade em Pesquisa","Doutorado","Mestrado", "Iniciação Científi-
ca", "Outros")
>cores<-c("DARKBLUE","DARKRED","GRAY","DARKGREEN","BLACK")
#beside=FALSE (constrói barras empilhadas)
>g<-barplot(dados,main=titulo,ylim=c(0,100),xlim=c(0,4),col=cores,
ylab="Percentual",legend.text = modalidades)
```

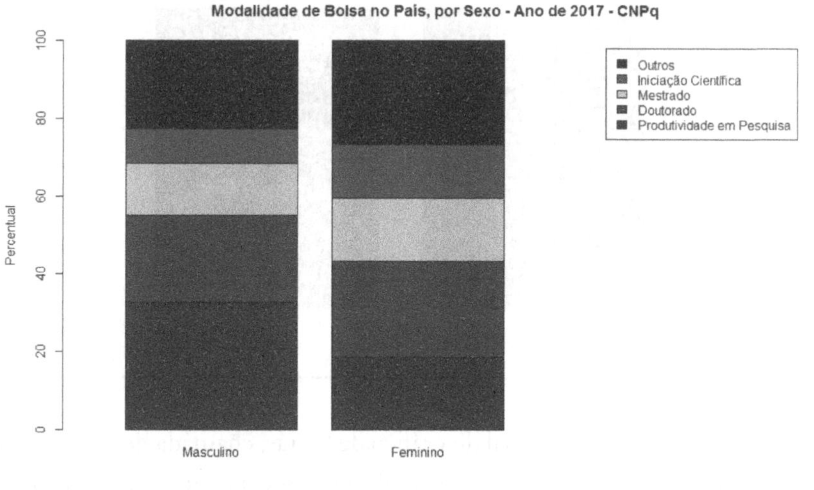

#Exemplo6 – Total de alunos e alunas matriculados nas disciplinas de Computação e Cálculo I

```
> Computacao<-c(54,16)
> Calculo<-c(24,8)
> matriz<-cbind(Computacao,Calculo)
> legenda<- c("Masculino","Feminino")
> titulo<-"Total de alunos e alunas matriculados em Computação  e Cálculo I"
#beside=FALSE (constrói barras empilhadas)
> barplot(matriz,main=titulo,legend=legenda,ylab="Frequências")
```

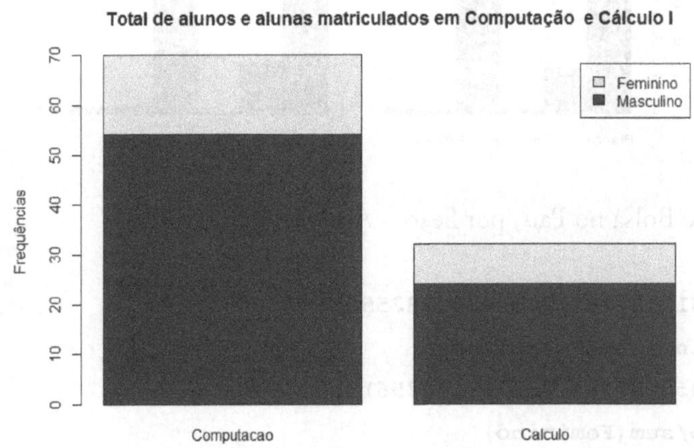


```
>mat2<-100*cbind(Computacao/sum(Computacao),Calculo/sum(Calculo))
>ti<-"Percentual de alunos e alunas matriculados em Computação e Cálculo I"
>graf<-barplot(mat2,main=ti,col=c("DARKBLUE","DARKRED"),
ylab="Percentual",names.arg=c("Computação","Cálculo I"))
>texto<-paste(rep(c("Alunos","Alunas"),2),round(as.vector(mat2)),"%",sep=" ")
>text(sort(rep(graf,2)),rep(c(40,90),2),texto,col="white",cex=2)
```

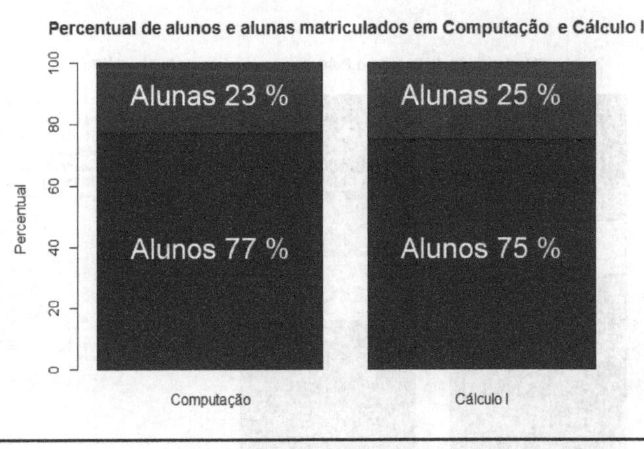

OBSERVAÇÃO: No R, temos uma versão especial do gráfico de barras, chamada de "spinogram", que corresponde a barras empilhadas, tal que a altura de cada barra é 1 e as alturas associadas a cada segmento da barra (barras que compõem a pilha) representam uma proporção. Esse tipo de gráfico é criado utilizando a função **spine**, disponível no pacote *vcd.*

EXEMPLO DE UTILIZAÇÃO DA FUNÇÃO spine

#Exemplo1 – Utilização do data frame Arthritis que tem registros com informações sobre os resultados de um tratamento clínico para artrite reumatoide com 84 pacientes. Vamos utilizar as variáveis treatment, que indica se o paciente foi tratado com remédio ou placebo e a variável Improved, que indica se o paciente não teve nenhuma melhora, teve alguma melhora ou melhorou substancialmente.

```
> library(vcd)
> attach(Arthritis)
> head(Arthritis,n=4)
ID Treatment  Sex Age Improved
1 57   Treated Male  27     Some
2 46   Treated Male  29     None
3 77   Treated Male  30     None
4 17   Treated Male  32   Marked
> contagem<-table(Treatment,Improved)
> colnames(contagem)<-c("Nenhuma","Alguma","Total")
> rownames(contagem)<-c("Placebo","Medicamento")
> spine(contagem,main="Resultados do Tratamento d
e Artrite Reumatoide",xlab="Tratamento",ylab="Melhora")
```

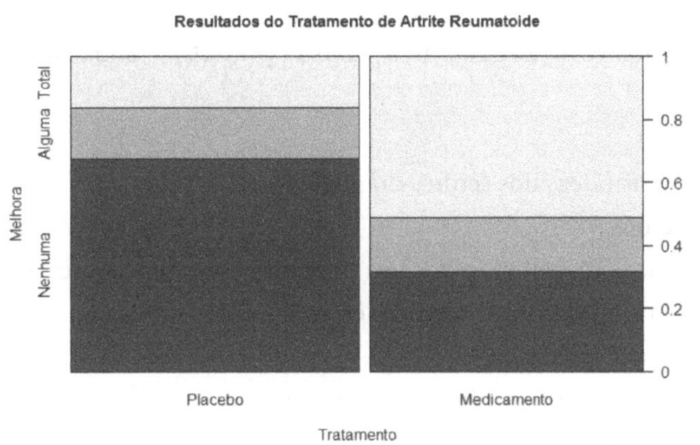

#Argumento gp combinado com gpar(fill=cor) permite alterar as cores de preenchimento das barras empilhadas. No caso desse exemplo, utilizamos a função terrain.colors(n), sendo n o número de cores correspondente ao número de barras empilhadas.

```
> spine(contagem,main="Resultados do Tratamento de Artrite Reumatoide",
xlab="Tratamento",ylab="Melhora",gp=gpar(fill=terrain.colors(3)))
```

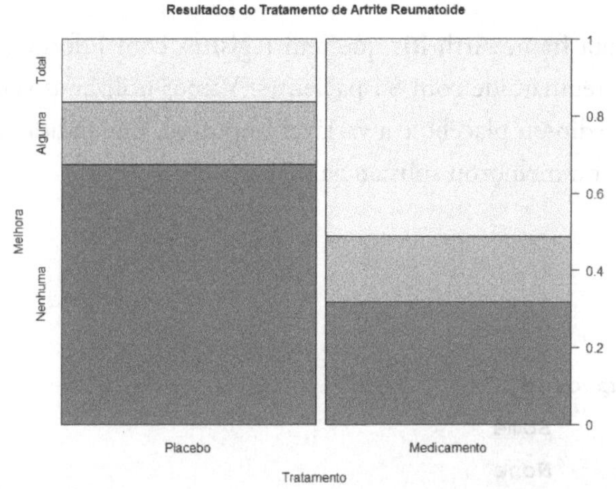

12.2.4 Gráfico de setores – Função pie

Também é conhecido como gráfico de pizza. Cada categoria é representada por um setor (fatia) cujo tamanho (valor ou %) é proporcional ao valor do ângulo do setor. Esse tipo de gráfico não é recomendado quando há muitas categorias.

Forma de uso:

```
pie(x,labels=names(x),edges=200,radius=0.8,density=NULL,  angle=45,col=NULL,...)
```

Alguns dos argumentos:

x = vetor de quantidades positivas (áreas dos setores do gráfico);
labels = vetor de nomes dos setores;
edges = esboço circular do gráfico, aproximado por um polígono com muitas arestas;
radius = círculo que é centrado em uma caixa cujos lados variam de -1 a 1;
density = densidade das linhas, por polegada;
angle = inclinação das linhas, dada como um ângulo em graus;
col = vetor das cores que serão utilizadas.

EXEMPLOS DE UTILIZAÇÃO DA FUNÇÃO pie

#Exemplo1 – Resultados das Eleições Presidenciais de 2018 – 1º Turno – Seis primeiros colocados (votos válidos). Dados do TSE.

```
>perc<-c(46.03,29.28,12.47,4.76,2.50,1.26,3.70)
>nomes<-c("Bolsonaro","Haddad","Ciro","Alckmin","Amoêdo","Cabo Daciolo","Outros")
```

```
>cores<-paste("grey",seq(100,10,-15),sep="")
>pie(perc,labels=nomes,col=cores,main="Eleição Presidencial 2018 - 1oTurno - Votos Válidos
- Dados TSE")
```

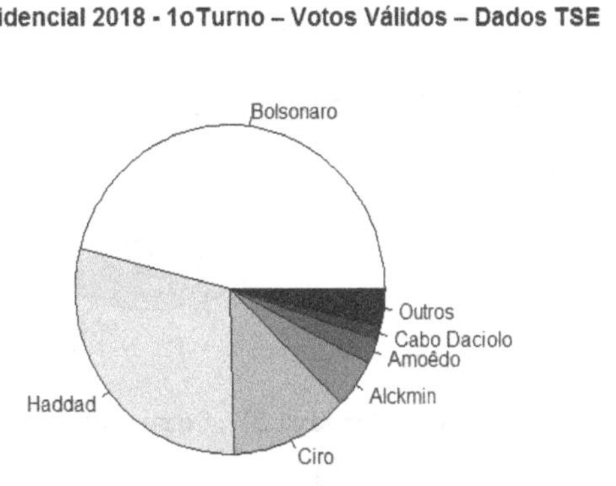

#O preenchimento do gráfico ocorre no sentido anti-horário

```
>nomes2<-paste(paste(nomes,perc,sep=" - "),"%",sep="")
>pie(perc,labels=nomes2,col=cores,main="Eleição Presidencial 2018 - 1oTurno - Votos Váli-
dos - Dados TSE")
```

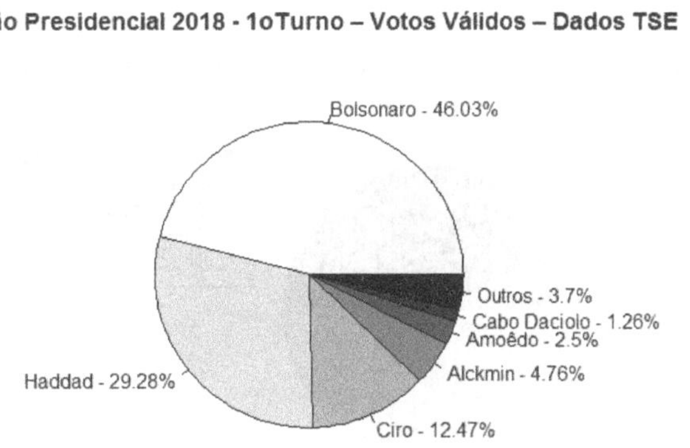

#Exemplo2 – Distribuição do Eleitorado com deficiência – TSE – 2018

```
>titulo<- "Distribuição do Eleitorado com Deficiência - TSE - 2018"
>qt<-c(332433,120195,63861,57923,460531)
>rotulos<-c("Deficiência de Locomoção","Deficiência Visual","Deficiência Auditiva", "Dificul-
dade p/ exercício do Voto", "Outros")
>r2<-paste(round(100*qt/sum(qt),1),"% ",rotulos,sep="")
>pie(qt,main=titulo,labels=r2,angle=45,density=c(10,20,30,40,50),cex=1.1)
```

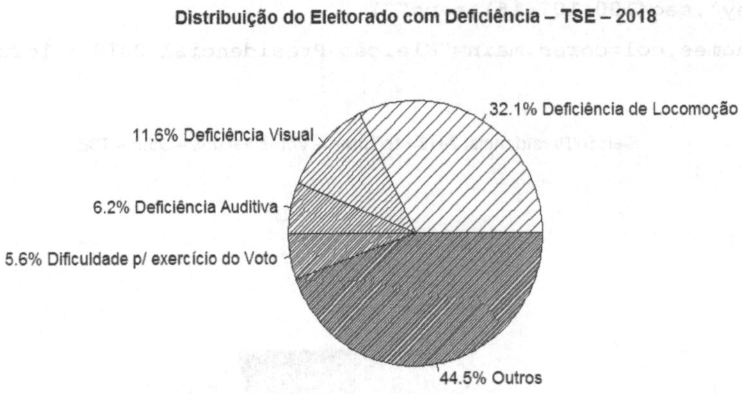


```
>cores=c("grey10","grey25","grey40","grey55","grey60")
>r3<-paste(round(100*qt/sum(qt),1),"% ")
>pie(qt,main=titulo,labels=r3,col=cores)
```

#Função legend permite adicionar legenda ao gráfico. Os argumentos pch e cex são os mesmos utilizados, por exemplo, na função plot.

```
> legend(1,1,rotulos,col=cores,pch=rep(15,5),cex=1.2)
```

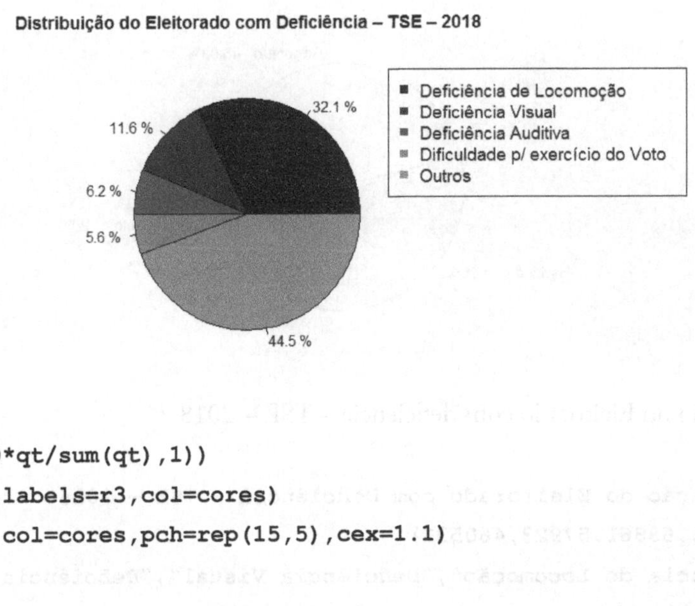


```
>cores<-rainbow(5)
>r3<-paste(round(100*qt/sum(qt),1))
>pie(qt,main=titulo,labels=r3,col=cores)
>legend(1,1,rotulos,col=cores,pch=rep(15,5),cex=1.1)
```

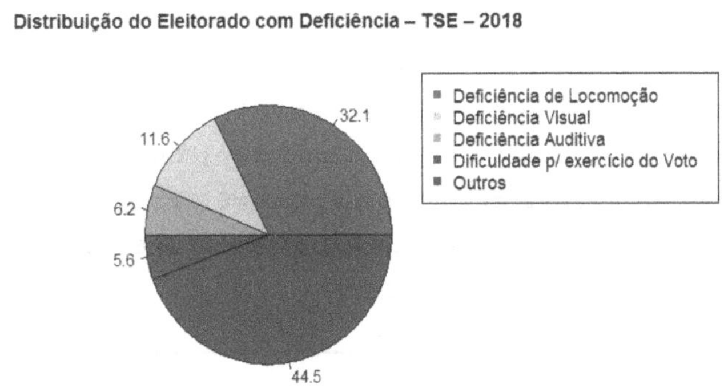

OBSERVAÇÃO: Também é possível desenhar gráficos de setores 3D. Neste caso, uma possibilidade consiste na utilização da função **pie3D**, disponível no pacote *plotrix*.

Forma de uso: pie3D(x,...)
Alguns dos argumentos:
x = vetor de quantidades positivas (áreas dos setores do gráfico);
theta = ângulo de visão do gráfico (em radianos);
labels = vetor de nomes dos setores;
edges = esboço circular do gráfico, aproximado por um polígono;
radius = raio dos setores (default = 1);
col = vetor de cores dos setores;
labelcol = vetor de cores dos rótulos associados aos setores;
labelcex= fator de expansão dos rótulos associados aos setores;
height = altura (espessura) do gráfico;
explode = separação entre os setores (default = 0);
main = Título principal

EXEMPLO DE UTILIZAÇÃO DA FUNÇÃO pie3D

#Exemplo1 – Participação das Principais Operadoras de Celular no Mercado – 3º Trimestre de 2018.

```
> operadoras<-c("Vivo","Tim","Claro","Oi","Outras")
> perc<-c(32,25,24,17,2)
> cores<-c("RED","DARKGREEN","BLUE","ORANGE","GRAY30")
> operadoras2<-paste(operadoras," ",perc,"%",sep="")
>par(mfrow=c(2,2))
>tit<-c("Operadoras de Celular - 3° Trimestre de 2018")
>library(plotrix)
>pie3D(perc,main=tit,theta=pi/3,col=cores,labelcol=rep("GREY10",5),
```

```
radius=1.8,labels=operadoras2,labelcex = 1.5,height=0.05)
>pie3D(perc,main=tit,theta=pi/4,col=cores,labelcol=rep("GREY10",5),
radius=1.8,labels=operadoras2,labelcex = 1.5,height=0.25)
>pie3D(perc,main=tit,theta=pi/4,col=cores,labelcol=rep("GREY10",5),
radius=1.8,labels=operadoras2,labelcex = 1.5,explode=0.1)
>pie3D(perc,main=tit,theta=pi/6,col=cores,labelcol=rep("GREY10",5),radius=1.8,labels=oper
adoras2,labelcex= 1.5,explode=0.2,height=0.25)
```

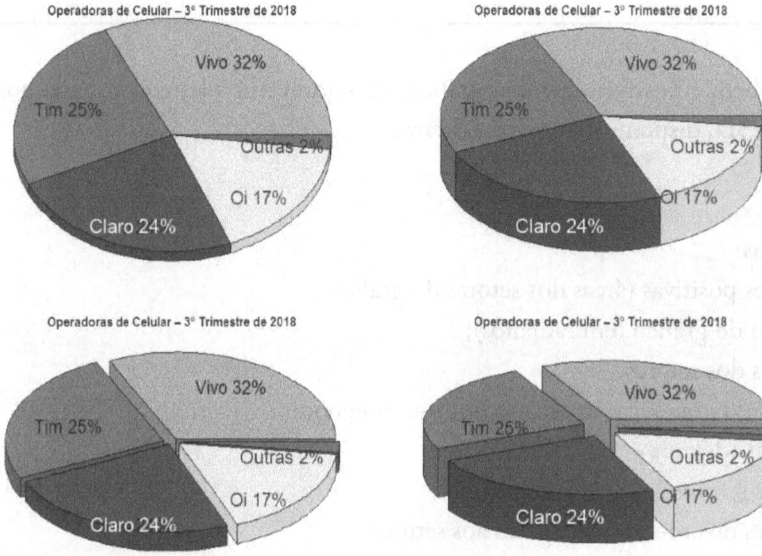

12.2.5 Diagrama de ramos e folhas – Função stem

Esse gráfico representa os dados quantitativos separando cada valor em duas partes: o ramo colocado à esquerda de uma linha vertical e a folha colocada à direita.

Forma de uso: stem(x,scale=1,width=80,atom=1x10^{-8})

Argumentos:

x = vetor numérico;

scale = comprimento do gráfico;

width= largura desejada do gráfico;

atom= tolerância ou casas decimais.

EXEMPLOS DE UTILIZAÇÃO DA FUNÇÃO stem

#Exemplo1 – Uma faculdade aplica a pesquisa de estudo e hábitos em 18 de seus estudantes do primeiro ano. Seus escores estão no vetor x definido abaixo:

```
> x<-c(154,109,137,115,152,140,154,178,101,103,126,126,137,165,165,
129,200,148)
```

```
> stem(x)
  The decimal point is 1 digit(s) to the right of the |
  10 | 1395
  12 | 66977
  14 | 08244
  16 | 558
  18 |
  20 | 0
> stem(x,scale=2)
  The decimal point is 1 digit(s) to the right of the |
  10 | 139
  11 | 5
  12 | 669
  13 | 77
  14 | 08
  15 | 244
  16 | 55
  17 | 8
  18 |
  19 |
  20 | 0
```

#Exemplo2 – Representar 25 valores de uma série associada com as taxas de pulsação de uma pessoa.

```
> taxas< c(54,57,58,59,60,62,63,63,64,64,65,65,65,66,67,67,68,69,70,70,71,72,74,75,78)
> stem(taxas)
  The decimal point is 1 digit(s) to the right of the |
  5 | 4
  5 | 789
  6 | 023344
  6 | 55567789
  7 | 00124
  7 | 58
> stem(taxas,scale=0.5)
  The decimal point is 1 digit(s) to the right of the |
  5 | 4789
  6 | 02334455567789
  7 | 0012458
```

12.2.6 Gráfico de pontos – Função dotchart

É o recurso gráfico mais simples para apresentar **n** valores individuais de dados numéricos. São adequados para mostrar características tais como conglomerados de pontos, lacunas e valores atípicos.
Forma de uso:

```
dotchart(x,labels=NULL,groups=NULL,gdata=NULL,cex=par("cex"),pch=21,gpch=21,bg=par("bg"),
color=par("fg"), gcolor=par("fg"), lcolor="gray" main=NULL,xlab=NULL,ylab=NULL)
```

Alguns dos argumentos:
x=vetor ou matriz de valores numéricos. Se x for uma matriz, o gráfico total consiste em justapor os gráficos de pontos;
labels = vetor com os nomes de cada ponto;
groups = Se x é uma matriz, os grupos estão associados às colunas de x;
gdata = valores para os grupos (mediana, média etc.);
cex = tamanho do caractere a ser usado;
pch = caractere ou símbolo a ser utilizado [pch = 19 (círculo sólido), 20 (círculo pequeno), 21 (círculo), 22 (quadrado) e 23 (losango)];
gpch = caracter ou símbolo a ser utilizado nos grupos;
bg = cor de fundo do gráfico;
color = cor ou cores utilizadas para os nomes dos pontos;
gcolor = única cor utilizada para os nomes e os valores dos grupos;
lcolor = cor ou cores utilizadas para as linhas horizontais;
main = título principal;
xlab = nome para a linha central do eixo x;
ylab = nome para a linha central do eixo y.

EXEMPLOS DE UTILIZAÇÃO DA FUNÇÃO dotchart

#Exemplo1 – Notas de dez alunos em uma prova de Matemática

```
>notas<-c(3,0,5,5,6,5,5,2,2,10)
>alunos<-paste("aluno",1:10,sep="")
>titulo<-"Notas dos Alunos na Prova de Matemática"
>dotchart(notas,labels=alunos,bg="BLUE",main=titulo)
```

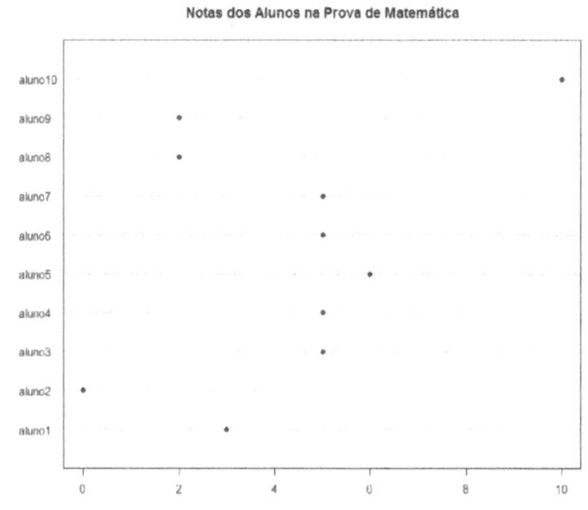


```
>dotchart(notas,labels=alunos,bg="RED",pch=23,cex=1.25,main = titulo)
```

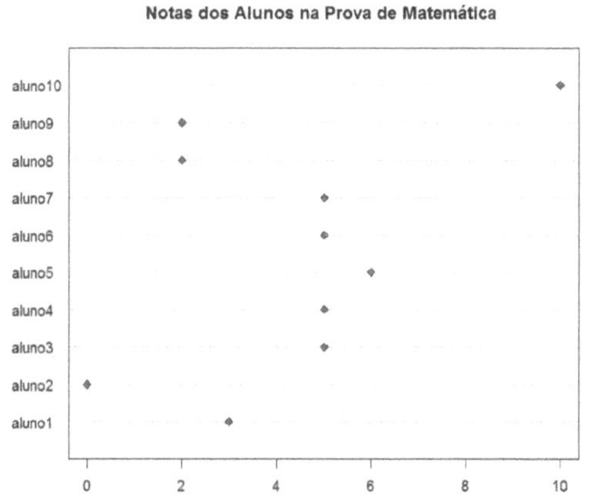

#Exemplo2: IDH[3] de cinco países de América do Sul e cinco países da Europa (Estimativas para 2018)

América do Sul	IDH	Europa	IDH
Brasil	0,73	Itália	0,88
Argentina	0,81	Alemanha	0,92
Chile	0,82	França	0,89
Uruguai	0,79	Irlanda	0,92
Colômbia	0,72	Espanha	0,89

```
>paises<-c("Brasil","Argentina","Chile","Uruguai","Colômbia","Itália",     "Alemanha","Fra
nça","Irlanda","Espanha")
> idh<-cbind(c(0.73,0.81,0.82,0.79,0.72),c(0.88,0.92,0.89,0.92,0.89))
> dotchart(idh,labels=paises,gdata=c(mean(idh[,1]),mean(idh[,2])),pch=19,
gpch=c(23,22),gcolor=c("black","black"),color=c(rep("grey10",5),rep("grey50",5)),
cex=1.25,main="IDH de Países da América do Sul e da Europa \n Estimativas para 2018")
```

[3] Dados do Relatório de Desenvolvimento Humano do Programa das Nações Unidas para o Desenvolvimento (PNUD).

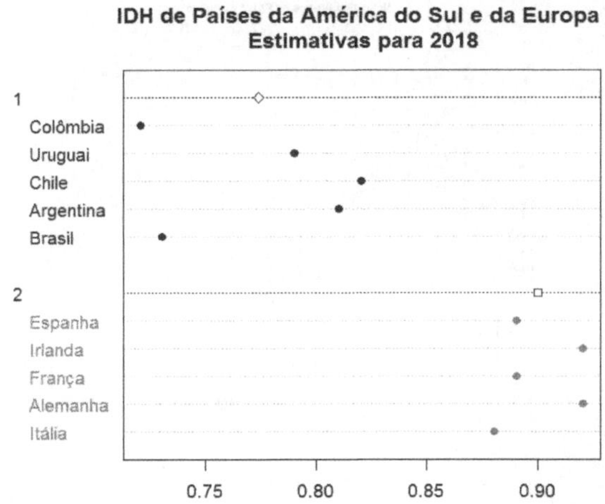

12.2.7 Histograma – Função hist

O histograma é um gráfico com barras no qual a escala horizontal representa classes de valores de dados e a escala vertical representa as frequências. As alturas das barras correspondem aos valores das frequências, e as barras são desenhadas adjacentes umas às outras.

Esse gráfico permite-nos avaliar a distribuição quanto à dispersão dos dados e à forma (se há alguma assimetria, algum pico ou achatamento ou valores bimodais).

Forma de uso:

```
hist(x,breaks="Sturges",freq=NULL, probability=!freq, include.lowest=TRUE,right=TRUE,densi
ty=NULL, angle=45,col=NULL, border=NULL,main=paste("Histogramof",xname),xlim=range(breaks)
,…,nclass=NULL)
```

Alguns dos argumentos:

x = vetor numérico com valores utilizados na construção do histograma;
breaks= normalmente é um vetor que fornece os pontos de quebra entre as barras do histograma. Também pode ser: (i) um único número que indica, aproximadamente, o número de barras para o histograma; (ii) uma função para calcular o número de barras ou (iii) uma string que indica o algoritmo utilizado para determinar as barras (consultar help da função);
freq= TRUE o histograma apresenta as frequências absolutas, caso contrário, apresenta as frequências relativas (associadas às densidades);
probability = argumento lógico. Tem efeito contrário ao argumento **freq**;
include.lowest = argumento lógico. Se TRUE, um x[i] igual a um valor de breaks pode ser incluído na primeira barra (ou última para right = FALSE);
right= lógico. Se TRUE, as barras do histograma possuem intervalos fechados à direita;
density = densidade de linhas para preenchimento das barras do gráfico (em linhas por polegada);

angle= inclinação das linhas de preenchimento das barras, em graus (no sentido anti-horário);
col= utilizado para definir a cor das barras;
border= cor da borda das barras;
nclass= número inteiro utilizado para definir o número de classes desejadas para o histograma. Este argumento não pode ser utilizado simultaneamente com o argumento **breaks**.

EXEMPLOS DE UTILIZAÇÃO DA FUNÇÃO hist.

#Exemplo1: Distribuição da variável total de domicílios urbanos em uma amostra de 500 setores censitários de São Paulo (Contagem Populacional de 2007 - Arquivo URBSP2007.txt)

```
>X<-scan("URBSP2007.txt")
>titulo<-"Distribuição dos Domicílios Urbanos nos Setores Censitários de SP \n Contagem Populacional 2007"
> hist(X,col="BLUE",border="BLACK",main=titulo, xlab="Domicílios", ylab="Frequência")
```

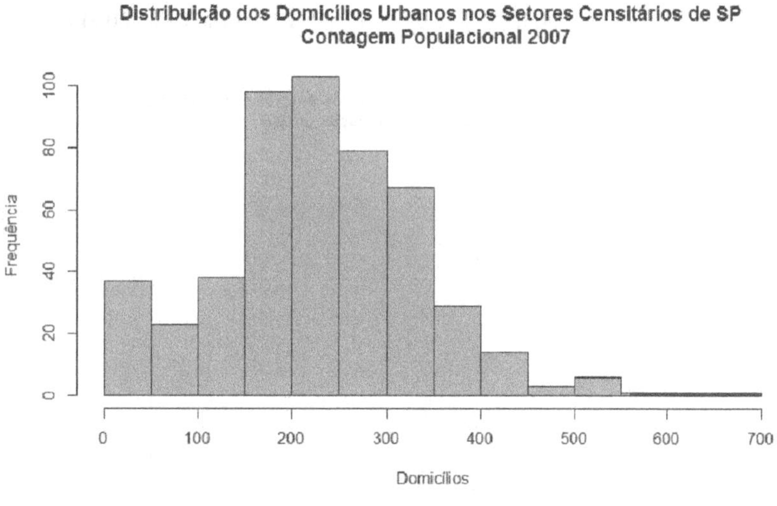

#Apresenta o contorno das linhas das barras pontilhado (lty) e as linhas dos eixos com espessura maior (lwd)

```
>hist(X,col="GREY",border="BLUE",main=titulo,xlab="Domicílios",
ylab="Frequência",lty=2,lwd=2)
```

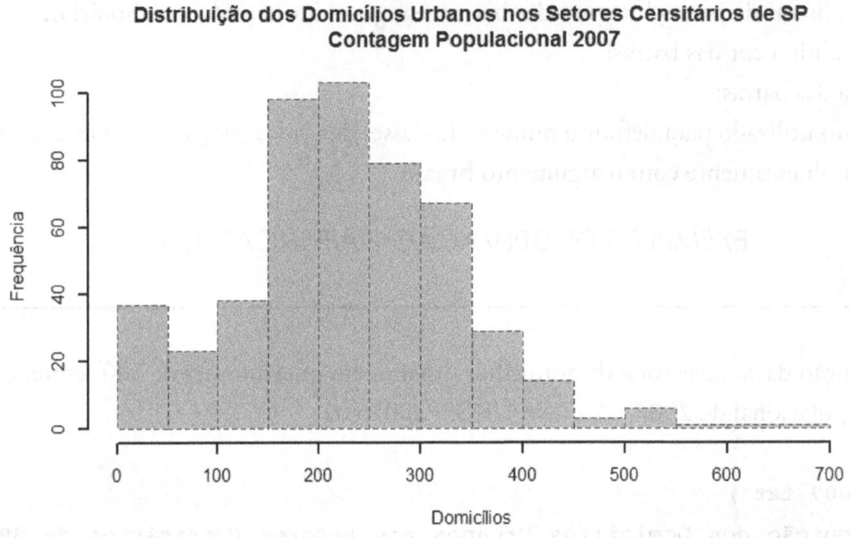

#Apresenta o histograma com linhas hachuradas

```
> hist(X,col="GREY",border="BLUE",main=titulo,xlab="Domicílios",
ylab="Frequência",5,density=12,angle=45,
breaks=seq(min(X),max(X),(max(X)-min(X))/10),xaxt="n",ylim=c(0,200))
```

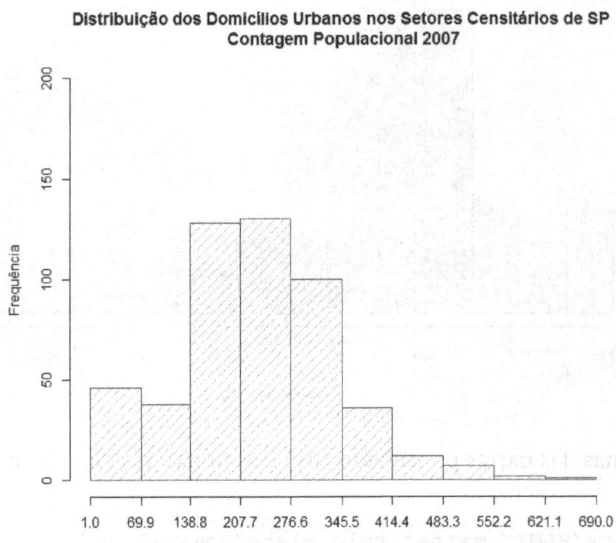

#Apresenta valores do eixo x com novas divisões

```
> axis(side=1, at = seq(min(X),max(X),(max(X)-min(X))/10), las = 1)
>cores<-paste("GREY",seq(10,100,10),sep="")
>hist(X,col=cores,main=titulo,xlab="Domicílios",ylab="Frequência")
```

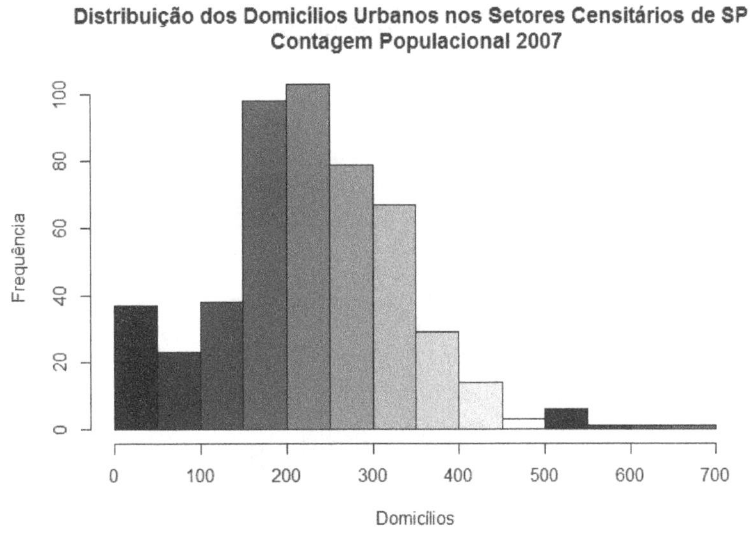

OBSERVAÇÃO: Além da construção do gráfico, a função **hist** retorna alguns objetos com informações úteis, quais sejam:

breaks = vetor associado aos limites dos intervalos de classe;

counts = vetor com frequências absolutas associadas aos intervalos de classe;
mids = vetor com pontos médios dos intervalos de classe

```
>titulo<-"Distribuição dos Domicílios Urbanos nos Setores Censitários de SP \n Contagem 2007"
> x=hist(X,col="CYAN",border="BLUE",main=titulo,xlab="Domicílios", ylab="Frequência",xlim =c(0,700))

> x$breaks
[1]   0  50 100 150 200 250 300 350 400 450 500 550 600 650 700
> x$counts
[1]  37  23  38  98 103  79  67  29  14   3   6   1   1   1
> x$mids
[1]  25  75 125 175 225 275 325 375 425 475 525 575 625 675
```

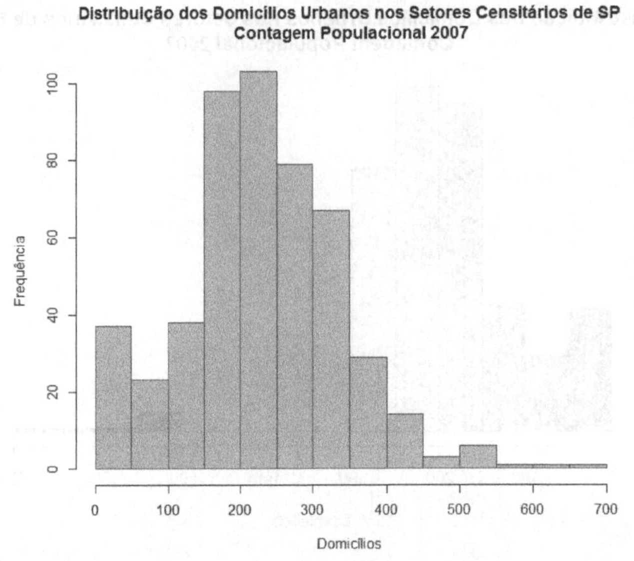

OBSERVAÇÃO: É possível adicionar pontos ao histograma e construir um polígono de frequências, utilizando as funções **points** e **lines**.

```
>x=hist(X,col="CYAN",border="BLUE",main=titulo,xlab="Domicílios", ylab="Frequência",
xlim=c(0,700), ylim=c(0,120))
>points(x$mids,x$counts,col="DARKBLUE",cex=2,pch="+")
```

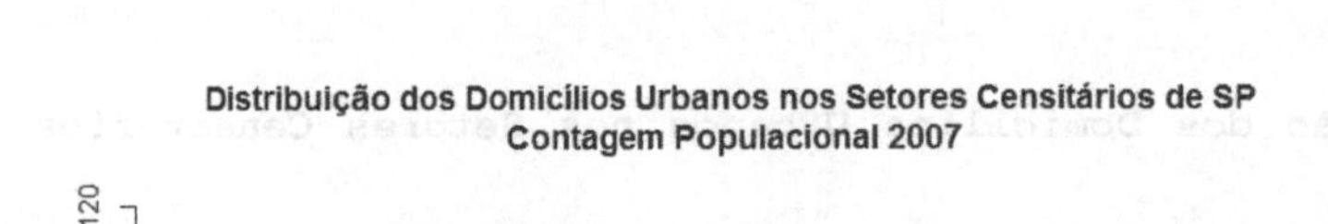

#Acrescenta o polígono de frequência ao histograma

```
>x=hist(X,col="CYAN",border="BLUE",main=titulo,xlab="Domicílios", ylab="Frequência",
xlim=c(0,700))
>coordenadas_x<-x$mids
>coordenadas_y<-x$counts
>par(lwd=3)
>lines(coordenadas_x,coordenadas_y,col="BLACK")
```

#Adiciona ao histograma uma linha vertical pontilhada associada à média

```
>abline(v=mean(X),col="GREY30",lty=2)
```

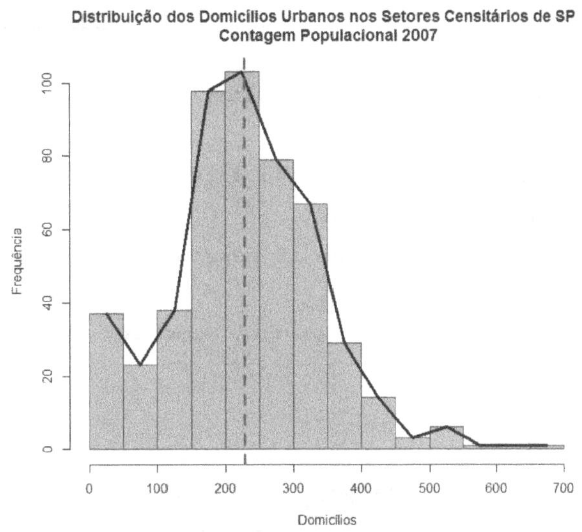

12.2.8 Box plot – Função boxplot

O resumo de cinco números de uma distribuição conduz a um novo gráfico chamado gráfico de caixa ou *BoxPlot*, que é constituído por uma caixa central delimitada pelos quartis q_1 e q_3, uma reta horizontal na caixa que marca a mediana, além de retas que se estendem da caixa para as observações maior e menor, que não sejam observações discrepantes, isto é, que estejam compreendidas entre q_1-1.5AIQ e q_3+1.5AIQ (AIQ = q_3-q_1).

Pode ser feito para um número reduzido de dados, enquanto histogramas não são recomendados quando o conjunto de dados é pequeno. Não deve ser usado quando a distribuição de frequências dos dados tiver mais de uma classe modal, ou seja, mais de um pico. Neste caso, o uso do boxplot esconderá essa característica da distribuição.

Forma de uso:

```
boxplot(x,...,range=1.5,width=NULL,outline=TRUE,names,
col=NULL,horizontal=FALSE,...)
```

Alguns dos argumentos:

x = vetor com as observações;

range = determina o quanto as linhas se estendem fora da caixa;

width = vetor que fornece as larguras relativas das caixas que compõem o boxplot;

outline = determina se os outliers são apresentados no gráfico;

names = vetor com os nomes que serão apresentados abaixo de cada boxplot;

col = cor do boxplot;

horizontal = indica se o boxplot é horizontal ou vertical.

EXEMPLOS DE UTILIZAÇÃO DA FUNÇÃO boxplot

#Exemplo1: Rendas de 16 pessoas com diploma do segundo grau

```
> rendas<-c(5,6,12,19,20,21,22,24,25,31,32,40,43,43,47,67)
> boxplot(rendas,ylab="Rendas",col="DARKBLUE",
main="Boxplot com Rendas (em mil dólares) de 16 pessoas  com 2o Grau")
```

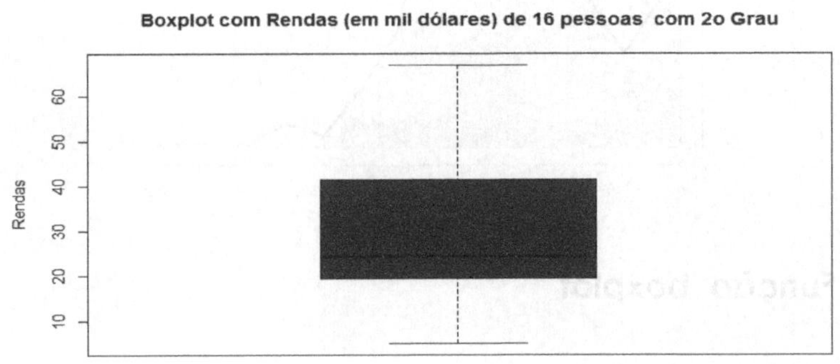


```
>par(mfrow=c(1,2))
>titulo<- "Boxplot das Rendas (em mil dólares) \n de 16 pessoas  com 2o Grau"
>boxplot(rendas,ylab="Rendas",col="DARKRED",main=titulo)
>boxplot(rendas,xlab="Rendas",col="DARKRED",main=titulo,horizontal=T)
```

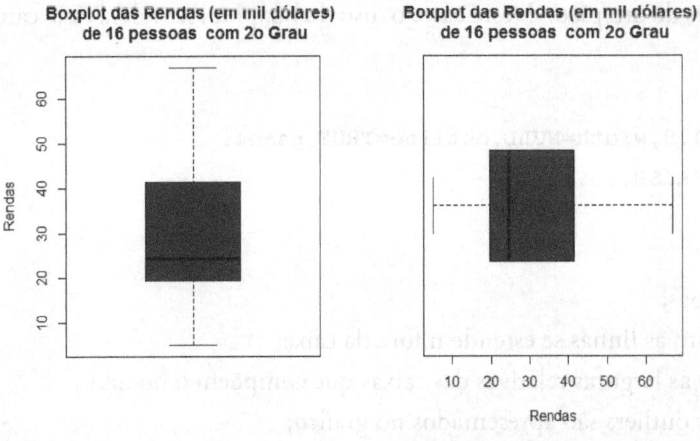

#Exemplo2: IDHs de renda, longevidade e educação dos 5507 municípios, dados de 2000.

```
> IDHM <- read.table("IDHM.csv", sep=";",dec=",",header=TRUE)
> head(IDHM,n=4)
  UF codmun Renda Longevidade Educacao
1 35 354880 0.896         0.886    0.975
```

```
2 35 350060 0.918        0.874    0.933
3 33 330330 0.891        0.808    0.960
4 42 420540 0.867        0.797    0.960
> attach(IDHM)
> titulo<-"IDH de Renda dos Municípios Brasileiros - Ano de 2000"
> boxplot(Renda,col="GRAY30",main=titulo)
> f=fivenum(Renda)
> text(rep(1.3,5),f,labels=c("li","1oQ","2oQ","3oQ","ls"))
```

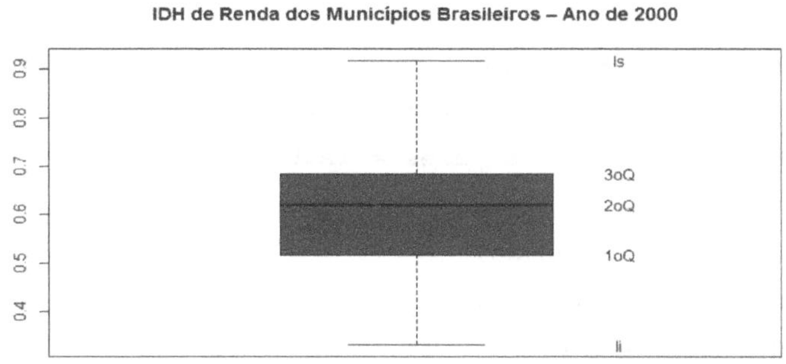

OBSERVAÇÃO: Também é possível construir vários boxplots considerando o cruzamento de uma variável quantitativa com uma variável categórica. Mais especificamente, isso é feito utilizando o operador de fórmula "~" entre a variável quantitativa e a variável categórica no primeiro argumento da função.

#Exemplo3: Com os dados do exemplo 2, construiremos 5 boxplots correspondentes ao cruzamento dos IDHs de educação dos municípios por grande região

```
> IDHM$REGIAO<-trunc(IDHM$codmun/100000)
> attach(IDHM)
> nreg<-c("Norte","Nordeste","Sudeste","Sul","Centro")
> cores<-c("gray10"," gray20"," gray30"," gray40"," gray50")
> titulo<-"IDH de Educação dos Municípios por Grande Região"
> boxplot(Educacao~REGIAO,names=nreg,ylab="IDH",col=cores,main=titulo,range=3)
```

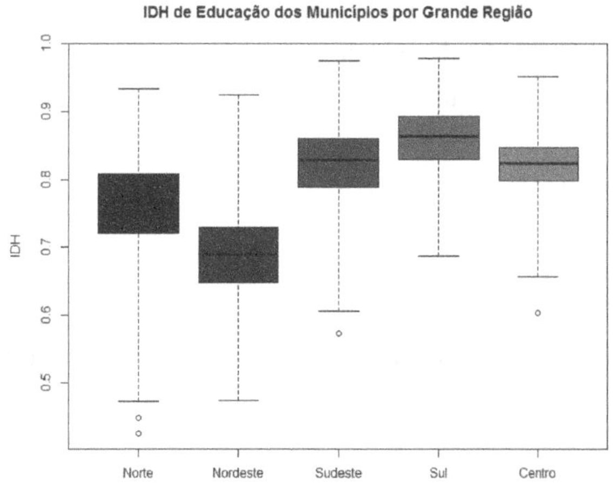

12.2.9 Um pouco de gráficos 3D

Além de diversas funções para produzir gráficos 2D, o pacote *graphics* também dispõe de algumas funções para os gráficos 3D.

Destacamos a função **persp**, utilizada para produzir superfícies tridimensionais, a função **contour** para gráficos com curvas de nível representando uma superfície tridimensional e a função **image** para produzir uma representação bidimensional de uma superfície tridimensional, usando uma escala de cores para representar a 3ª dimensão.

Antes da apresentação de alguns exemplos com essas funções, listamos alguns de seus argumentos.

```
(i) persp(x,y,z, xlim = range(x), ylim = range(y), zlim = range(z), xlab = NULL, ylab = NULL, zlab = NULL, main = NULL, ..., theta = 0, phi = 15, r = sqrt(3), ..., expand = 1, col = "white", border = NULL,..., box = TRUE, axes = TRUE)
```

x, y = valores do grid onde pontos z são calculados;
z = matriz com pontos utilizados para construção da superfície;
xlim, ylim, zlim = limites mínimo e máximo associados aos eixos;
xlab, ylab, zlab = títulos utilizados nos eixos x, y, e z;
main = título principal;
theta, phi = ângulos de visualização da superfície;
r = distância do ponto de observação até o centro da superfície;
expand = fator de expansão ou contração aplicado em z;
col = cor da superfície;
border = cor para desenhar as linhas das facetas da superfície;
box = TRUE - apresenta uma caixa envolvendo a superfície;
axes = TRUE – apresenta os eixos

(ii) contour(x,y,z,nlevels,…,xlim,ylim,zlim,…,axes=TRUE,col,lty,lwd,…)
x, y = valores do grid onde pontos z são calculados;
z = matriz com pontos utilizados para construção da superfície;
nlevels = número de níveis de contorno desejados;
xlim, ylim, zlim = limites mínimo e máximo associados aos eixos;
axes = TRUE - indicando que os eixos serão desenhados;
col = vetor com as cores das linhas de contorno;
lty = tipo de linha de contorno;
lwd = largura das linhas de contorno

(iii) image(x,y,z,…,zlim,xlim,ylim,col,…)

Os argumentos x, y, z, zlim, xlim, ylim e col são equivalentes aos argumentos da função contour.

EXEMPLOS DE GRÁFICOS 3D

#Exemplo1: $f(x,y)=x^2+y^2$

```
>f<-function(x,y){return(x^2+y^2)}  #Define a função
> x<-seq(-1,1,0.1)
> y<-x
>z<-outer(x,y,f)   #Combinações de x e y  (produto cartesiano) aplicadas em f
>persp(x,y,z,theta = 30, phi = 30, expand = 0.5, col = "lightblue")
```

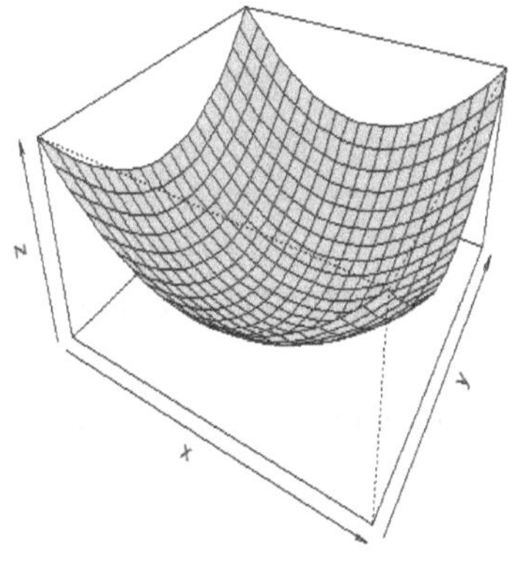


```
>f<-function(x,y){return(x^2+y^2)}
>z<-outer(x,y,f)   #Considerando os pontos x e y do exemplo anterior
>persp(x,y,z,theta = 30, phi = 30, expand = 0.5, col = "lightBLUE", border="RED",lwd=3)
```

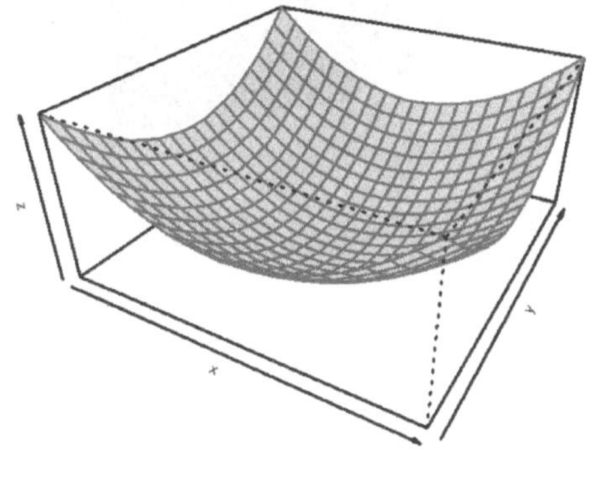

#Exemplo2: $f(x,y)=e^x+y$

```
> g<-function(x,y){return(exp(x)+y)}
> z<-outer(x,y,g)  #Foram considerados os valores de x e y do Exemplo1
> persp(x,y,z,theta = 15, phi = 30, expand = 1.5, col = "RED")
```

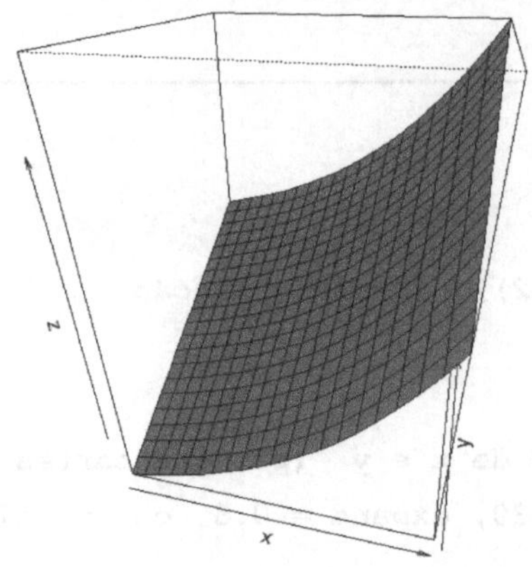

#Exemplo3: $f(x,y)=10.\ sen((x^2+y^2)^{1/2})/(x^2+y^2)^{1/2}$

```
>x<-seq(-30,30,1)
>y<-x
>h<-function(x,y){return(10*sin(sqrt(x^2+y^2))/sqrt(x^2+y^2))}
>z<-outer(x,y,h)
>persp(x,y,z,theta = 15, phi = 30, expand = 0.75, col = "BLUE")
```

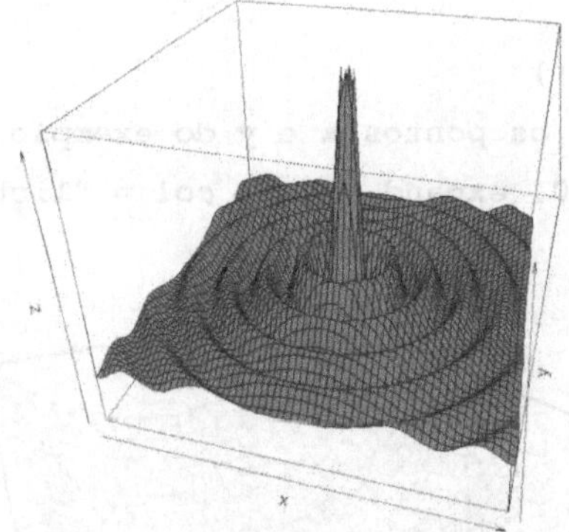

#Exemplo4: $f(x,y)=2x^2+3y^2$

```
> x<-seq(-1,1,0.02)
> y<-x
> f<-function(x,y){return(2*x^2+3*y^2)}
> z<-outer(x,y,f)
#nlevels = número de níveis do contorno
> par(mfrow=c(2,1))
> contour(x,y,z,nlevels=10,col="BLUE")
> contour(x,y,z,nlevels=20,col="RED")
```

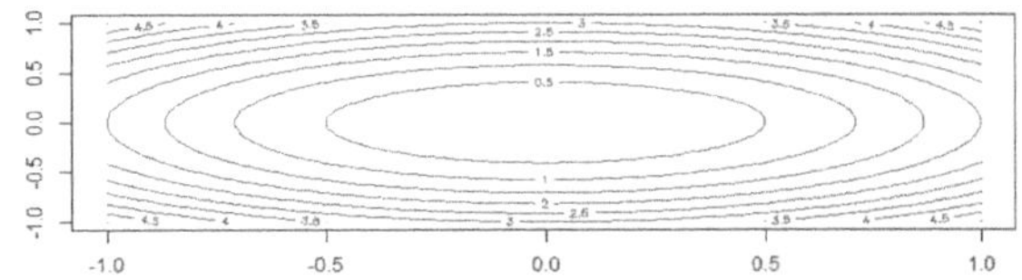

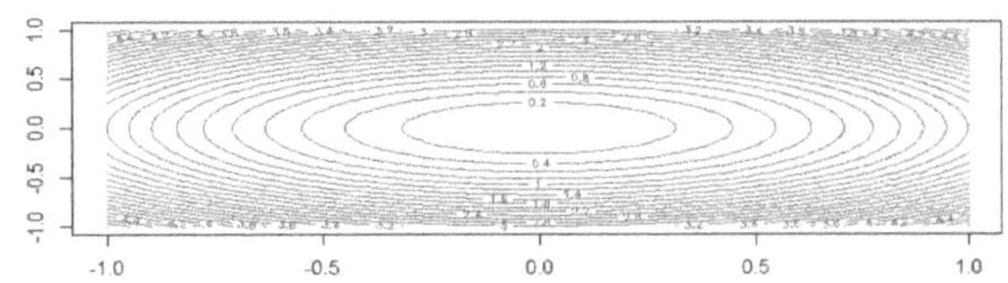

#Exemplo5: $f(x,y)=x^2-y^2$

```
> x<-seq(-1,1,0.05)
> y<-x
> f<-function(x,y){return(x^2-y^2)}
> z<-outer(x,y,f)
> contour(x,y,z,nlevels=10,col="GRAY40")
```

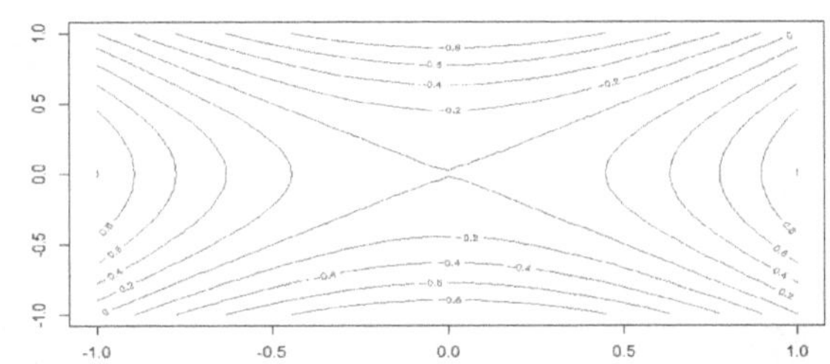

#Exemplo6: $f(x,y)=e^x+e^y$

```
>f<-function(x,y){return(exp(x)+exp(y))}
> z<-outer(x,y,f) #Pontos x e y do exemplo 5
```

#Linhas tracejadas e com espessuras diferentes utilizando lty e lwd

```
> contour(x,y,z,nlevels=10,lty=2,lwd=5)
```

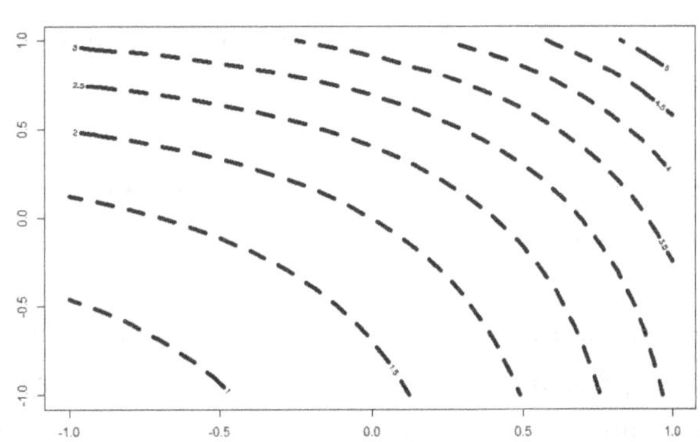

```
>contour(x,y,z,nlevels=10,lty=6,lwd=2)
```

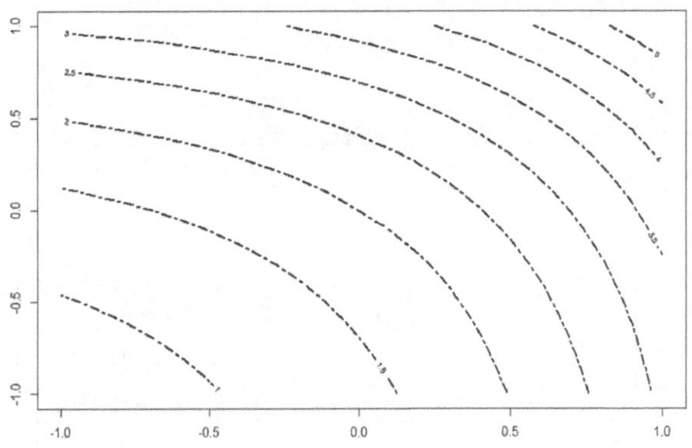

#Exemplo7: $f(x,y)=x^2+y^2$

```
> f<-function(x,y){return(x^2+y^2)}
> z<-outer(x,y,f) #Pontos x e y do exemplo 5
> image(x,y,z,col=rainbow(100))
```

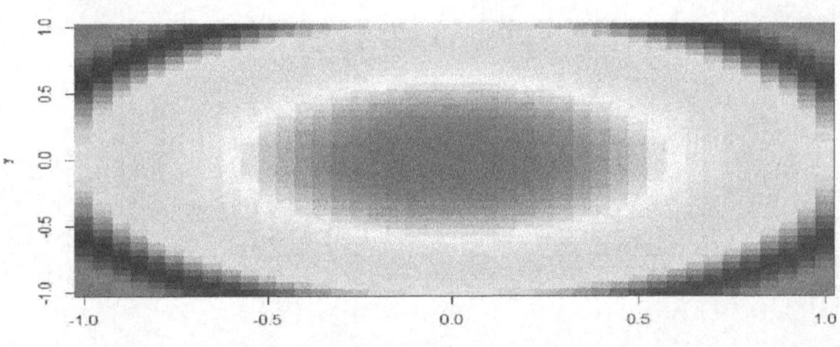

12.3 Gráficos com o Pacote lattice

Em linhas gerais, o pacote *lattice* agrega funções que possibilitam melhorar os gráficos implementados a partir do pacote *graphics*.

Este pacote suporta a criação de gráficos 3D e gráficos que permitem explorar a relação entre variáveis, condicionada em uma ou mais outras variáveis.

A forma de utilização é: **tipo_grafico** (formula, data), sendo **tipo_grafico** uma função que faz parte do pacote e é utilizada para desenhar o gráfico como, por exemplo, as funções: **xyplot**, **bwplot**, **cloud** e **wireframe**.

O argumento **formula** permite especificar a(s) variável (is) que será(ão) utilizada(s) na exibição e a(s) variável(eis) condicionante(s). Por exemplo: ~ x | A significa exibir a variável numérica x para cada nível do fator **A**; y ~ x | A * B indica a relação entre as variáveis numéricas y e x separadamente para cada combinação de níveis dos fatores A e B. ~ x significa exibir variável numérica x sozinha.

O argumento **data** pode conter um data frame cuja(s) variável(is) serão utilizadas no processo de construção do gráfico.

De forma a ilustrar a aplicação de algumas dessas funções, vamos utilizar o data frame mtcars (pacote básico *datasets*), que contém 32 registros (relativos a automóveis) e 11 variáveis e o data frame IDHM (exemplos anteriores). O data frame mtcars traz informações como consumo de combustível e desempenho dos automóveis.

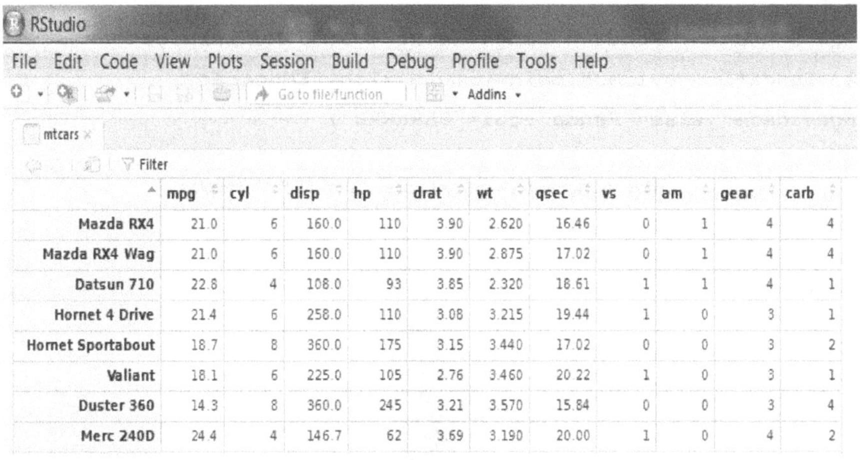

	mpg	cyl	disp	hp	drat	wt	qsec	vs	am	gear	carb
Mazda RX4	21.0	6	160.0	110	3.90	2.620	16.46	0	1	4	4
Mazda RX4 Wag	21.0	6	160.0	110	3.90	2.875	17.02	0	1	4	4
Datsun 710	22.8	4	108.0	93	3.85	2.320	18.61	1	1	4	1
Hornet 4 Drive	21.4	6	258.0	110	3.08	3.215	19.44	1	0	3	1
Hornet Sportabout	18.7	8	360.0	175	3.15	3.440	17.02	0	0	3	2
Valiant	18.1	6	225.0	105	2.76	3.460	20.22	1	0	3	1
Duster 360	14.3	8	360.0	245	3.21	3.570	15.84	0	0	3	4
Merc 240D	24.4	4	146.7	62	3.69	3.190	20.00	1	0	4	2

Figura 27 – Data frame mtcars

EXEMPLOS COM O PACOTE lattice

#Exemplo1: data frame mtcars

#Função xyplot desenha um scatterplot utilizando as variáveis mpg e disp

```
> library(lattice)
> attach(mtcars)
```

#Argumentos main, col e pch têm a mesma função dos argumentos de mesmo nome utilizados na função plot

```
> xyplot(mpg~disp,main="mpg versus disp",col="BLUE",pch=19)
```

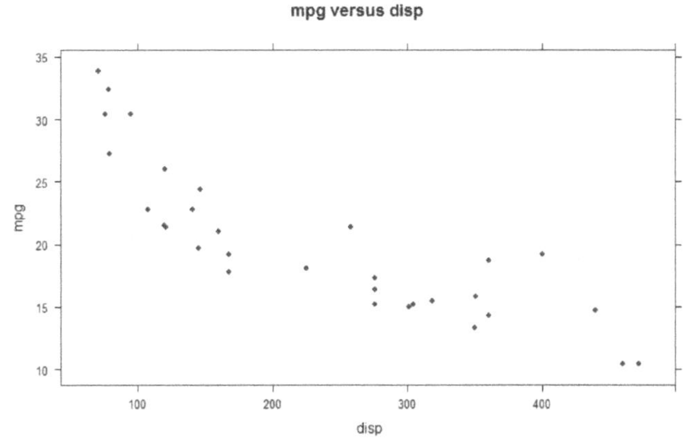

#Exemplo2: IDHs de renda, longevidade e educação dos 5.507 municípios - Dados de 2000 por Região. Scatter plot 3D

```
>IDHM <- read.table("IDHM.csv", sep=";",dec=",",header=TRUE)
>IDHM$REGIAO<-trunc(IDHM$codmun/100000)
>attach(IDHM)
> library(lattice)
> titulo<-"IDH de Educação, Renda e Longevidade - 5507 Municípios"
> cloud(Educacao~Renda*Longevidade,main=titulo,xlab="Educação",
      ylab="Longevidade",zlab="Renda",col="DARKRED")
```

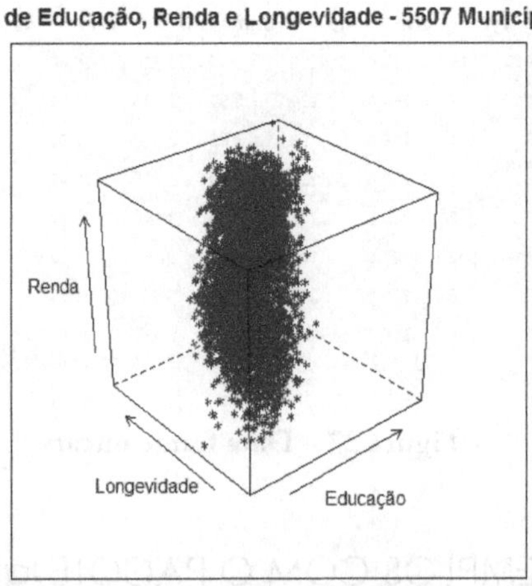


```
>regioes<-c("Norte","Nordeste","Sudeste","Sul","Centro")
>regs<-factor(REGIAO,levels=c(1,2,3,4,5),labels=regioes)
>titulo<-"IDH de Educação, Renda e Longevidade por Região"
>cloud(Educacao~Renda*Longevidade|regs,main=titulo,xlab="Educ",
ylab="Longe",zlab="Ren",col="BLUE")
```

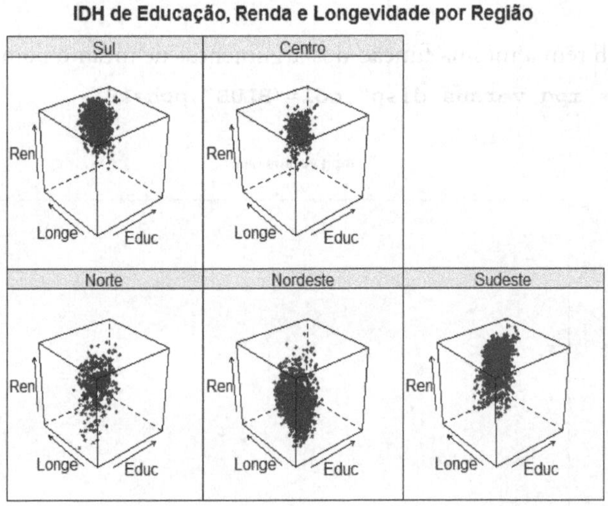

#Exemplo3: Gráficos de funções de duas variáveis com a função wireframe

```
>eg<-expand.grid(x=seq(-1,1,0.1),y=seq(-1,1,0.1))
> eg$z<-eg$x^2+eg$y^2  #z=f(x,y)
#Argumento shade = TRUE produz em efeito de iluminação na superfície
>wireframe(z~x+y,eg,col="BLUE",main="Paraboloide",shade=TRUE)
```

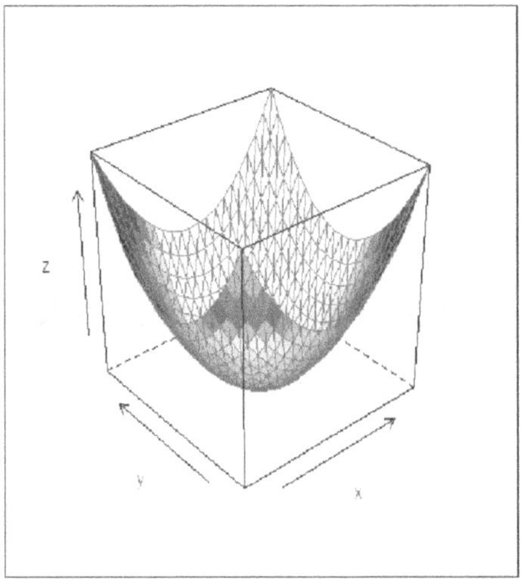


```
> eg$z<-sqrt(eg$x^2+eg$y^2)
> wireframe(z~x+y,eg,col="RED",main="Cone")
```

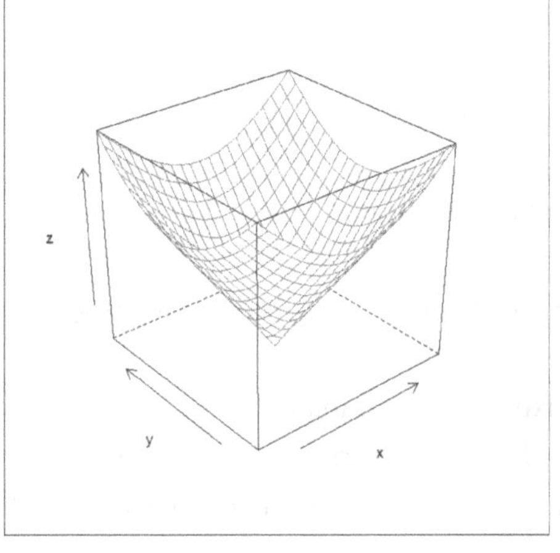


```
>eg$z<-eg$x^2-eg$y^2
> wireframe(z~x+y,eg,col="GREEN",main="Sela")
```

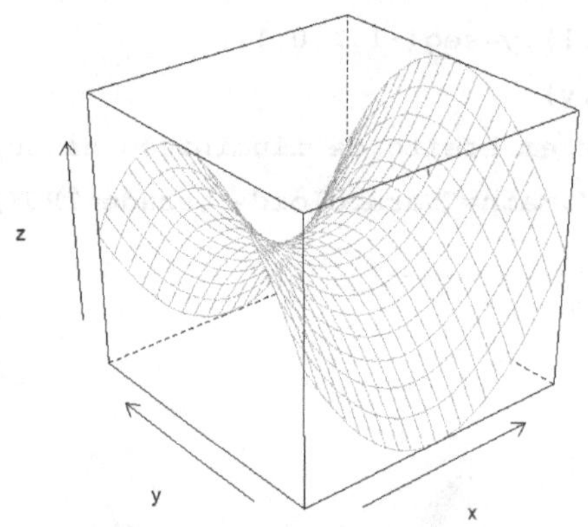

12.4 Gráficos de Dispersão 3D - Pacote scatterplot3d

Alternativamente à função **cloud**, disponível no pacote *lattice*, o usuário pode desenhar gráficos de dispersão 3D utilizando a função **scatterplot3d**; única função disponível do pacote que tem o seu nome.
Forma de utilização:

```
scatterplot3d(x,y,z, color=par("col"), pch=par("pch"), main=NULL,
...,xlim=NULL, ylim=NULL, zlim=NULL, xlab=NULL, ylab=NULL,
zlab=NULL,..., angle=40,axis=TRUE, grid=TRUE, box=TRUE, ..., type="p", highlight.3d=FALSE
,mar=c(5,3,4,3)+0.1, col.axis=par("col.axis"), col.grid="grey", ...)
```

Alguns dos argumentos:
x,y,z=coordenadas dos pontos para desenhar;
col = cor dos pontos;
pch = símbolo utilizado para representar os pontos;
main = título principal do gráfico;
xlim,ylim,zlim, xlab, ylab, zlab = equivalentes aos argumentos de funções como **persp**;
angle = ângulo entre os eixos x e y;
axis = default TRUE indica que os eixos serão desenhados;
grid = default TRUE indica que o grid (plano xy) aparecerá no gráfico;
box = default TRUE indica que uma caixa será desenhada envolvendo o gráfico;
type = tipo de ponto; "p" para pontos, "l" para linhas, ...
highlight.3d = pontos são desenhados com diferentes cores se definido como TRUE (gradiente de cores);
mar = vetor numérico com quatro componentes correspondentes a bottom, left, top, right que definem as linhas das margens que serão especificadas para plotar o gráfico;
col.axis = cor dos eixos;
col.grid = cor do grid.

EXEMPLOS COM A FUNÇÃO scatterplot3d

```
>IDHM <- read.table("IDHM.csv", sep=";",dec=",",header=TRUE)
>attach(IDHM)
>titulo<-"IDH dos 5507 Municípios Brasileiros"
>library(scatterplot3d)
>scatterplot3d(Renda,Educacao,Longevidade,main=titulo,type="p",pch=20,
color="BLUE",angle=60)
```

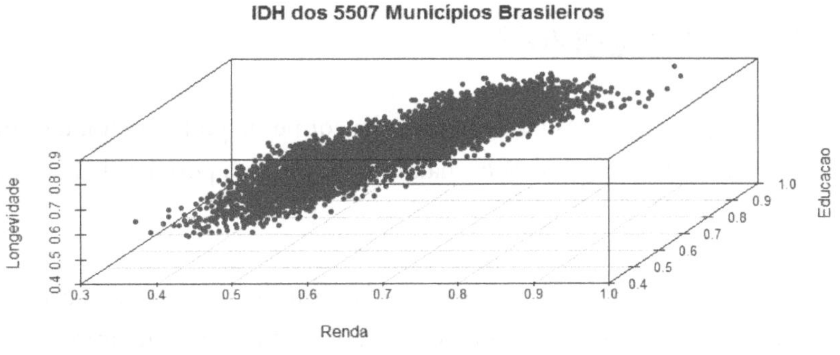


```
>scatterplot3d(Renda,Educacao,Longevidade,main=titulo,type="p",pch=20
,highlight.3d=TRUE,angle = 30)
```

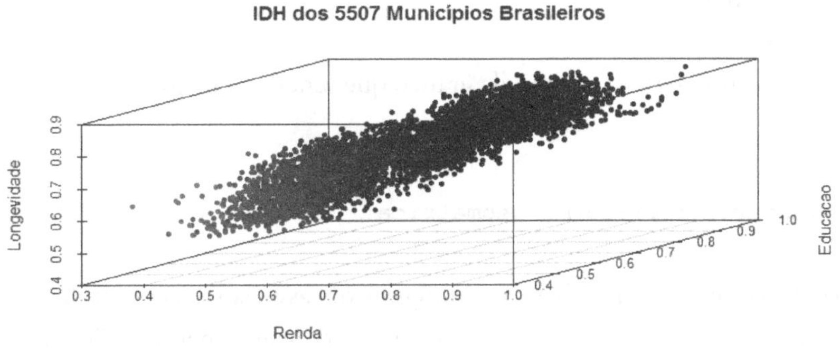

#Gráfico com linhas verticais

```
> IDHM$REGIAO<-trunc(IDHM$codmun/100000)
> IDHm2<-IDHM[IDHM$REGIAO==3,]
> attach(IDHm2)
> titulo2<-"IDH dos Municípios da Região Sudeste"
```

#Desenha o scatterplot com linhas verticais

```
> scatterplot3d(Renda,Educacao,Longevidade,main=titulo2,
type="h", color="DARKRED",angle = 50)
```

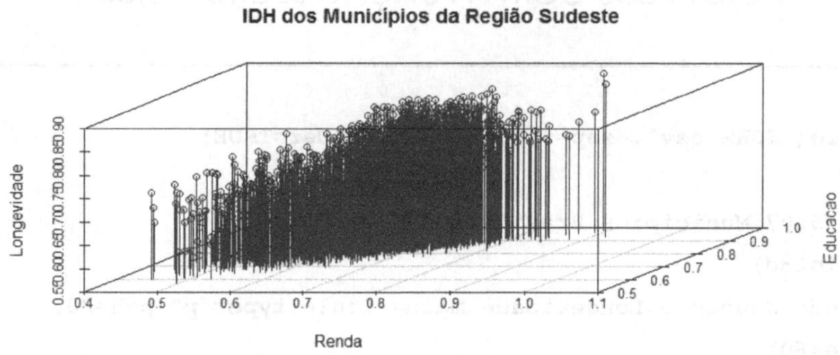

12.5 Um pouco do Pacote ggplot2

O pacote *ggplot2*[4], desenvolvido por Hadley Wickham, trabalha com uma poderosa linguagem gráfica, que permite a criação de gráficos elegantes; dos mais simples até os mais complexos. Sua popularidade na comunidade R cresceu substancialmente nos últimos anos.

O *ggplot2* permite a criação de gráficos que são associados a dados numéricos ou categóricos univariados ou multivariados de maneira direta. Todavia, a forma de escrever o código (função) para apresentar o gráfico é diferente daquela com a qual nos acostumamos a utilizar no pacote *graphics*, por exemplo.

Diversos tipos de gráficos podem ser construídos, tomando por base três informações, sejam elas:
(i) uma base dados (um data frame) +
(ii) variável(is) utilizada(s) +
(iii) uma forma geométrica, que determina o tipo de gráfico que será desenhado.

Forma de utilização:
`ggplot(dados,aes=(variável(is))+forma_geometrica`

Uma vez construído o gráfico em sua "forma básica", configurações associadas à cor, títulos dos eixos etc. podem ser implementadas e adicionadas ao gráfico, considerando a passagem de argumentos adicionais para função utilizada para definir a forma geométrica; além de outras funções complementares. Em suma, a ideia é construir o gráfico em camadas.

A seguir, vamos apresentar alguns exemplos de gráficos utilizando esse pacote, mais especificamente, gráfico de dispersão, de barras, histograma, boxplot e gráfico de linhas.

12.5.1 Gráfico de dispersão

Para constuir gráficos de dispersão com o pacote *ggplot2* utilizamos a função **ggplot** + função **geom_point**.

Os próximos exemplos são baseados no data frame mtcars, disponível no pacote básico *datasets*.

[4] Para mais detalhes sobre este pacote, consultar a referência [2].

EXEMPLOS GRÁFICOS DE DISPERSÃO

```
> library(ggplot2)  #size e shape correspondem ao tamanho e ao tipo de ponto

> ggplot(mtcars, aes(x=mpg, y=wt)) + geom_point(size=2.5)
```

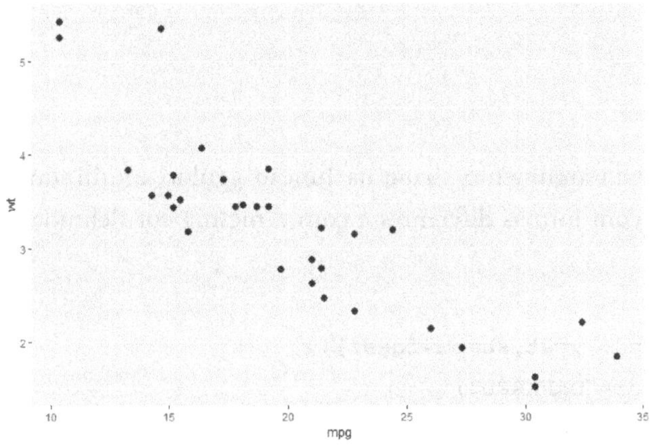

```
#color=cor do símbolo e shape = tipo de símbolo
>ggplot(mtcars, aes(x=mpg, y=wt)) + geom_point(size=4.5, color="BLUE",shape=18)
```

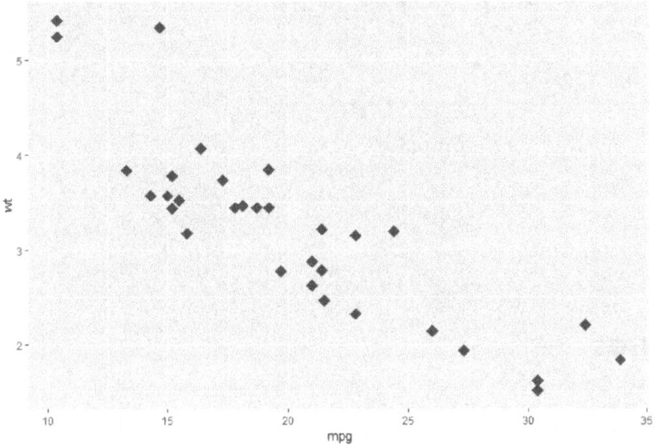

#Mostrando dados agrupados por cor (colour) ou por forma (shape) utilizando a variável gear

```
>fgear<-as.factor(mtcars$gear)
```

#Quando atribuímos um fator ao argumento colour, na função ggplot, cada um dos grupos aparece com uma cor diferente, mas com o mesmo tipo de ponto (símbolo). Os códigos relativos aos fatores são utilizados em uma legenda.

```
>ggplot(mtcars, aes(x=mpg, y=wt,colour=fgear)) +
geom_point(size=2.5)
```

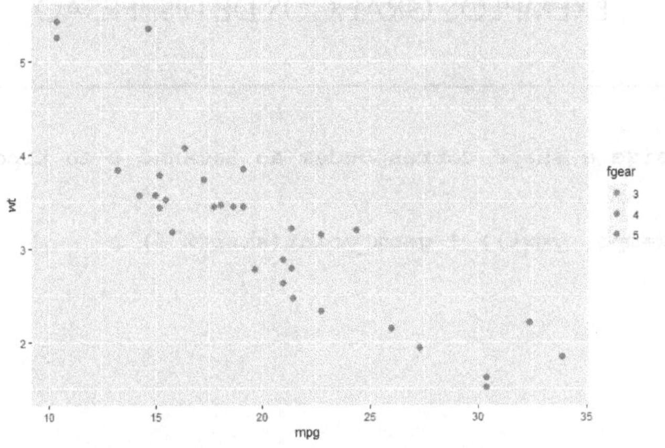

#Quando atribuímos o fator ao argumento shape na função ggplot, e utilizamos, em conjunto, o argumento color, os grupos têm pontos com formas diferentes e com a mesma cor definida no argumento color da função geom_point

```
>ggplot(mtcars, aes(x=mpg, y=wt,shape=fgear))+
geom_point(size=2.5,color="DARKRED")
```

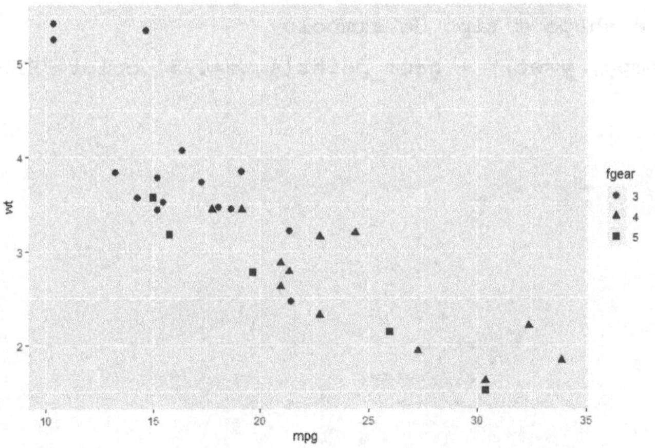

12.5.2 Gráfico de barras

Para constuir gráficos de barras combinamos a função **ggplot** + função **geom_bar**.

EXEMPLOS GRÁFICOS DE BARRAS

#Exemplo1: População de algumas regiões metropolitanas do Brasil (2010), conforme o vetor pop (Dados do Atlas do Desenvolvimento Humano).

```
>pop<-c(2797137,3223836,4031688,11945976,3573973,19683975)
>nomemetrop<-c("Campinas","Curitiba","Porto Alegre","Rio de Janeiro", "Salvador","São Pau-
lo")
```

```
>popdiv<-pop/1000000
```

#Argumento colour determina a cor do contorno das barras e o argumento fill a cor de preenchimento das barras

```
> library(ggplot2)
> ggplot(data=NULL,aes(x=nomemetrop,y=popdiv))+
geom_bar(stat="identity",colour="BLUE",fill="lightblue")
```

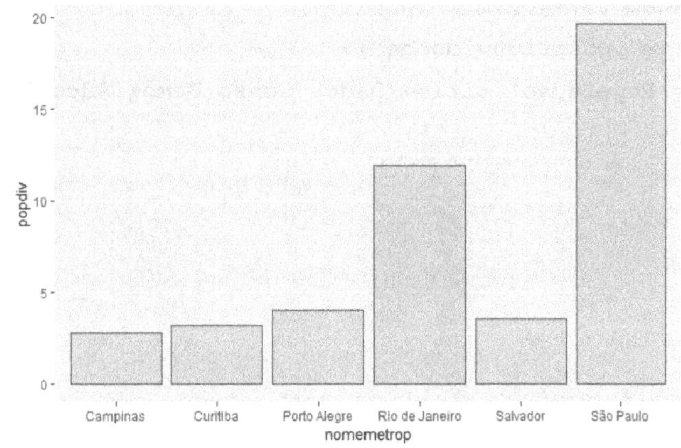

#Argumento width define a largura das barras
#Função labs permite apresentar no gráfico títulos para os eixos (argumentos x e y), título principal (argumento title)

```
> g<-ggplot(data=NULL,aes(x=nomemetrop,y=popdiv))+
geom_bar(stat="identity",width=0.2,colour="cyan",fill="DARKRED")+    labs(x="Nome    das
Regiões",y="População em milhões",title="População de 6 Regiões Metropolitanas - Dados
2010")
>g
```

#Função gsave permite salvar o gráfico produzido pelo ggplot em um arquivo PDF, JPG, BMP, EPS etc

```
>ggsave(g,file="graf1.pdf")
>ggsave(g,file="graf1.jpg")
```

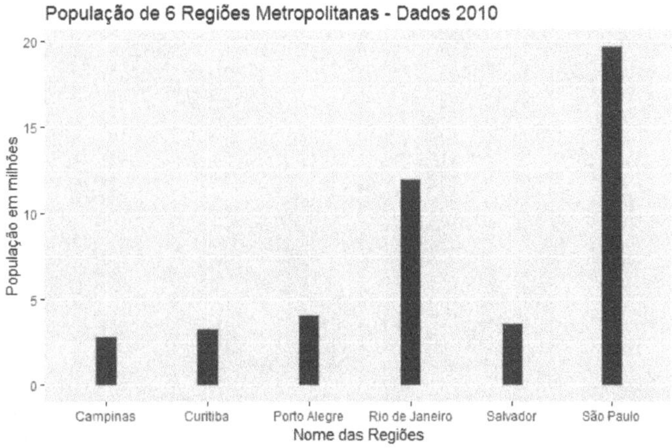

#Exemplo2: População brasileira residente, por cor ou raça, segundo a situação do domicílio, disponível no arquivo POPBR.csv

#Argumento fill permite agrupar as barras de acordo com a variável especificada e o argumento position, com valor "dodge", permite colocar as barras lado a lado

```
> POPBR <- read.table("POPBR.CSV",sep=";",header=TRUE)
> ggplot(POPBR,aes(x=racacor,y=pop,fill=tpop))+
  geom_bar(stat="identity",position="dodge")+
labs(x="Cor ou Raça",y="População",title="Dados Censo Demográfico 2010")
```

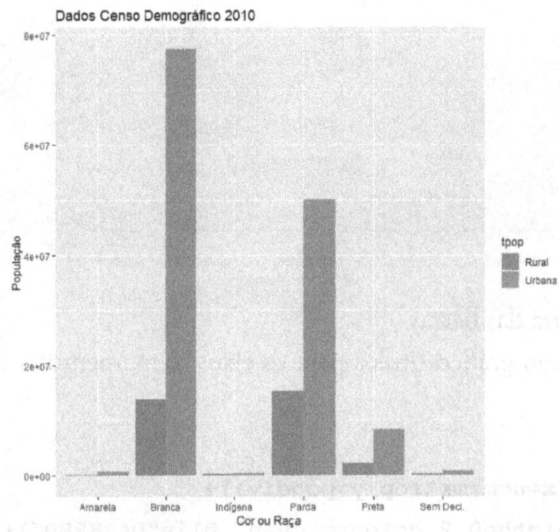

#Função scale_fill_discrete permite alterar o título da legenda

```
> ggplot(POPBR,aes(x=racacor,y=pop,fill=tpop))+
     geom_bar(stat="identity",position="dodge")+
labs(x="Cor ou Raça",y="População",title="Dados Censo Demográfico 2010")+
scale_fill_discrete(name="Área")
```

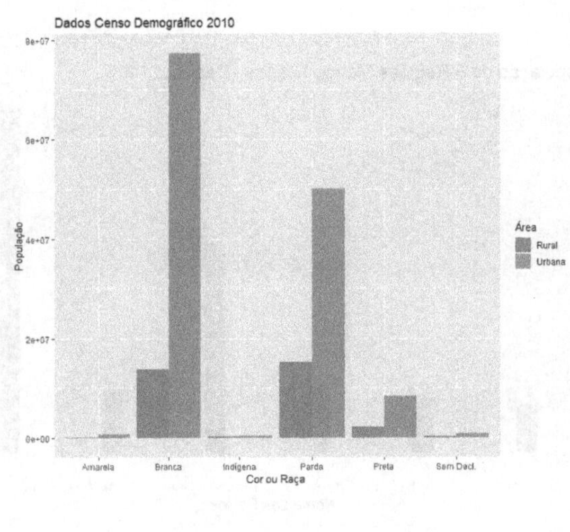

```
> ggplot(POPBR,aes(x=racacor,y=pop/1000,fill=tpop))+
     geom_bar(stat="identity",position="dodge")+
labs(x="Cor ou Raça",y="População em 1000 Hab",title="Dados Censo Demográfico 2010")+
scale_fill_discrete(name="Área")
```

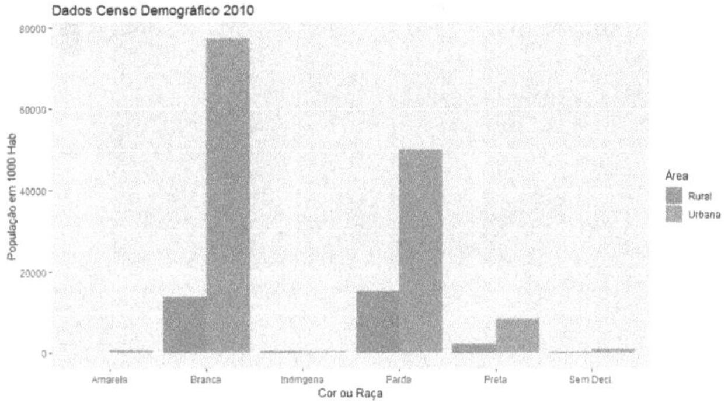

#Argumentos definidos em scalle_fill_manual permitem definir novo título e novas cores para legenda

```
> ggplot(POPBR,aes(x=racacor,y=pop,fill=tpop))+
   geom_bar(stat="identity",position="dodge")+
labs(x="Cor ou Raça",y="População",title="Dados Censo Demográfico 2010")+
scale_fill_manual("Área", values = c("Rural" = "Blue", "Urbana" = "RED"))
```

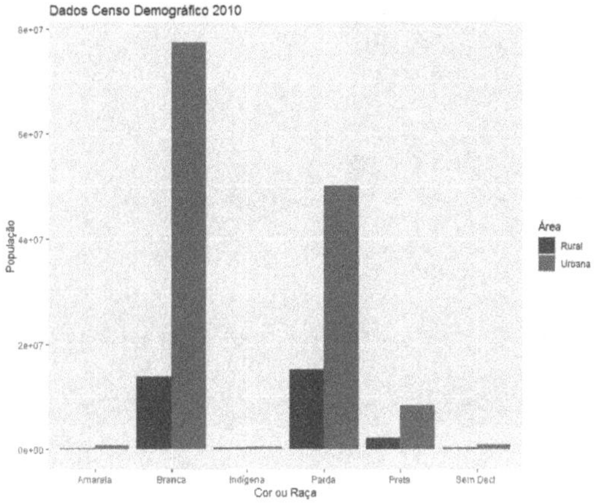

#Argumento position com "fill" apresenta as barras empilhadas

```
>ggplot(POPBR,aes(x=racacor,y=pop,fill=tpop))+
geom_bar(stat="identity",position="fill")+labs(x="Cor ou Raça",
y="Frequência",title="Dados Censo Demográfico 2010")+
scale_fill_manual("Área",values=c("Rural" = "DARKBlue", "Urbana" = "DARKRED"))
```

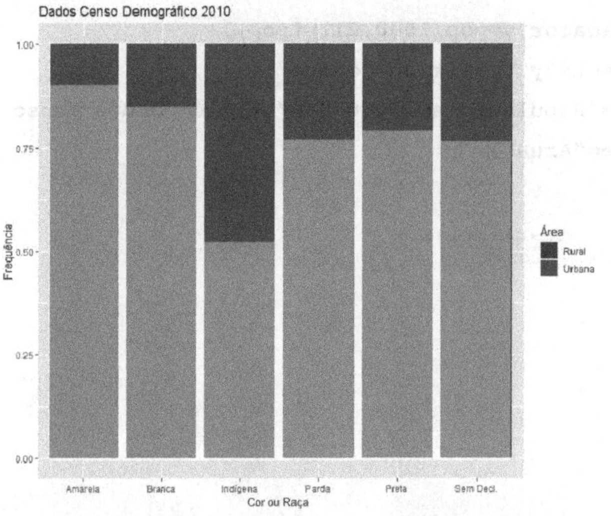

#scalle_fill_discrete permite alterar, apenas, o nome da legenda

```
> ggplot(POPBR,aes(x=tpop,y=pop,fill=racacor))+
geom_bar(stat="identity", position="fill")+
labs(x="Área",y="Frequência",title="Dados Censo Demográfico 2010")+
scale_fill_discrete(name="Cor ou Raça")
```

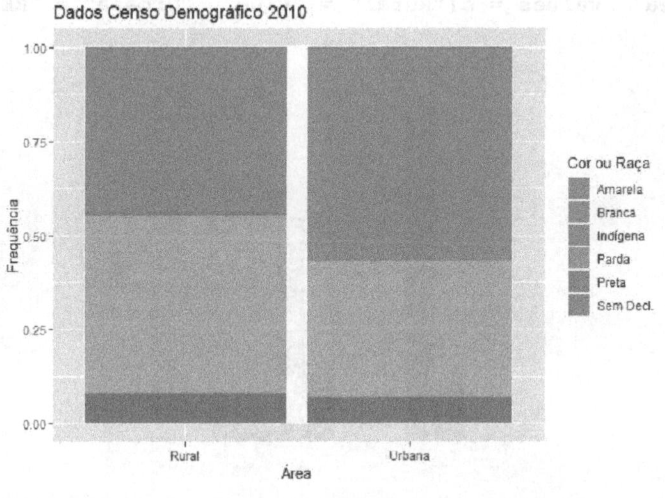

#Exemplo3: Vamos agrupar as barras por uma segunda variável. Vamos utilizar o arquivo ENEM2018.txt que contém o número de Inscrições no ENEM – 2018, para todos os estados das Regiões Sul, Nordeste e Sudeste.

```
>ENEM<-read.table("ENEM2018.txt",sep=";",header=TRUE)
>nomesreg<-c("Sul","Nordeste","Sudeste")
>names(ENEM)
[1] "REG"  "UF"   "INSC"  #(Código região, Sigla UF e Número de inscrições)
```

#scale_x_discrete permite alterar os rótulos associados às barras
#scale_y_continuous permite redefinir apresentação de novos pontos no eixo y

```
>g=ggplot(ENEM,aes(x=REG,y=INSC,fill=UF))+
geom_bar(stat="identity",position="fill")+ labs(x="Regiões",y="Frequência",title="Inscriçõ
es no ENEM 2018")+
scale_fill_discrete(name="Estados")+scale_x_discrete(limit=nomesreg)+
scale_y_continuous(breaks = seq(0,1,0.1))

>g
```

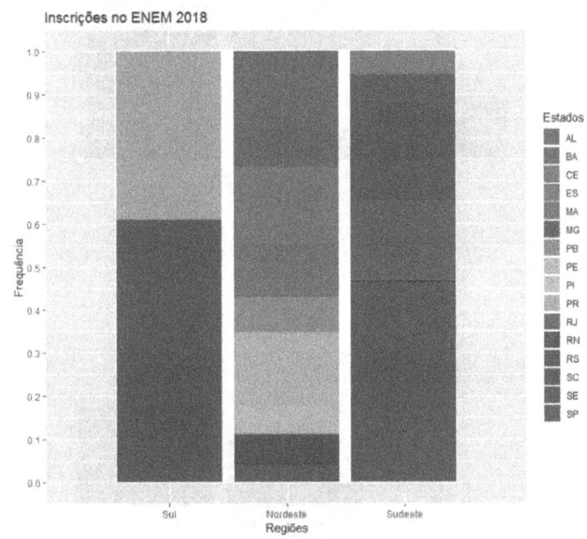

#Função coord_flip permite apresentar o gráfico na horizontal

```
>g+coord_flip()
```

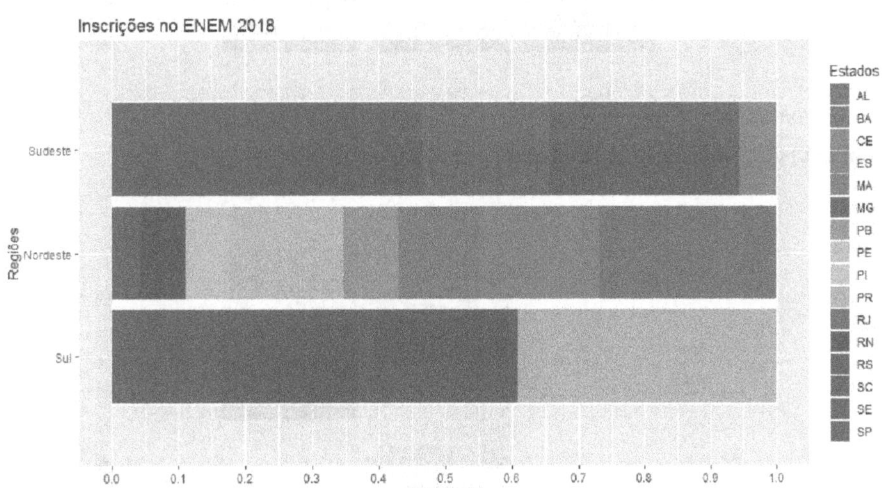

#Constrói gráfico de barras empilhadas apresentando os valores no eixo y em termos absolutos, mediante a omissão do argumento fill na função geom_bar

```
>g<-ggplot(ENEM,aes(x=REG,y=INSC,fill=UF))+
geom_bar(stat="identity")+
labs(x="Regiões",y="Frequência",title="Inscrições no ENEM 2018")+
scale_fill_discrete(name="Estados")+
```

```
scale_x_discrete(limit=nomesreg)
>g
```

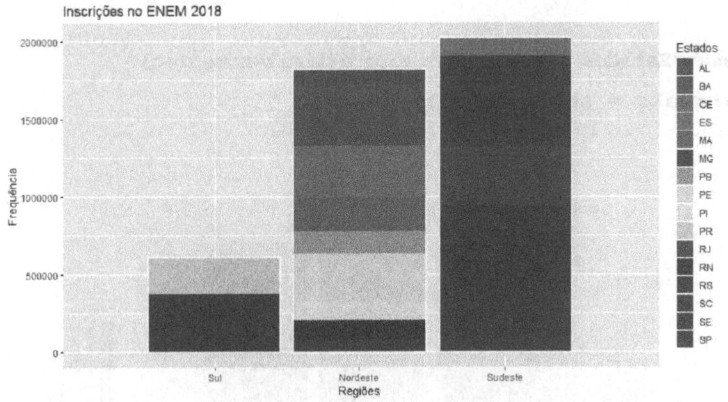

#Mudando as cores das barras

```
>g+scale_fill_hue(l=40)
```

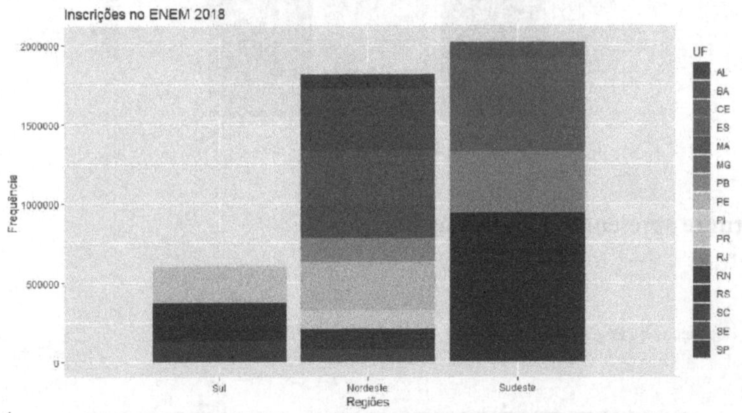

#Mudando as cores das barras

```
>g+scale_fill_manual(values=sample(colors(),16))
```

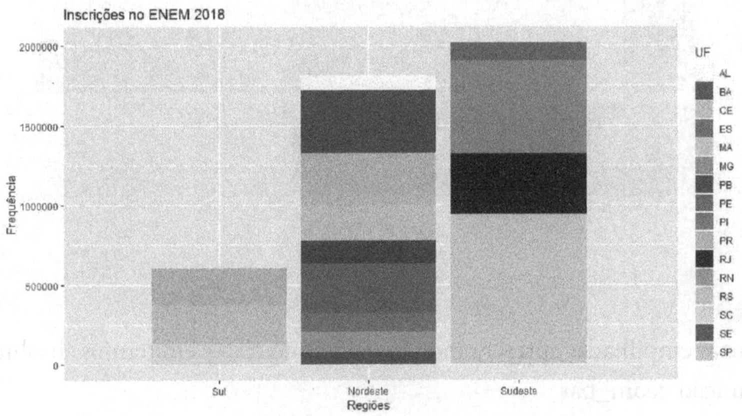

12.5.3 Histogramas

Para apresentar os exemplos com o histograma, vamos tomar por base o data frame rivers, disponível no pacote *datasets*. Esse data frame tem 141 observações associadas aos comprimentos (em milhas) dos rios da América do Norte.

Para constuir histogramas utilizamos a função **ggplot** + função **geom_histogram**.

Na função **geom_histogram** os argumentos **bins**, **fill**, **color** e **lwd** correspondem, respectivamente, ao número de classes, cor de preenchimento das barras, cor da linha de contorno das barras e espessura da linha de contorno das barras. A função **coord_cartesian** permite definir limites mínimo e máximo para os eixos x e y. No caso do eixo x, utilizamos o argumento **xlim**. A função **labs**, conforme já apresentado, permite definir título principal e títulos para os eixos x e y.

EXEMPLOS DE HISTOGRAMAS

#Exemplo1:

```
> ggplot(data=NULL,aes(x=rivers))+
geom_histogram(fill="GRAY40",color="BLUE",lwd=1,bins=5)+
coord_cartesian(ylim=c(0,100))+
labs(title="Distribuição dos Comprimentos dos Rios", x="Comprimento", y="Frequências")
```

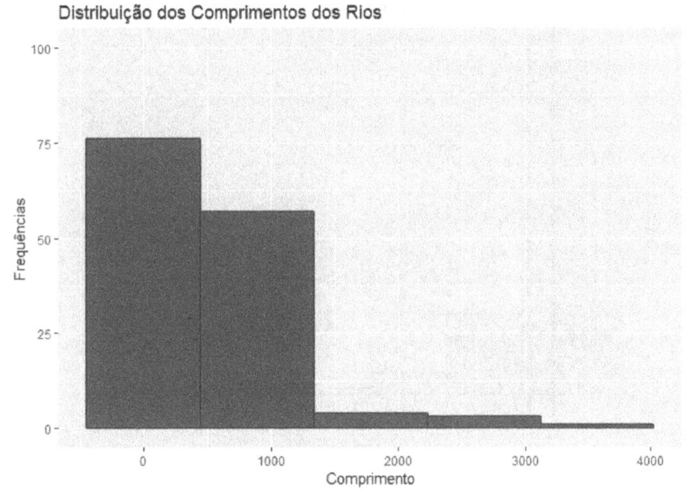

Alternativamente, podemos utilizar o argumento **breaks** no lugar do argumento bins, para definir os pontos de corte.

```
>m=range(rivers)
>g<-ggplot(data=NULL,aes(x=rivers))+geom_histogram(fill="CYAN",color="BLACK",breaks=seq(m[
1],m[2],500))+ coord_cartesian(ylim=c(0,110),xlim=c(m[1],m[2]))+
labs(title="Distribuição dos Comprimentos dos Rios", x="Comprimento", y="Frequências")
>g
```

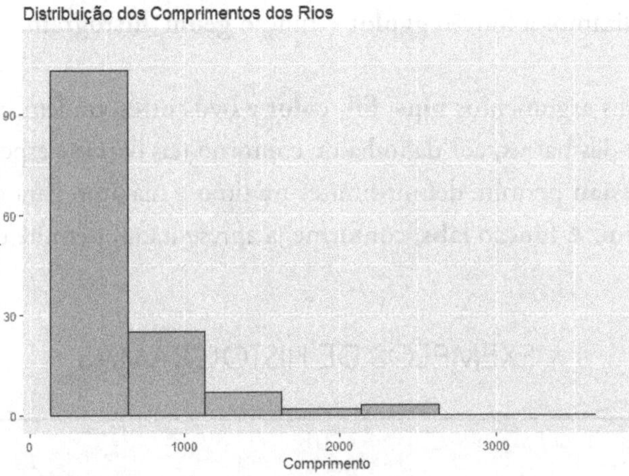

#Mudando escala no eixo x e adicionando linhas verticais associadas à média e à mediana

```
>g+scale_x_continuous(breaks=seq(m[1],m[2],500))+
 geom_vline(xintercept = mean(rivers),color="DARKRED",linetype="dashed", size=2)+
geom_vline(xintercept = median(rivers),color="DARKGREEN",size=2)
```

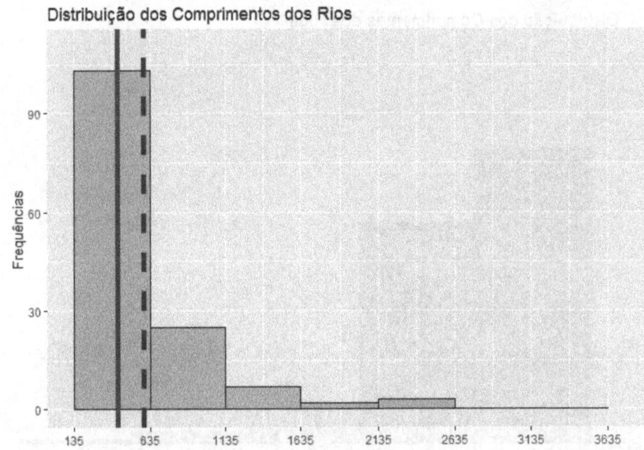

#Constrói histograma + curva de densidade, utilizando a função geom_density. Na função geom_histogram é preciso adicionar o argumento aes(y=..density..). O argumento alpha, utilizado na função geom_density, permite definir o nível de transparência da curva de densidade em relação ao histograma.

```
> g=ggplot(data=NULL,aes(x=rivers))+
geom_histogram(aes(y=..density..),fill="CYAN",color="BLACK",breaks=seq(m[1],m[2],500))+
```

```
labs(title="Distribuição dos Comprimentos dos Rios",x="Comprimento", y="Densidade")+
geom_density(fill="GREEN",alpha=0.2)
>g
```

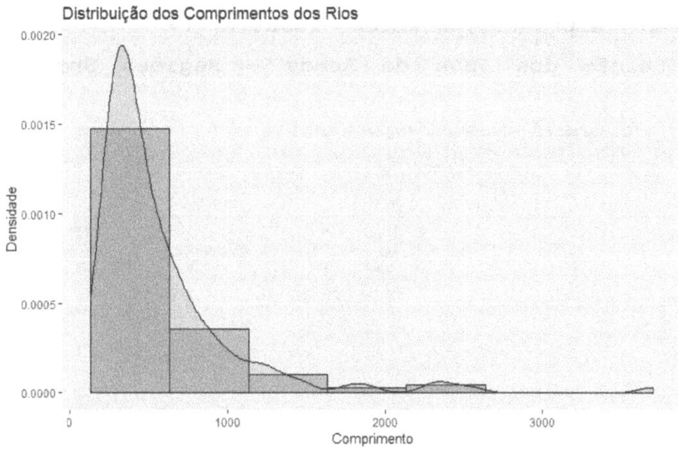

Nos próximos exemplos vamos considerar novamente o arquivo IDHM e apresentar mais de um histograma e curvas de densidade em um mesmo gráfico, considerando o agrupamento por grande região.

#O arguento position="dodge" apresenta as barras do histograma associadas à distribuição dos IDHs de renda de cada região lado a lado. O argumento fill=REG determina qual variável será utilizada para definir os grupos

```
>IDHM <- read.table("IDHM.csv", sep=";",dec=",",header=TRUE)
>IDHM$REG<-as.factor(trunc(IDHM$UF/10))
>IDHM2<-IDHM[which(IDHM$REG==3 | IDHM$REG==4),]
>ggplot(IDHM2, aes(x=Renda, fill=REG)) +
  geom_histogram(bins=10, position="dodge")+
 labs(title="Distribuição dos IHDs de Renda - Regiões Sudeste e Sul",x="IDHS", y="Frequência")
```

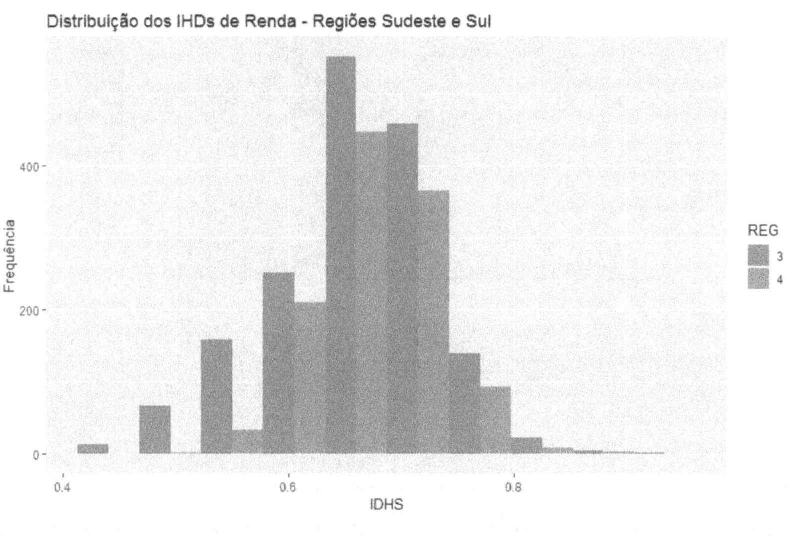

#Argumento position="identity" indica que haverá sobreposição dos histogramas associados às regiões e o argumento alpha determina a transparência dos histogramas.

```
>ggplot(IDHM2, aes(x=Renda, fill=REG5)) +
  geom_histogram(bins=10, alpha=0.3,position="identity")+
   labs(title="Distribuição dos IHDs de Renda - Regiões Sudeste e Sul", x="IDHS",
y="Frequência")
```

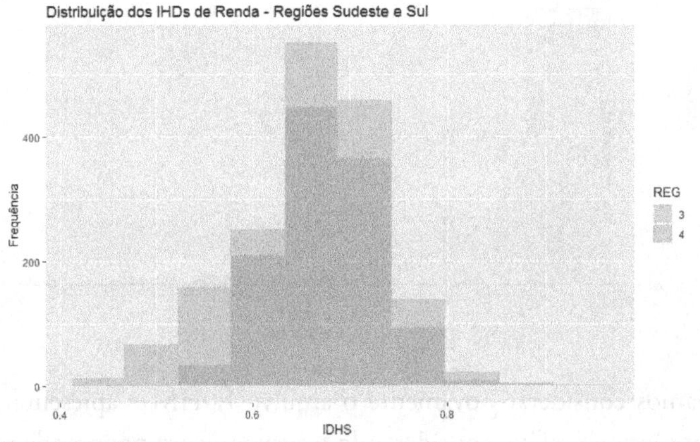

#Curvas de densidade do IDH de Educação utilizando a função geom_density

```
>regioes<-c("Norte","Nordeste","Sudeste","Sul","Centro")
>ggplot(IDHM, aes(x=Educacao, fill=REG)) + labs(title="Curva de Densidade dos IHDs de Educação - Cinco Grandes Regiões",x="IDHS", y="Densidade")+
geom_density(alpha=0.4)+
scale_fill_discrete(name="Regiões",labels=regioes)
```

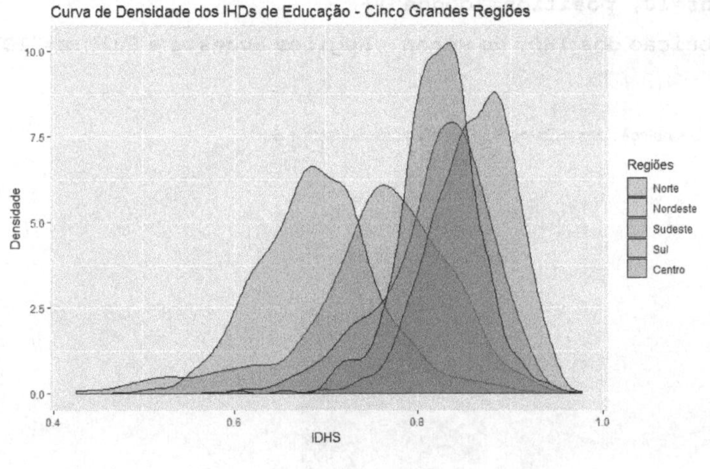

12.5.4 Boxplot

Para apresentar os exemplos com o boxplot, vamos tomar por base os data frames IDHM e IDHM2 (utilizados na seção anterior). Utilizamos a combinação **ggplot** + **geom_boxplot** para construir os boxplots.

EXEMPLOS DE BOXPLOT

```
>ggplot(IDHM, aes(y=Renda)) +
  geom_boxplot(fill="BLUE")+
  labs(title="Distribuição do IDH de Renda dos 5507 Municípios Brasileiros",  y="IDH-Renda")
```

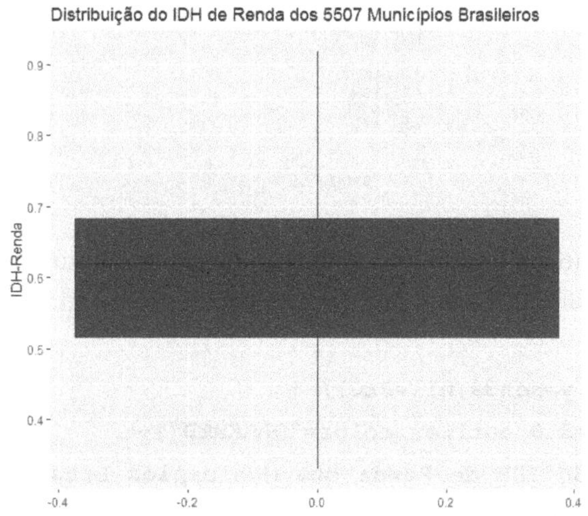

#Apresenta o boxplot da Renda de cada uma das cinco grandes regiões

```
>regioes<-c("Norte","Nordeste","Sudeste","Sul","Centro")
>g=ggplot(IDHM, aes(x=REG,y=Renda,fill=REG)) +
  geom_boxplot()+
labs(title="Distribuição do IDH de Renda dos Municípios Brasileiros \n por Grandes
Regiões",x="Regiões",y="IDH-Renda")+
scale_fill_discrete(name="Regiões",labels=regioes)
>g
```

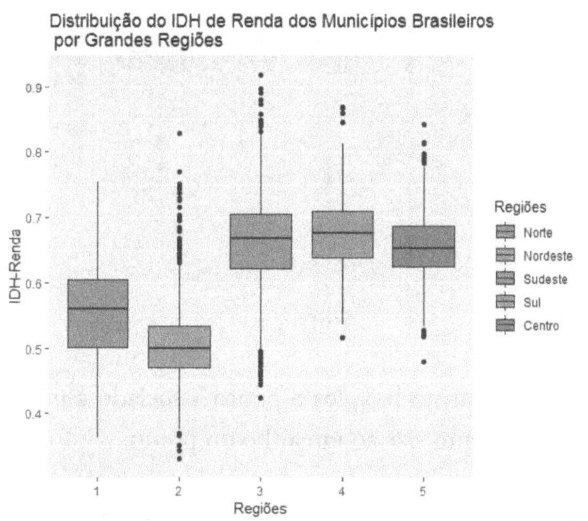

#Apresenta boxplot na horizontal

```
>g+coord_flip()
```

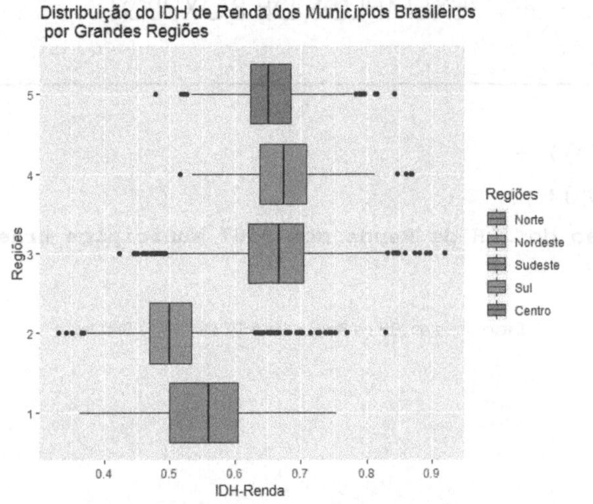

#Argumento outlier.size tem a mesma função do argumento range na função boxplot e o argumento outlier.color determina a cor dos pontos classificados como outliers e que aparecem no gráfico

```
>g=ggplot(IDHM, aes(x=REG,y=Renda,fill=REG)) +
geom_boxplot(outlier.size=3.0,outlier.color="DARKRED")+
labs(title="Distribuição do IDH de Renda dos Municípios Brasileiros \n por Grandes Regi-
ões", x="Regiões",y="IDH-Renda")+
scale_fill_discrete(name="Regiões",labels=regioes)
>g
```

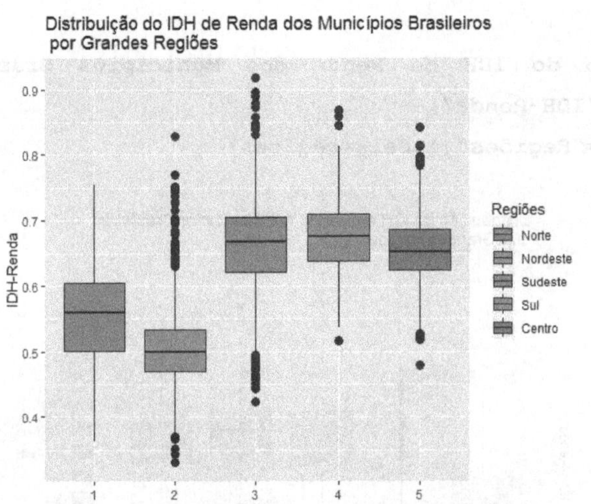

#Função stat_summary permite apresentar no boxplot o ponto associado à média no boxplot. Argumento shape corresponde ao tipo de ponto e o argumento size ao tamanho do ponto.

```
>g+ stat_summary(fun.y="mean",geom="point",shape=23,size=3,fill="CYAN")
```

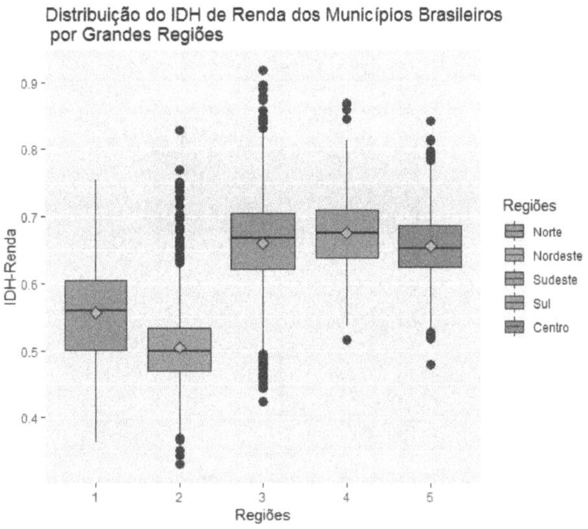


```
>g+stat_summary(fun.y="mean",geom="point",shape=23,size=3,fill="CYAN")+
scale_y_continuous(breaks = seq(0,1,0.05))
```

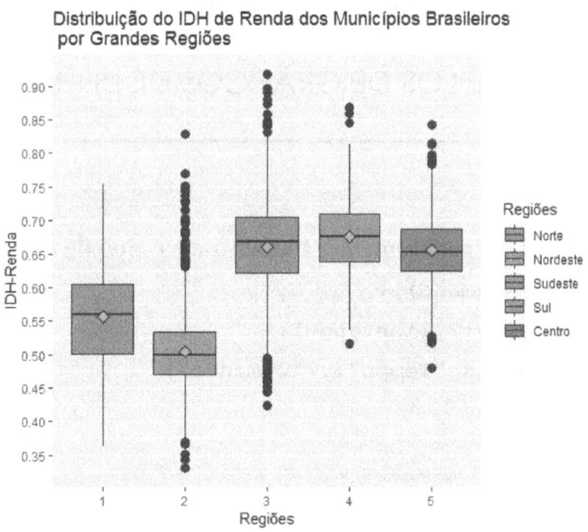

#Função geom_jitter permite apresentar os dados da distribuição em conjunto com o boxplot

```
>Sudeste<-IDHM[which(IDHM$REG==3),]
>ggplot(Sudeste, aes(x=REG,y=Longevidade)) +
geom_boxplot(outlier.size=3.0,outlier.color="DARKRED",fill="olivedrab")+
   labs(title="Distribuição do IDH de Longevidade dos Municípios da Região Sudeste",
x="Sudeste",y="IDH Longevidade")+
stat_summary(fun.y="mean",geom="point",shape=23,size=4,fill="CYAN")+
geom_jitter(colour="BLUE")
```

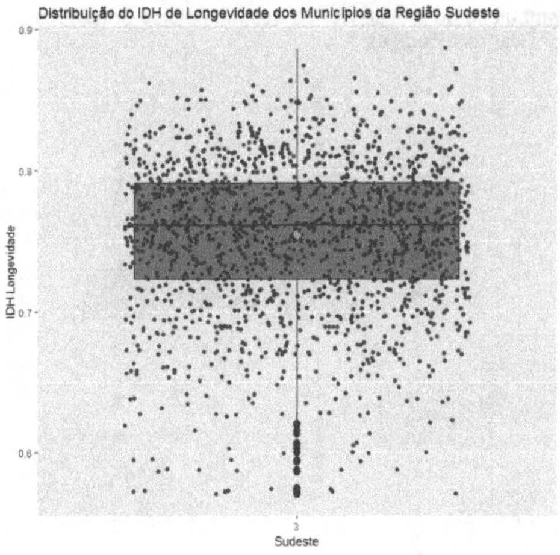

12.5.5 Gráfico de Linhas

Para apresentação de um gráfico de linhas utilizamos a função **ggplot** combinada com função **geom_line**.

Os primeiros exemplos com esse tipo de gráfico serão baseados no data frame BOD disponível no pacote *datasets*. Esse data frame tem 7 linhas e 2 colunas correspondentes a tempo e demanda.

EXEMPLOS DE GRÁFICOS DE LINHA

#Exemplo1: Data frame BOD

#Argumentos size e linetype definem, respectivamente, a espessura e o tipo de linha

```
>g<-ggplot(BOD, aes(x=Time, y=demand))+
  geom_line(color="DARKRED",size=2,linetype=1)+
  labs(title="Demanda no Tempo",x="Tempo",y="Demanda")
>g
```

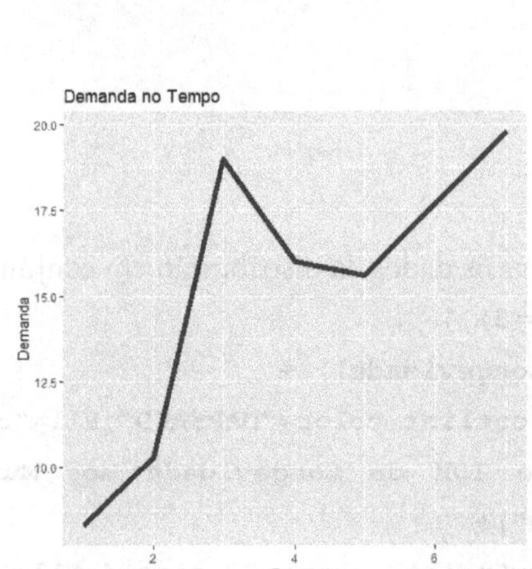

```
>g=ggplot(BOD, aes(x=Time, y=demand))+
geom_line(color="DARKRED",size=2,linetype=2)+
labs(title="Demanda no Tempo",x="Tempo",y="Demanda")
>g
```

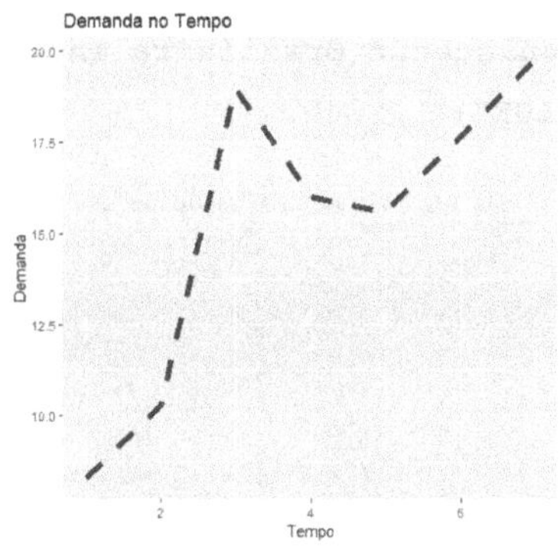

#Função que permite apresentar pontos no gráfico ou adicionar pontos ao gráfico. Se não forem especificados os argumentos x e y nessa função, são apresentados os pontos x e y associados ao data frame utilizado na função ggplot; no caso desse exemplo, os valores de demanda e tempo.

```
>g+geom_point(size=5,color="BLUE")
```

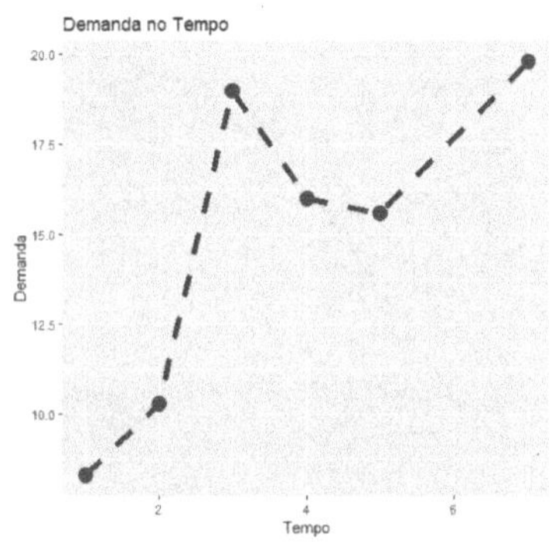


```
>g+geom_point(size=5,color="BLUE")+
      geom_point(x=2,y=12.5,size=6,colour="DARKGREEN")
```

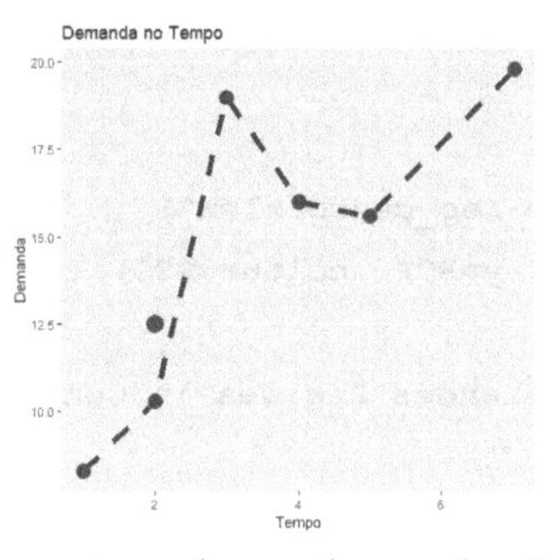

#Exemplo2: Data frame projBR contém a projeção da populacação brasileira entre os anos de 1980 e 2050.

```
>library(readxl)
>projBR <- read_excel("projecao_Brasil.xlsx")
>g=ggplot(projBR, aes(x=Ano, y=POP)) +
geom_line() +
```

```
labs(title="Projeção Anual da Populacação Brasileira entre 1980 e 2050(IBGE)",y="População
em Milhões")+geom_point(color="BLUE")
>g
```

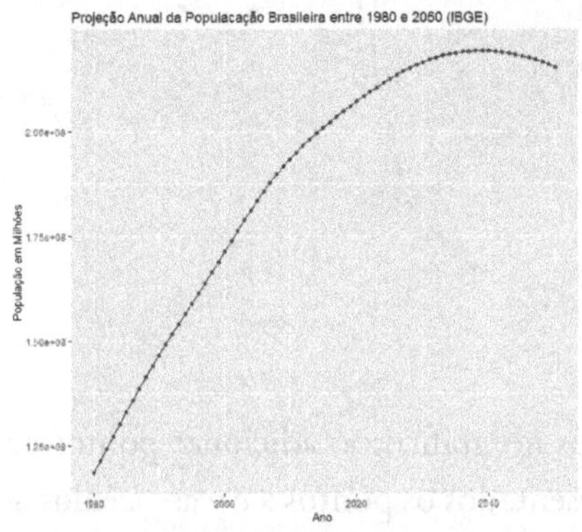


```
>g + scale_y_continuous(breaks = seq(0,max(projBR$POP),10^7))+
  scale_x_discrete(limits=seq(1980,2050,5))
```

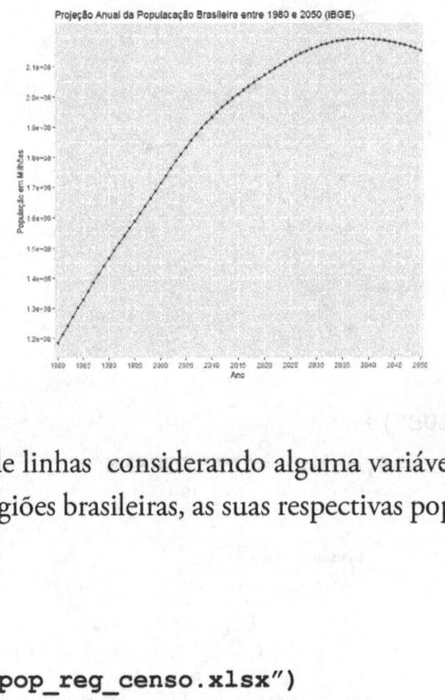

#É possível apresentar vários gráficos de linhas considerando alguma variável em comum. O data frame pop_reg_censo contém, para as cinco grandes regiões brasileiras, as suas respectivas populações, considerando os censos entre 1872 e 2010.

```
>library(readxl)
>pop_reg_censo <- read_excel("pop_reg_censo.xlsx")
>ggplot(pop_reg_censo, aes(x=Ano, y=POP, colour=REG))+
geom_line(size=2)+
labs(title="População das Cinco Grandes Regiões \n Censos Demográficos entre 1872 e 2010",
y="População em Milhões")+
scale_y_continuous(breaks =
seq(0,max(pop_reg_censo$POP),0.5*10^7))
```

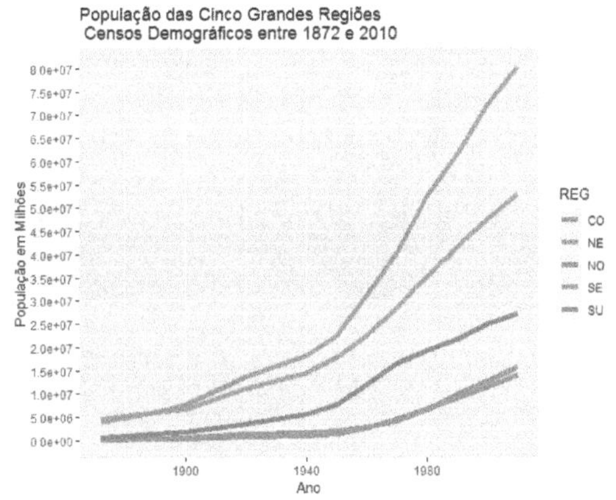


```
>g=ggplot(pop_reg_censo, aes(x=Ano, y=POP,fill=REG))+
geom_line()+geom_point(size=2,shape=21)+
labs(title="População das Cinco Grandes Regiões \n Censos Demográficos entre 1872 e 2010",
y="População em Milhões")+
scale_y_continuous(breaks = seq(0,max(pop_reg_censo$POP),0.5*10^7))
```

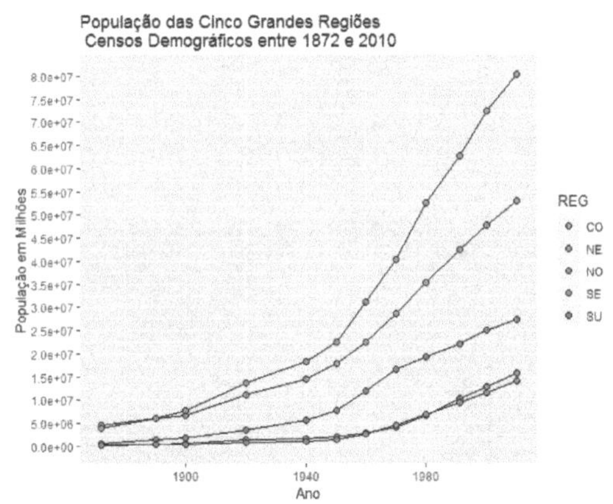


```
>g+scale_x_discrete(limits=pop_reg_censo$Ano)
```

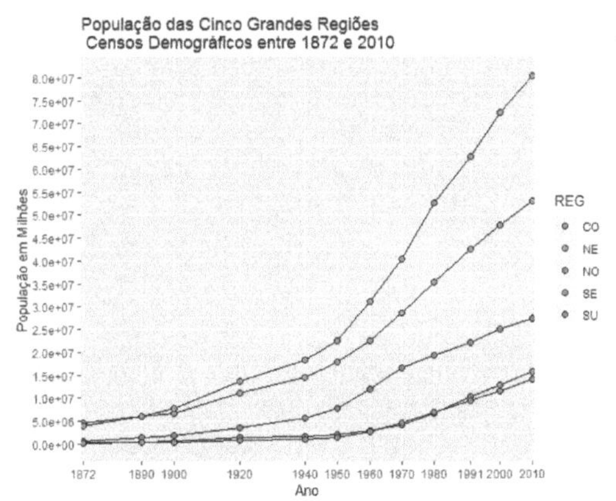

Capítulo 13

Um Pouco de Probabilidade

O R disponibiliza (pacote básico *stats*) quatro tipos de funções associadas às distribuições de probabilidade discretas e contínuas[1], quais sejam:

1. **Gerador de números aleatórios:** Gera números aleatórios baseados na distribuição definida. O nome da função é iniciado pela letra **r** mais o nome da distribuição, por exemplo: **rnorm** (distribuição normal) e **rbinom** (distribuição binomial).

   Além dos argumentos específicos de cada distribuição, todas as funções associadas (começando com a letra r) têm um argumento em comum, qual seja, o tamanho da amostra.

2. **Função de Probabilidade:** Calcula os valores acumulados de probabilidade $P(X \leq x)$. O nome da função é iniciado pela letra **p** mais o nome da distribuição, por exemplo: **pnorm** (distribuição normal) e **pexp** (distribuição exponencial).

   Além dos argumentos específicos de cada distribuição, todas as funções associadas têm, como argumento comum, um vetor de percentis.

3. **Função Densidade:** Calcula o valor da probabilidade, no caso de variáveis aleatória discretas (VAD) ou a densidade de probabilidade, no caso de variáveis aleatórias contínuas (VAC). No R o nome dessa função é iniciado pela letra **d** mais o nome da distribuição, por exemplo: **dbinom** (distribuição binomial) e **dpois** (distribuição de Poisson).

   Assim como no caso da função de probabilidade, além dos argumentos específicos, requer um vetor de percentis.

4. **Função Percentis:** Calcula o valor de x correspondente à probabilidade p acumulada. É o inverso da função de probabilidade. O nome da função é iniciado pela letra **q** mais o nome da distribuição, por exemplo: **qbeta** (distribuição beta) e **qcauchy** (distribuição de Cauchy). Requer um vetor de probabilidades p ($0<p<1$).

13.1 Algumas Distribuições

Apresentamos a seguir uma breve descrição de algumas distribuições, mais especificamente, das distribuições binomial, de Poisson e normal, acompanhada da aplicação dos quatro tipos de funções descritas na introdução.

13.1.1 Distribuição Binomial

Essa distribuição está associada a experimentos repetidos, tais que os resultados apresentam ou não uma determinada característica.

[1] Consultar a referência [1].

Exemplos: Uma moeda é lançada: o resultado é cara ou coroa; Um dado é lançado: ocorre 5 ou não; Uma peça é escolhida ao acaso de um lote contendo 500 peças. Essa peça é defeituosa ou não.

Em todos esses casos, estamos interessados na ocorrência de "sucesso" ou "fracasso. A variável aleatória X corresponde ao número de sucessos observados na realização de n ensaios de Bernoulli independentes.

Os pressupostos dessa distribuição são os seguintes: (i) deve comportar um número fixo de provas (de Bernoulli); (ii) as provas devem ser independentes; (iii) cada prova deve ter todos os resultados classificados em duas categorias; (iv) As probabilidades devem permanecer constantes em cada prova.

Definimos a seguinte notação para essa distribuição:
p = probabilidade de sucesso;
q = probabilidade de fracasso (p+q=1)
n = número fixo de provas;
k= número específico de sucessos em **n** provas. Ou seja, k pode assumir valores entre 0 e n (inclusive).

P(k)=Probabilidade de **k** sucessos em **n** provas.

$$P(X=k) = P(k)=n! / [(n-k)!\ k!] \times p^k \times q^{n-k}$$

Exemplo: Dado que 10% das pessoas são canhotas, suponha que estamos interessados em achar a probabilidade de obter: (a) exatamente 3 estudantes canhotos em um turma de 15 estudantes; (b) Até 3 estudantes; (c) Mais de três estudantes; (d) Supondo que 25% das pessoas são canhotas, apresente o gráfico com a distribuição de probabilidade de X (X=0,1,2,...,15)

Função - **dbinom**(x,size,prob,...)
x = número de sucessos (k); **size** = número de repetições (n);
prob = probabilidade de sucesso **(p)**.
Considerando o item **(a)** temos: x=3, prob=0.1 e size=15

```
> dbinom(3,15,0.1)
[1] 0.1285054
```

Função - **pbinom**(q,size,prob,...)
Considerando o item **(b)** temos: $P(X \leq 3) \Rightarrow$ q=3, prob=0.1 e size=15

```
> pbinom(3,15,0.1)
[1] 0.9444444
```

Considerando o item **(c)** temos: q=3, prob=0.1 e size=15

```
>pbinom(3,15,0.1,lower.tail = FALSE)
[1] 0.05555563
#Alternativamente
> sum(dbinom(4:15,15,0.1))
[1] 0.05555563
```

OBSERVAÇÃO: Se **lower.tail**=TRUE (default), as probabilidades são P(X≤x), caso contrário, P(X>x).

Para resolver o item **(d)** utilizamos a função plot

```
>plot(0:15,dbinom(0:15,15,0.25),type="h",col="DARKblue",lwd=3,
ylab="Probabilidades x",xlab="Valores variável x")
```

Função: **qbinom**(p,size,prob) - Retorna menor q inteiro tq P(X≤q)>p

p = probabilidade; **prob** = probabilidade de sucesso
size = número de repetições

```
> qbinom(0.25,10,0.5)
[1] 4
> sum(dbinom(0:3,10,0.5))
[1] 0.171875
> sum(dbinom(0:4,10,0.5))
[1] 0.3769531
```

13.1.2 Distribuição de Poisson

Esta distribuição é utilizada, por exemplo, como modelo matemático das chegadas de pessoas em uma fila. Outras aplicações incluem o estudo de acidentes com veículos, clientes chegando ao caixa de um supermercado, carros chegando em um posto de gasolina.

É aplicável a ocorrências de um evento em um intervalo especificado. A variável aleatória X corresponde ao número de ocorrências do evento em um intervalo de tempo, comprimento, área etc. O número de eventos que podem ocorrer em uma unidade de tempo não é limitado.

Exemplos: X= número de clientes chegando ao caixa de um banco em um dado minuto; X= número de panes em motores de aeronaves Airbus a cada 100000 horas de voo; X=número de imperfeições por folha em blocos de papel branco.

O modelo de Poisson tem somente um parâmetro denotado por λ, que corresponde ao número médio de ocorrências do evento de interesse em um intervalo unitário.

A probabilidade de um evento ocorrer x vezes em um intervalo de tempo ou espaço é dada por: **P(X=x) =λ / [x! e^{λ}]**

Exemplo: Será planejado um novo hospital para uma comunidade que ainda não tem hospital próprio. Se a comunidade tem uma média de 2.25 nascimentos por dia, determine a probabilidade de que, em um dia, o número de nascimentos seja: (a) 1 (b) 4 (c) Menor ou igual a 5 (d) Maior do que 5

Função: **dpois(x,lambda)**
x = número de vezes que o evento ocorre no intervalo; **lambda** = média

Considerando os itens **(a)** e **(b)** temos:

```
> dpois(1,2.25)

[1] 0.2371483
> dpois(4,2.25)
[1] 0.1125528
```

Função: ppois(q,lambda)
q = vetor de quantis; lambda = média

Considerando o item (c)

```
> ppois(5,2.25)
[1] 0.9726346
```

Considerando o item (d)

```
> ppois(5,2.25,lower.tail=FALSE)
[1] 0.008372072
```

13.1.3 Distribuição Normal

A distribuição normal, também conhecida por distribuição Gaussiana, é a mais importante distribuição associada a uma variável aleatória contínua, sendo caracterizada por uma particular simetria e por ter uma curva em forma de sino. É especialmente importante como distribuição amostral para estimação e teste de hipóteses.

Se X é uma variável aleatória contínua que segue uma distribuição normal, a função densidade de probabilidade é definida em função de dois parâmetros, quais sejam: uma média μ e um desvio padrão σ.

$$f(x)=\frac{e^{\frac{-1}{2}\left(\frac{x-\mu}{\sigma}\right)^2}}{\sigma\sqrt{2\pi}}$$

Como exemplos de variáveis que seguem uma distribuição normal, temos a altura de determinada população, os pesos de recém-nascidos etc.

Exemplo: Considere que as notas de 1000 alunos têm uma distribuição normal com média 8.0 e desvio padrão de 0.5. Determine a probabilidade de selecionar uma pessoa dessa população que tenha nota: (a) Menor que 9; (b) entre 7 e 9 ; (c) maior que 8.5.

```
Função: pnorm(q,mean=0,sd=1,lower.tail=TRUE,...)
```

q = vetor de quantis; **mean** = média e **sd** = desvio padrão

Os valores default dos argumentos **mean** e **sd** dizem respeito a uma distribuição normal padronizada (média zero e desvio padrão 1), também representada por N(0,1).

Considerando os itens **(a)**, **(b)** e **(c)** temos:

```
P(X<9)
>pnorm(9,8,0.5)
[1] 0.9772499
P(7<X<9)= P(-2<z<2)=2.P(0<z<2)=2.(0.5-P(z>2))
> 2*(0.5-pnorm(2,lower.tail=FALSE))
[1] 0.9544997
P(X>8.5)=P(z>1)
> pnorm(1,lower.tail=FALSE)
[1] 0.1586553
```

```
Função: dnorm(x, mean=0,sd=1)
```

```
> dnorm(4,2,0.5)   Calcula f(x) para x=4,µ=2 e s=0.5
[1] 0.0002676605
```

Exemplo: Como encontrar o valor de z considerando certa probabilidade acumulada? Em uma turma, um conjunto de alunos tem a sua nota de avaliação maior ou igual 98° percentil. Suponha que as notas de avaliacao têm uma distribuicao normal e que a média é igual a 100 e o desvio é 16. (a) A quantos desvios-padrão acima da média está esse percentil? (b) Qual é a nota de avaliação para esse percentil?

```
Função: qnorm(p, mean=0,sd=1)
```

Considerando o item **(a)**:

```
> z=qnorm(0.98)   (Calcula x ou z tal que P(Z≤z)=p)
> z
[1] 2.053749
```

Considerando o item **(b)**:

```
> x1=100+16*z
> round(x1)
[1] 133
```

Em resumo, 98% das notas estão abaixo de 133.

Exemplo: Gere um vetor x com 10 valores associados a uma distribuição normal com média 20 e desvio padrão 2.

Função: **rnorm**(n,mean=0,sd=1) – n = número de observações ou tamanho de amostra.

```
>rnorm(10,20,2)
[1] 17.61939 18.52772 20.15167 19.78288 20.96076 17.96159 21.59755 20.44855 8.50620 19.14366
```

Exemplo: Apresente, em um mesmo gráfico, as curvas normais associadas a N(100,10), N(100,20), N(100,30), isto é, distribuições normais com média 100 e desvios-padrão 10, 20 e 30. Considere 60≤x≤140.

```
>par(lwd=3)
>tit="Curvas Normais considerando a mesma média e desvios-padrão diferentes"
>plot(function(x) dnorm(x,100,10),60,140,col="DARKORANGE",ylab="f(x)",main=tit)
>plot(function(x) dnorm(x,100,20),60,140,col="DARKCYAN",add=T)
>plot(function(x) dnorm(x,100,30),60,140,col="DARKBLUE",add=T)
>text(x=100,y=0.01,"desvio-padrão = 30")
>text(x=100,y=0.017,"desvio-padrão = 20")
>text(x=100,y=0.027,"desvio-padrão = 10")
```

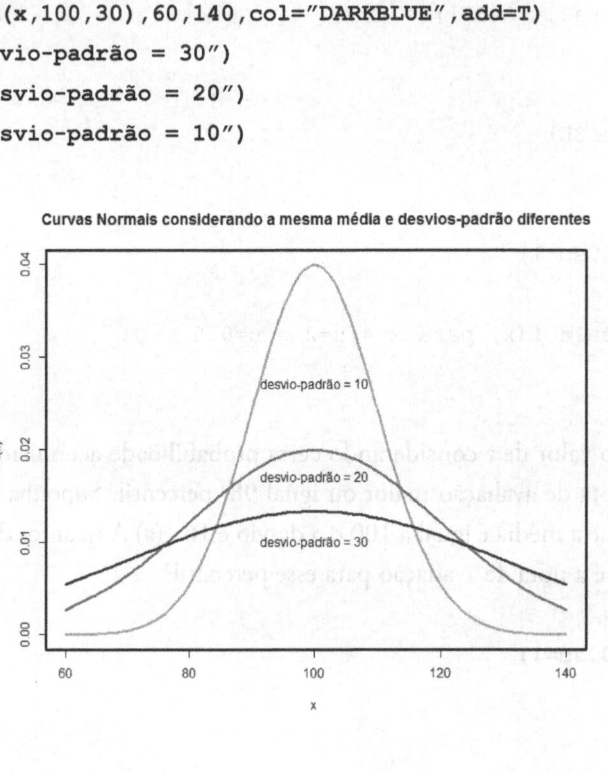

Exemplo: Apresente, em um mesmo gráfico, as curvas normais associadas a N(100,20), N(80,20), N(60,20). Considere 10≤x≤160.

```
>par(lwd=4)
>tit="Curvas Normais considerando médias diferentes  e mesmo desvio-padrão"
>plot(function(x) dnorm(x,100,20),10,160,col="BLUE",ylab="f(x)",main=tit)
>plot(function(x) dnorm(x,80,20),10,160,col="RED",add=T)
>plot(function(x) dnorm(x,60,20),10,160,col="GRAY",add=T)
>text(x=110,y=0.01,"média = 100",cex=1.25)
>text(x=80,y=0.01,"média = 80",cex=1.25)
>text(x=50,y=0.01,"média = 60",cex=1.25)
```

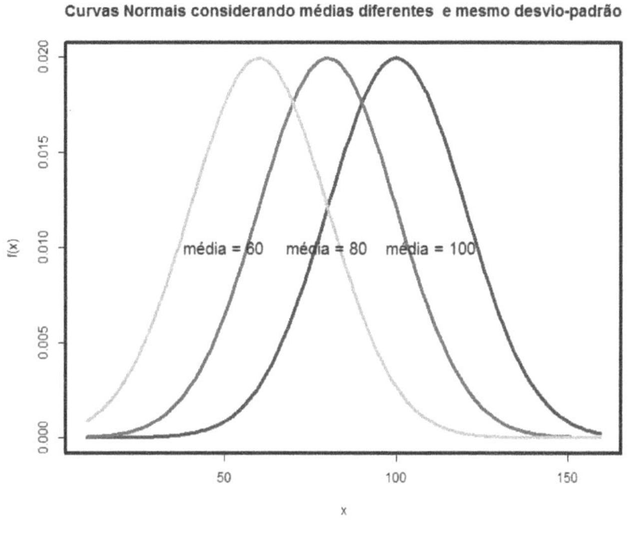

Capítulo 14

Projetos

14.1 Vetores

(1) Efetue a leitura (função **scan**) do arquivo REDPERMG.CSV (Renda per capita dos 853 municípios de Minas Gerais – Dados de 2010) e armazene os dados em um vetor denominado XR.

(i) Determinar a partir de XR: O resumo dos cinco números, a mediana, os decis, a variável de Renda padronizada (z-score) e quantos são os valores de XR fora dos seguintes intervalos: [m-s,m+s];[m-2s,m+2s];[m-3s,m+3s], sendo m e s, respectivamente, a média e o desvio padrão de XR.

(ii) Em seguida, construir um vetor RC de igual tamanho ao vetor XR, de forma que RC tenha os códigos 1, 2 ou 3. Cada um desses códigos indica em qual dos três subintervalos (igual comprimento), obtidos a partir da divisão do intervalo compreendido entre XRMIN (mínimo de XR) e XRMAX (máximo de XR), está cada um dos valores de XR.

14.2 Matrizes

(1) Leia o arquivo "Imunizacoes_UFS_2014_17.csv" com dados relativos ao total de imunizações realizadas (fonte DATASUS) nos estados brasileiros entre 2014 e 2017 (nesta ordem) e crie uma matriz denominada MDI.

A partir de MDI determine: (i) as proporções por linha e por coluna; (ii) Para cada um dos anos, quantas são as UFs que estão fora do intervalo $[q_1-1.5AIQ, q_3+1.5AIQ]$ em relação ao total de imunizações. $AIQ=q_3-q_1$
Calcule a média para 4ª coluna de MDI (ano de 2017). Em seguida, também considerando a 4ª coluna, selecione todas as amostras de tamanho 2, calcule a média para cada amostra e a média dessas médias.

(2) Os métodos de reamostragem tratam uma amostra observada como uma população finita. A partir dessa "população", são geradas amostras para estimar características populacionais e possibilitar algumas inferências sobre a população. Uma possibilidade para efetuar tal reamostragem consiste na aplicação do método de Bootstrap. Através da geração repetida de amostras aleatórias dessa população, a distribuição de amostragem de uma estatística pode ser estimada. Considere a descrição e o exemplo extraídos da referência [1].

Suponha que temos os dados amostrais $x=(x_1,x_2,\ldots,x_n)$ e queremos estimar a mediana populacional, Md, por meio da mediana amostral $md(x)=med(x_1,\ldots,x_n)$. Vamos selecionar uma Amostra Aleatória Simples com reposição (AAS) de tamanho n dos dados. Essa amostra é chamada de amostra bootstrap e denotada por $a^*=(x_1^*,\ldots,x_n^*)$. Por exemplo, supondo que $x=(x_1,x_2,x_3,x_4,x_5)$, podemos obter uma amostra $a^*=(x_4,x_3,x_3,x_1,x_2)$. Suponha, agora, que selecionemos B amostras independentes, denotadas por $a_1^*, a_2^*, a_3^*,\ldots,a_B^*$. Para cada amostra bootstrap, geramos uma réplica do estimador proposto, ou seja, de md(x), obtendo-se: $md(a_1^*), md(a_2^*),\ldots,md(a_B^*)$. Definimos o estimador bootstrap do erro padrão de md(x) como:

$$EP_B(md)=\sqrt{\frac{\sum_{b=1}^{B}(md(a_b^*)-\overline{md})^2}{B-1}} \qquad \overline{md}=\frac{\sum_{b=1}^{B} md(a_b^*)}{B}$$

O arquivo "AGRO_2017.csv" contém o total de estabelecimentos agropecuários para os 497 municípios do Rio Grande do SUL (dados do Censo Agropecuário de 2017). (i) Leia esse arquivo, atribuindo os valores a um vetor denominado U_AGRO. Em seguida, selecione uma amostra aleatória simples (sem reposição) de tamanho 300 desse vetor e atribua essa amostra ao vetor A_AGRO. Selecione, a partir de A_AGRO, 1000 amostras boostrap (B=1000) de tamanho (n=300) e calcule EPB(md). (ii) Selecione 10000 amostras aleatórias simples independentes de tamanho 50 (n=50) do vetor U_AGRO e calcule a média m_i de cada amostra (i=1,...,10000). Em seguida, calcule o valor de , sendo M correspondente à média das 497 observações em U_AGRO.

3) O arquivo "MEGASENA.xlsx" contém, para um total de 2.080 concursos realizados, as seis dezenas (bolas) sorteadas (entre 1 e 60). Armazene os dados desse arquivo em um objeto denominado MEGASENA (do tipo matriz) e determine:

1. Qual foi a dezena mais sorteada e a menos sorteada;
2. Construa uma matriz C_{1770x3} que contém, nas duas primeiras colunas, todas as combinações das 60 dezenas (números entre 1 e 60) tomadas duas a duas e na 3ª coluna, em quantos concursos essa combinação apareceu;
3. Com base em (ii), determine quais foram as duas dezenas mais sorteadas em um mesmo concurso, considerando todos os concursos;
4. Determine em quantos concursos a quantidade de dezenas pares sorteadas foi maior que a quantidade de dezenas ímpares e em quantos concursos foram sorteadas, apenas, dezenas ímpares;
5. Em quantos concursos, dentre as seis dezenas sorteadas, a tripla (15,28,33) foi sorteada e em quantos concursos a soma das dezenas sorteadas ultrapassou o valor 200;

14. 3 Data Frames

1. O arquivo "SAUD.csv" contém informações sobre populações árabes. Considerando o uso do pacote data.table, leia esse arquivo e efetue as seguintes operações: (i) Calcular média e mediana da variável OBS_VALUE, por país (LOCATION); (ii) Adicionar uma nova coluna ao data.table, considerando a codificação da variável SEX ("Male" igual 1 e "Female" igual 2) e (iii) Determinar, para cada país, a razão entre a variável OBS_VALUE (maior ANO) / OBS_VALUE (menor ano)

2. O arquivo "TSE_SECAO_2014.csv" contém informações (por UF e município) sobre a votação em todas as zonas e seções eleitorais do Brasil, nas eleições de 2014 (1º e 2º turnos) e o arquivo layout_TSE.pdf corresponde ao dicionário de dados das variáveis do arquivo TSE_SECAO_2014.csv. Leia esse arquivo e crie um data.table denominado TSE. Em seguida, utilizando os pacotes **dpylr** e **data.table**, além das funções gerais para manipulação de data frames, escreva os comandos que produzam as seguintes informações:

   i. Por UF (sigla_UF), o total de zonas e total de seções eleitorais (1º turno);
   ii. Por UF, o resumo dos 5 números para as variáveis QTD_APTOS e QTD_ABSTENCOES (1º turno);
   iii. POR UF+zona eleitoral a razão entre QTD_COMPARECIMENTO e QTD_APTOS (1º turno);

iv. Para o Brasil (1º turno), o número de seções cujo valor de QTD_ABSTENCOES ficou fora do intervalo $[q_1\text{-}3AIQ, q_3\text{+}3AIQ]$;
v. A UF onde ocorreu o maior número de votos nulos (2º turno);
vi. Considerando o 1º turno, a média e a mediana (POR UF e para o Brasil) em relação à quantidade de votos brancos (QT_VOTOS_BRANCOS) e à quantidade de votos em legenda (QT_VOTOS_LEGENDA);

7. O arquivo **PR1.xlsx** tem, para cada um dos municípios do Paraná, os seus códigos, nomes e as variáveis taxa de mortalidade infantil (MORTINF) e taxa de envelhecimento (TAXAENV). O arquivo **PR2.xlsx** também tem os códigos e nomes dos municípios e a variável esperança de vida ao nascer (ESP). Faça a leitura e o merge (variável COD) desses arquivos em um data frame denominado **PRDATA**. Em seguida, com base em **PRDATA**, determine: (i) O resumo dos cinco números para cada uma das três variáveis; (ii) Nomes dos municípios com os cinco maiores valores de esperança de vida ao nascer; (iii) Nomes dos municípios com as cinco menores taxas de envelhecimento e (iv) Códigos dos municípios cuja taxa de mortalidade infantil está fora do intervalo $[q_1\text{-}1.5AIQ, q_3\text{+}1.5AIQ]$.

14.4 Estruturas de Repetição

1. Proponha uma solução vetorizada (sem **for**) para cada um dos programas abaixo:

#Programa1

```
sm<-0
for(i in 1:20)
   {fat<-1
     for(j in 1:i) {fat<-fat*j}
     if (i%%2==0) sm<-sm+2^(i+1)/fat else sm<-sm-(2^i/fat)
   }
#Programa2
razao<-NULL
A<-matrix(runif(10000),100,100)
for(i in 1:100)
   {maximo<-A[i,1]
     minimo<-A[i,1]
     for(j in 2:100)
       {if (A[i,j] > maximo) {maximo<-A[i,j]}
         if (A[i,j] < minimo) {minimo<-A[i,j]}
       }
     razao<-c(razao,minimo/maximo)
   }
```

2. O arquivo "IES.csv" (Censo da Educação Superior 2016) contém para **2.386 (N)** Instituições de Ensino Superior (IES) o nome da instituição (**NOME**) e a quantidade de técnicos (**X**). Leia esse arquivo para o data frame denominado **INEP**. Em seguida, considerando a variável quantidade de técnicos, selecione, através da estrutura for, todas as amostras de tamanho 2 e calcule a média de cada uma dessas amostras e a média dessas

médias. Faça, também, o mesmo procedimento utilizando uma forma vetorizada e compare os tempos de processamento utilizando a função **proc.time**.

14.5 Funções

1. O método Jacknife é um método de reamostragem usado para estimar a variância e a tendência de um estimador. Considere a amostra representada por um vetor $x=(x_1,x_2,...,x_n)$ com n observações. A partir de x são selecionadas n amostras de tamanho n-1, ou seja, as n amostras de Jacknife.

A i-ésima amostra é representada por $x_{(i)}=x\backslash x_i$, $i=1,...,n$, isto é, $x_{(i)}$ contém n-1 elementos de x, a menos do seu i-ésimo elemento x_i. Por exemplo, supondo $x=(x_1,x_2,x_3,x_4)$, temos as seguintes amostras Jacknife: $x_{(1)}=(x_2,x_3,x_4)$, $x_{(2)}=(x_1,x_3,x_4)$, $x_{(3)}=(x_1,x_2,x_4)$ e $x_{(4)}=(x_1,x_2,x_3)$.

Para cada amostra selecionada, calcula-se estimador de interesse, denotado por $\hat{\theta}(i)$. A estimativa do erro quadrático médio (EQM) do estimador $\hat{\theta}$, obtida a partir desse método é dada por:

$$EQM(\hat{\theta}) = \frac{n-1}{n}\sum_{i=1}^{n}[\hat{\theta}(i) - \bar{\theta}]^2 \quad \text{e} \quad \bar{\theta} = \frac{1}{n}\sum_{i=1}^{n}\hat{\theta}(i)$$

Escreva uma função que receba como argumentos o data frame obtido a partir da leitura do arquivo "contagem_SP_2007.xlsx" e um tamanho n de amostra ($n \geq 100$). Esse data frame contém os códigos de 15968 setores censitários e a variável denominada URB, associada ao total de domicílios urbanos em cada um dos setores.

Na função, em um primeiro passo, deve-se selecionar (amostra aleatória simples sem reposição), a partir desse data frame, n valores da coluna associada à variável URB, definindo um vetor $x=(x_1,x_2,...,x_n)$, associado aos totais de domicílios urbanos.

Em um segundo passo, deve-se selecionar as n amostras Jacknife de x, calculando-se $\hat{\theta}$ (i), isto é, a média em relação a i-ésima amostra Jacknife . A função deve retornar o EQM do estimador da média e o valor de $\bar{\theta}$.

2. Considerando novamente o arquivo da **questão 1**, escreva uma função que receba como argumentos: um vetor X associado à coluna que contém a variável URB (considerando as 15968 observações); m (número de amostras) e n (tamanho de cada amostra). A função deve selecionar, a partir de X, m amostras de tamanho n. Para cada amostra s_i (i=1,...,m) deve ser calculada a média amostral e os limites do intervalo de confiança (IC) associado à s_i, isto é, $\bar{x}$ - E e $\bar{x}$ + E . Considere $E=1{,}645.\frac{\sigma}{\sqrt{n}}$ e σ como desvio padrão populacional de X. A função deve retornar um vetor com as m médias $\bar{x}$, uma matriz com m linhas e duas colunas, com cada linha contendo os limites $\bar{x}$ - E e $\bar{x}$ + E e o número de ICs que contêm a média populacional μ (15968 obs X).
3. A expressão apresentada abaixo corresponde à variância do estimador de total ($V_{AES}(t_x)$), segundo uma amostragem estratificada simples. Escreva uma função em R que receba, como argumentos, os valores de N_h e S_{xh}^2 (dois vetores) apresentados no quadro abaixo e retorne: os valores inteiros de n_h (vetor) que produzem o menor valor possível para esta variância e o valor da variância.

Observação: Considere $n_1+n_2+n_3=50$ e $2 \le n_h \le N_h$ $(h=1,2,3)$.

$$V_{AES}(t_x) = \sum_{h=1}^{H} N_h^2 \left(\frac{1}{n_h} - \frac{1}{N_h}\right) S_{xh}^2$$

h	N_h	S_{xh}^2
1	100	152.9
2	180	2533.5
3	77	39694.5

4. Escreva uma função que receba um valor K (inteiro positivo) e que retorne todos os números X de três dígitos (entre 100 e 999) que são, simultaneamente, palíndromos[1] e divisíveis por K (adaptado de https://projecteuler.net/problem=55).

5. Considere a tarefa de construir uma matriz **B** que tem, como entradas, os valores das probabilidades associadas a uma distribuição binomial, para **n** (número de ensaios) variando entre **1** e **N**, **x** (número de sucessos) variando de 0 até **n** e **p** (probabilidade de sucesso) variando entre 0.05 e 0.5, com incrementos de 0.05. Escreva uma função que, tomando por base a fórmula da probabilidade binomial $C_{n,x}\, p^x.q^{n-x}$, receba o argumento **N** e retorne matriz **B**. Por exemplo, se **N=3**, a matriz **B** terá as entradas **sombreadas** no quadro abaixo. **Obs:** p+q=1

		p									
n	**x**	**0,05**	**0,1**	**0,15**	**0,2**	**0,25**	**0,3**	**0,35**	**0,4**	**0,45**	**0,5**
1	0	0,9500	0,9000	0,8500	0,8000	0,7500	0,7000	0,6500	0,6000	0,5500	0,5000
	1	0,0500	0,1000	0,1500	0,2000	0,2500	0,3000	0,3500	0,4000	0,4500	0,5000
2	0	0,9025	0,8100	0,7225	0,6400	0,5625	0,4900	0,4225	0,3600	0,3025	0,2500
	1	0,0950	0,1800	0,2550	0,3200	0,3750	0,4200	0,4550	0,4800	0,4950	0,5000
	2	0,0025	0,0100	0,0225	0,0400	0,0625	0,0900	0,1225	0,1600	0,2025	0,2500
3	0	0,8574	0,7290	0,6141	0,5120	0,4219	0,3430	0,2746	0,2160	0,1664	0,1250
	1	0,1354	0,2430	0,3251	0,3840	0,4219	0,4410	0,4436	0,4320	0,4084	0,3750
	2	0,0071	0,0270	0,0574	0,0960	0,1406	0,1890	0,2389	0,2880	0,3341	0,3750
	3	0,0001	0,0010	0,0034	0,0080	0,0156	0,0270	0,0429	0,0640	0,0911	0,1250

6. Vamos utilizar a ideia do Método de Monte Carlo para calcular o valor aproximado de π. Procedimento: (i) Geramos um conjunto de n pares de pontos (x,y), segundo uma distribuição uniforme definida no intervalo [-1,1]; (ii) Verificamos o total de pontos (x,y) que estão no interior + fronteira de um círculo de raio 1 (centrado na origem), ou seja, pontos (x,y) tais que $x^2+y^2 \le 1$; sendo esse total de pontos definido por n' e (iii) Calculamos vp=n'/n. Para um número razoável (n) de pontos (x,y), vp é equivalente à razão entre a área do círculo e área do quadrado (definido pela região $-1 \le x \le 1$ e $-1 \le y \le 1$), isto é, $vp=R^2.\pi/L^2 \Rightarrow \pi=L^2.n'/R^2.n= 4.n'/n \Rightarrow$ <u>π=4.n'/n</u>. Com base no procedimento descrito acima, e utilizando a expressão <u>4.n'/n</u>, escreva uma função que receba n como argumento e retorne o valor aproximado de π. **Sugestão:** utilize $n \ge 5000$.
7. Escreva uma função (chamada DERIV) que receba como argumentos: uma função f(x) contínua qualquer, definida a priori (através de uma function) e um valor xo. A função deve retornar (em um vetor) o valor aproximado da derivada de f(x) no ponto xo, utilizando a expressão $f'(xo) \approx (f(xo+h)-f(xo-h))/2h$ e **h** assumindo os seguintes valores: 1, 0.1, 0.01 e 0.001.
8. A expressão $P(X=x)=\lambda^x/x!e^\lambda$, associada à distribuição de Poisson, fornece a probabilidade de que um evento ocorra um número x de vezes. <u>Utilizando essa expressão</u>, escreva <u>**duas versões**</u> de uma função, sendo uma recursiva e outra com estrutura de repetição. A função deve receber o argumento **l** e retornar o valor de **n** tal

[1] Números palíndromos são aqueles que lidos da esquerda para a direita ou da direita para a esquerda são iguais. Exemplo: 101

que P(x=0)+P(x=1)+...+P(x=n)>0.998. Ou seja, a função deve retornar n quando a soma das probabilidades ultrapassar 0.998.

9. Dado um vetor v com n componentes v_1, v_2,...,v_i,...,v_n, assumindo valores inteiros entre 1 e k; e dada uma matriz quadrada D_{nxn}, deve-se calcular o valor da seguinte expressão:

$$F= \sum_{g=1}^{k} \sum_{\forall v_i, v_j = g \ (i<j)} d_{ij}. \text{ (}d_{ij}\text{ são entradas de } \mathbf{D}\text{)}$$

O valor atribuído a cada componente $\mathbf{v}_i$ corresponde ao grupo ao qual o objeto **i** foi alocado e $\mathbf{d}_{ij}$ corresponde à distância entre dois objetos **i** e **j** quaisquer (função dos atributos dos objetos). **F** é a função objetivo que permite avaliar a homogeneidade da solução (grupos formados), considerando, dentro de cada um dos grupos, a soma das distâncias entre todos os objetos tomados dois a dois.

Por exemplo, para **k**=3, **n**=10 e **v={1,2,1,3,2,3,3,1,2,2}**, o valor de **F** seria dado por:

$$F= d_{13}+d_{18}+d_{38}+d_{25}+d_{29}+d_{210}+d_{59}+d_{510}+d_{910}+d_{46}+d_{47}+d_{67}$$

Escreva uma função (chamada cluster) que receba, como argumentos, um vetor v, o valor de k (k≥2) e uma matriz D e que retorne o valor de F.

OBS1: Considere que v tem tamanho n e que as suas componentes têm valores entre 1 e k e D é de ordem n.

OBS2: Para testar a função, utilize como argumentos: v=sample(k,n,TRUE) e D=as.matrix(dist(cbind(runif(n),runif(n)))) (utilize k ∈ {2,3,4,5} e n≥20).

14.6 Gráficos

1. O arquivo RENDMEDSP_2010.xlsx[2] contém, para cada um dos 645 municípios de SP, o código do município (CODMUN) e o Rendimento médio dos ocupados com 18 anos ou mais (RENDMED). Leia esse arquivo e apresente, a partir da variável RENDMED, um histograma com as barras em azul claro e com as linhas de contorno das barras em azul escuro. O histograma deve ter 20 classes. O título principal deve ser "Distribuição dos Rendimentos Médios dos Municípios de SP – Ano de 2010". Os eixos y e x devem ter, respectivamente, os seguintes subtítulos: "Frequências" e "Rendimentos". Além disso, devem ser adicionadas, ao histograma, duas linhas verticais, sendo uma linha associada à média e a outra à mediana (ambas associadas à variável RENDMED). As duas linhas devem ter cor rosa e espessura maior do que a espessura da linha de contorno das barras do histograma.

2. O arquivo PIB2015.txt traz o PIB (variável = valores a preços correntes) para 5.570 municípios brasileiros. Leia esse arquivo e construa: **(i)** Histogramas (número de intervalos de classe = 5,10,15 e 20) – defina uma janela com grid 2x2 para apresentar cada histograma. **(ii)** Construa o boxplot com esses dados, considerando range=1.5 e range=3.0.

[2] Dados obtidos a partir do Atlas do Desenvolvimento Humano no Brasil.

Referências

[1] Bussab, W.O e Morettin, P.A. (2017). Estatística Básica, 9a Edição. Editora Saraiva.

[2] Chang, W. (2018). R Graphics Cookbook: Practical Recipes for Visualizing Data, 2nd Edition. O'Reilly Media.

[3] Goldbarg, M. C., Luna, H.P.L. (2005). Otimização Combinatória e Programação Linear. 2ª edição. Editora Campus.

[4] Grolemund, G. (2014). Hands-On Programming with R: Write Your Own Functions and Simulations. O'Reilly Media.

[5] Han, J., Kamber, M. and Pei, J. (2012). Data Mining Concepts and Techniques, 3rd Edition. Elsevier.

[6] Lander, J.P. (2017). R for Everyone: Advanced Analytics and Graphics, 2nd Edition. Addison-Wesley Data & Analytics Series.

[7] Matloff, N. (2011). The Art of R Programming: A Tour of Statistical Software Design, first Edition. No Starch Press.

[8] McCallum, Q.E. (2011). Parallel R: Data Analysis in the Distributed World, 1st Edition. O'Reilly Media.

[9] Triola, M.F.(2013). Introdução à Estatística – Atualização da Tecnologia, 11ª edição. Editora LTC.

[10] Wickham, H. and Grolemund, G. (2017). R for Data Science: Import, Tidy, Transform, Visualize, and Model Data, first Edition. O'Reilly Media.

Impressão e acabamento

Gráfica da Editora Ciência Moderna Ltda.

Tel: (21) 2201 - 6662